Alles Mythos!

20 populäre Irrtümer über Preußen

Astrid von Schlachta

Alles Mythos!

20 populäre Irrtümer über Preußen

Die Deutsche Nationalbibliothek verzeichnet diese Publikation
in der Deutschen Nationalbibliografie; detaillierte bibliografische
Daten sind im Internet über http://dnb.d-nb.de abrufbar.

Der Konrad Theiss Verlag ist ein Imprint der WBG.

© 2014 by WBG (Wissenschaftliche Buchgesellschaft), Darmstadt
Die Herausgabe des Werkes wurde durch die Vereinsmitglieder der WBG
ermöglicht.
Lektorat: Tobias Gabel, Gießen
Satz: Satzpunkt Ursula Ewert GmbH, Bayreuth
Einbandabbildung: © ecopix/Froese; rumifax/fotolia.com
Einbandgestaltung: Stefan Schmid Design, Stuttgart
Gedruckt auf säurefreiem und alterungsbeständigem Papier
Printed in Germany

Besuchen Sie uns im Internet: www.wbg-wissenverbindet.de

ISBN 978-3-8062-2712-3

Elektronisch sind folgende Ausgaben erhältlich:
eBook (PDF): 978-3-8062-2927-1
eBook (epub): 978-3-8062-2928-8

Inhalt

Einleitung... 7

IRRTUM 1: Preußen ist deutschen Ursprungs 12

IRRTUM 2: Religion hat mit Politik nichts zu tun........... 25

IRRTUM 3: Preußens Politik war expansiv und rücksichtslos 34

IRRTUM 4: Preußen assimilierte seine neuen Provinzen
rücksichtslos.............................. 41

IRRTUM 5: Das Geschäft mit dem „Gold der Ostsee" und
mit „schwarzen Menschen" 45

IRRTUM 6: Preußen war ein armes Land, nur reich an
Sümpfen und Mooren 51

IRRTUM 7: Preußen und seine Tugenden gingen 1871 unter.. 59

IRRTUM 8: Politische Toleranz war pure Nächstenliebe 72

IRRTUM 9: Friedrich II. war der gütige Landesvater und
erste Diener des Staates 83

IRRTUM 10: Friedrich II. brachte die Kartoffel nach
Preußen.................................... 98

IRRTUM 11: Das höfische Leben in Brandenburg-Preußen
war prunklos, rational und sparsam 101

IRRTUM 12:   Berlin war schon immer eine Metropole 116

IRRTUM 13:   Preußische Untertanen waren gehorsam,
diensteifrig und treu … bis in den Tod 127

IRRTUM 14:   Königin Luise und Friedrich Wilhelm III.
waren ein bürgerliches Vorzeigepaar 141

IRRTUM 15:   Preußen hatte ein militaristisches und
eroberungslüsternes Wesen 156

IRRTUM 16:   Die allgemeine Schulpflicht brachte Bildung
für Alle 169

IRRTUM 17:   Preußen hat Österreich aus dem Reich
gedrängt 175

IRRTUM 18:   Der Nationalsozialismus wäre ohne Preußen
nicht denkbar 184

IRRTUM 19:   Die DDR hat das Erbe Preußens vernichtet 193

IRRTUM 20:   Alle Deutschen sind Piefkes 199

Weiterführende Literatur 202

Anmerkungen 213

Personenregister 219

Register der Orte und Regionen 222

Einleitung

Preußen polarisiert! Es fällt schwer, zu Preußen eine neutrale Meinung zu haben. Entweder man deklariert sich als „Preuße" und blickt freudig-stolz auf die Erfolgsgeschichte und das Ethos, die Preußen hervorgebracht hat, oder man ist entrüstet über die kaltschnäuzige Politik und die moralische Infiltration der Untertanen und Staatsbürger. Im Guten wie im Negativen hat Preußen zur Mythenbildung beigetragen und manchmal erscheint der ganze Staat als Mythos, so viele Botschaften will man ihm aufdrücken.

Ebenso reichhaltig sind die Bilder, die man mit Preußen verbindet. Die französische Schriftstellerin Madame de Staël verglich Preußen in ihrem 1815 erschienenen Buch *Über Deutschland* mit einem Januskopf, der ein militärisches und ein philosophisches Gesicht hat. Sie setzt diese Janusköpfigkeit gleich mit Friedrich II., der in ihren Augen für den Charakter Preußens steht – „ein Deutscher von Natur, ein Franzose von Erziehung". Ambivalenz und Gespaltenheit ziehen sich durch die Rezeptionsgeschichte Preußens. Die Familie Johann Wolfgang von Goethes war gespalten über die Einschätzung des Siebenjährigen Krieges und der Rolle Preußens darin. Goethe beschreibt in seinen Memoiren *Dichtung und Wahrheit*, wie unterschiedlich die Meinungen der einzelnen Familienmitglieder über die preußischen Siege waren. Während sein Großvater bei der Krönung von Franz I. Stephan den Krönungshimmel getragen hatte und deshalb auf österreichischer Seite stand, tendierte sein Vater, den Karl VII. zum kaiserlichen Rat ernannt hatte, auf preußischer Seite. Goethe selbst begeisterte sich für Friedrich II., so dass er schrieb: „Und so war ich denn auch preußisch oder, um richtiger zu reden, fritzisch gesinnt: denn was ging uns Preußen an?"[1]

Ein weiteres Bild, das häufig von Preußen gemalt wird, ist jenes des „Militär- und Beamtenstaates". So der Titel eines zentralen Aufsatzes, den der Historiker Otto Hintze 1908 veröffentlichte. Gleich anschließen lässt sich das Bild des „Maschinenstaates", das Preußen seit dem späten 18. Jahrhundert verfolgt. Im romantischen Konservatismus verankerte Staatstheoretiker wie der Berliner Adam von Müller oder der Dichter Ernst Moritz Arndt warfen dem preußischen König eine übersteigerte Rationalität vor, die einen Maschinenstaat habe entstehen lassen, in dem alle gewachsenen, historischen, vor allem aus dem Germanischen hergeleiteten Rechte missachtet worden seien. Die Bildungsnation und der frühe Rechtsstaat ergänzen die Bilder, die Preußen beschreiben.

Dominante Figur der preußischen Geschichte ist Friedrich II., „der Große". Eine Persönlichkeit, die, ganz im Duktus Madame de Staëls, mit seiner Ambivalenz für die gesamte preußische Geschichte steht. Theodor Schieder gab seiner Biographie über Friedrich II. den Untertitel „Königtum der Widersprüche". Allerdings sind viele Ambivalenzen und Widersprüche der preußischen Geschichte nicht einmal unbedingt zeitgenössisch, sondern aus der späteren Beschäftigung mit dem Land entstanden. Die Aufarbeitung preußischer Geschichte geschieht nicht selten unter einem normativen Blickwinkel, was die Widersprüchlichkeit nicht kleiner macht.

Die ganz vielfältige Art und Weise, preußische Geschichte aufzuarbeiten, aber besonders auch das häufig damit verbundene Anliegen, einen Nutzen aus ihr zu ziehen, brachten ein sehr breites Spektrum an normativen Aussagen hervor, denen preußische Vorbilder zugrunde gelegt sind. Keine Figur polarisierte so wie Friedrich II. und nur wenige Königinnen erlebte eine solch kulthafte, geradezu mythische Verehrung wie Königin Luise. Sie war über das gesamte 19. Jahrhundert Identifikationsfigur Nr. 1 der preußischen Geschichte, bis ihr Friedrich II. in der Weimarer Republik und im Nationalsozialismus den Rang ablief.

Preußens Geschichte ist geprägt von einer vergleichsweise recht späten Erweiterung und Konsolidierung des Landes. Mit einer augenscheinlich sehr konsequenten politischen Zielgerichtetheit wurde aus der „Streusandbüchse" der Mark Brandenburg ein wirtschaftlich prosperierendes und europaweit anerkanntes Preußen geschaffen, das sich zum habsburgischen Kaisertum positionierte und diesem im 18. Jahrhundert massive Gegenwehr leistete. Preußens Aufstieg ist jedoch auch geprägt von der Unterstützung, die die Herrscher ins Land holten: Kolonisten, die entweder ihre Heimat aufgrund ihres Glaubens hatten verlassen müssen oder aus wirtschaftlichen oder sozialen Gründen woanders einen Neuanfang wagten. Die neuen Siedler taten dem Land gut; sie machten es urbar, brachten neue Ideen und sorgten somit für Offenheit und Innovation.

Vor allem die borussischen Historiker des 19. Jahrhunderts sahen den Aufstieg Brandenburg-Preußens als eine beispiellose Erfolgsgeschichte, die im 17. Jahrhundert begann. Friedrich Wilhelm von Brandenburg, der „Große Kurfürst", erscheint als erste Lichtgestalt, die versuchte, auf den Trümmern des Dreißigjährigen Krieges und auf einem zersplitterten, teilweise dünn besiedelten Gebiet den Grundstein für Einheit und Stärke zu legen. Für Heinrich von Sybel beispielsweise war Friedrich Wilhelm jener Monarch, der die Macht hatte, um „den Staat erst zu gründen". Die folgerichtige Weiterentwicklung stellten in Sybels Interpretation die Königskrone von 1701 und die innere Konsolidierung beziehungsweise die „Durcharbeitung und Vollendung in allen Theilen des innern Staatswesens" unter dessen Enkel, dem „Soldatenkönig" Friedrich Wilhelm I. dar. Dessen Sohn wiederum, König Friedrich II., hatte in seinen „Denkwürdigkeiten" den Großen Kurfürsten als den Begründer der brandenburgisch-preußischen Macht gewürdigt: Sein Urgroßvater Friedrich Wilhelm „war des Namens der Große würdig, den seine Völker und die Nachbarn ihm einstimmig verliehen haben. Der Himmel hatte ihn eigens dafür geschaffen, durch seine Tatkraft die Ordnung in einem Lande wiederherzustellen, das durch die Mißwirtschaft der vorangegangenen Regierung völlig zerrüttet war. Er wurde zum Schützer und Neubegründer seines Vaterlandes, zum Ruhm und zur Ehre seines Hauses."[2]

Der Blick auf die Epochen nach dem Großen Kurfürsten lassen manchmal die frühen Jahrhunderte der „brandenburgisch-preußischen" Geschichte verschwinden, so dass es lediglich eine „preußische" Geschichte zu geben scheint. Theodor Fontane, kritischer Zeitgenosse, Beobachter und Darsteller preußischer Milieus des 19. Jahrhunderts, leitete den Band über das Havelland seiner *Wanderungen durch die Mark Brandenburg* 1872 mit einem Gedicht ein, das folgendermaßen schließt: „Grüß Gott Dich Tag, Du Preußen-Wiege, / Geburtstag und Ahnherr unsrer Siege, / Und Gruß Dir, wo die Wiege stand, / Geliebte Heimat, Havelland!" Als Mark Brandenburg begann das spätere Preußen in die Geschichte einzutreten. Von den Askaniern als frühe Herrscher führte der Weg über die Wittelsbacher und die Luxemburger hin zu den Hohenzollern.

Namensgebend für das Territorium wurde ein slawischer Stamm im Nordosten, die Prussen, die der Deutsche Orden christianisierte. Der letzte Hochmeister des Ordens, Markgraf Albrecht von Brandenburg-Ansbach, säkularisierte den Ordensstaat unter dem Einfluss Martin Luthers, verzichtete auf die Hochmeisterwürde und leistete dem polnischen König Sigismund I. 1525 in Krakau den Huldigungseid. Somit stand das Gebiet seit 1525 unter polnischer Lehenshoheit und der Ordensstaat wurde in ein weltliches Herzogtum umgewandelt. Als 1618 der letzte fränkische Hohenzoller, Albrecht Friedrich von Preußen, stirbt, fällt das Lehen des Herzogtums Preußen als Erbschaft an Brandenburg. 1657 erhalten die Hohenzollern als Kurfürsten von Brandenburg dann mit dem Vertrag von Wehlau die volle Souveränität über das Herzogtum Preußen; ein Schritt, der die Krönung „in Preußen" 1701 möglich machte. Die Souveränität des Kurfürsten von Brandenburg wurde vom polnischen König anerkannt und 1660 im Frieden von Oliva bestätigt. Königlich Preußen kommt erst 1772, mit der 1. Teilung Polens, vollständig an Preußen, das ab diesem Zeitpunkt über eine geschlossene Ländermasse an der Ostsee verfügt. 1871 wird Preußen führende Macht im neu gegründeten Deutschen Reich. Der Niedergang vollzieht sich von der Abdankung Kaiser Wilhelms II. 1918 bis zur Auflösung Preußens durch den Alliierten Kontrollrat 1947.

Was blieb von Preußen? Vorbildhafte Tugenden oder spießbürgerlicher Untertanengeist? Bescheidenheit oder rücksichtsloser Expansionsdrang? Es geht beim Thema „Mythos Preußen" nicht um ein bloßes Infragestellen von Identitäten oder den Einsturz vermeintlich festgefügter Denkmäler, die eine lange Zeit Fundament historischer Erinnerung waren. Es geht um einen unaufgeregten Umgang mit der preußischen Geschichte und es geht vielleicht auch darum, Komplexe loszuwerden, die gerade in Deutschland im Hinblick auf Preußen entstanden sind. Besonders gut lassen sich diese lösen, wenn man versucht, Preußen so umfassend wie möglich zu kontextualisieren und in Vergleich zu anderen Territorien und Staaten zu bringen.

Nach 1945 tat sich die Geschichtswissenschaft zunächst schwer mit der Aufarbeitung der preußischen Geschichte. „En vogue" war das Thema nicht gerade. 1968 schrieb der Publizist Burghard Freudenfeld, Preußen sei wie ein „lebender Leichnam", gekennzeichnet durch „Modergeruch und Wehmut, Trotz und manche stille Mahnung".[3] Erst in den 1980er-Jahren begann sowohl in der Bundesrepublik als auch in der DDR eine erneute intensivere Auseinandersetzung mit der preußischen Geschichte. Anlass bot der 200. Todestag Friedrichs II. im Jahr 1986. Das Geheime Staatsarchiv Preußischer Kulturbesitz zeigte eine Ausstellung, ebenso wie die DDR im Neuen Palais. Der deutsche Bundespräsident Richard von Weizsäcker hielt eine viel beachtete Rede, die sich der Ambivalenz Friedrichs II. widmete. Nach der deutschen Wiedervereinigung wurde das Thema Preußen dann richtig salonfähig, bis hin zu dem Vorschlag, ein fusioniertes Bundesland Berlin-Brandenburg wieder „Preußen" zu nennen, was 1996 jedoch per Volksentscheid abgelehnt wurde. Nahrung erhielten die Diskussionen noch einmal im Jahr 2001, als des 200-jährigen Jubiläums der Königskrönung gedacht wurde, was jedoch „Preußen" als Bundesland ebenfalls nicht wieder auferstehen ließ.

IRRTUM 1:

Preußen ist deutschen Ursprungs

Die Geschichte Brandenburg-Preußens hat ihren Ursprung in zwei Anfängen. Der eine liegt in der Mark Brandenburg, mit der die Hohenzollern 1417 belehnt wurden. Brandenburg an der Havel ist namensgebende Stadt. Sie war Herrschaftssitz der Fürsten der Heveller, eines westslawischen Stamms, der wie der zweite slawische Stamm in der späteren Mark Brandenburg, die Sprewanen, im 10. Jahrhundert christianisiert worden war. Der letzte slawische Fürst, Pribislaw oder Heinrich mit christlichem Namen, vermachte das Gebiet im frühen 12. Jahrhundert Markgraf Albrecht dem Bären, aus dem Geschlecht der Askanier. Nach einigen Kämpfen mit dem Sprewanenfürsten Jaxa von Köpenick begannen die Askanier, ihre Macht zu festigen und sich territorial auszudehnen.

Als die Hohenzollern 1417 die Herrschaft in der Mark Brandenburg übernahmen, begann die lange Geschichte dieses Geschlechts in Brandenburg. Die Hohenzollern hatten ihren Stammsitz auf der Zollernburg in der Nähe von Hechingen in Schwaben und waren seit dem späten 12. Jahrhundert Burggrafen in Nürnberg gewesen.[4] 1411 wurde Friedrich VI. von Hohenzollern vom deutschen König Sigismund von Luxemburg zum obersten Hauptmann und Verweser der Mark Brandenburg ernannt. 1415 übertrug der König den Hohenzollern dann offiziell die Markgrafschaft; die förmliche Belehnung fand 1417 statt. Mit ihr waren laut Goldener Bulle von 1356 auch die Kurwürde sowie das Amt des Erzkämmerers des Heiligen Römischen Reichs verbunden. Das Alte Reich hatte sieben Kurfürsten, die den König wählten – die Hohenzollern gehörten nun dazu. Die mittelalterliche Ostwanderung brachte neue Siedler in das weite Land, das die Kurfürsten stetig erweiterten und konsolidierten. Die brandenburgische Frühgeschichte ist also die Geschichte eines „ganz normalen" Landesaufbaus, wie sie das Heilige Römische Reich Deutscher Nation mehrfach hervorgebracht hat.

Somit beginnt die preußische Geschichte als brandenburgische Geschichte. Auch nach ihrer Rangerhöhung zu Königen in Preußen im Jahr 1701 blieben die Hohenzollern Kurfürsten von Brandenburg, so dass es jedenfalls bis zum 18. Jahrhundert eine historiographische Engführung ist, von „preußischer" Geschichte zu sprechen. „Preußen" als Name für den Gesamtstaat setzte sich erst allmählich durch. Noch um 1800 sprach man eher von den „Preußischen Staaten" oder den „Preußischen Landen".

Der zweite Anfang liegt im Nordosten, in Regionen, die bis ins 19. Jahrhundert kulturell und ethnisch äußerst vielfältig blieben: Ost- und Westpreußen. Verschiedene Kulturen, Religionen und Sprachen prägten die Region: Deutsch, polnisch und litauisch, lutherisch, reformiert, katholisch, jüdisch und mennonitisch – Vieles hatte Platz und ethnische Konflikte waren nicht an der Tagesordnung. Besonders in den vergangenen Jahren hat die Forschung diesen völkerverbindenden und toleranten Charakter Ost- und Westpreußens wieder verstärkt in den Mittelpunkt gerückt.[5]

Ost- und Westpreußen hießen die Provinzen erst nach 1772, nachdem sich Österreich, Russland und Preußen polnische Gebiete aufgeteilt hatten und Friedrich II. die neuen Bezeichnungen per Kabinettsorder festgelegt hatte. Vorher war Ostpreußen das Herzogtum Preußen mit Königsberg und Westpreußen hieß „Königlich Preußen polnischen Anteils". Östlich des Herzogtums Preußen schloss sich Preußisch-Litauen mit den Städten Tilsit und Memel an. Die Region, die im Mittelalter im Besitz des Deutschen Ordens gewesen war, gehörte in der Frühen Neuzeit nicht zum Heiligen Römischen Reich Deutscher Nation – was ausschlaggebend dafür war, dass die Kurfürsten von Brandenburg hier 1701 zu Königen in Preußen wurden.

Vor Preußen waren im Nordosten die Prussen. Sie gehörten wie die Kuren, Letten und Litauer zu den baltischen Völkern, waren also ein indoeuropäischer Stamm. Ihr Siedlungsgebiet reichte vom östlichen Unterlauf der Weichsel bis zur Masurischen Seenplatte und der samländischen Halbinsel. Es teilte sich in unterschiedliche prussische Stammes- und Kulturlandschaften auf. Der Chronist des Deutschen Ordens, Peter von Dusberg, überlieferte im 14. Jahrhundert die Sage der zwölf Söhne Königs Widewuts, der von Gotland über das Frische Haff gekommen war. Der Sage nach besiedelten die zwölf Söhne Widewuts die zwölf prussischen Regionen Pomesanien, Warmien, Natangen, Samland, Kulmer Land, Löbau, Pogesanien, Nadrauen, Schalauen, Sudauen, Galinden und Barten.

Die prussische Sprache, die zur baltischen Sprachfamilie gehörte, wurde erst im 16. Jahrhundert schriftlich aufgezeichnet. Sie starb im 17. Jahrhundert aus, hat sich jedoch vor allem in Orts- und Flurnamen erhalten – so weisen etwa die Ortsnamen Berkiten und Berlauken, der Fluss Griselanos bei Osterode und Löbau sowie der See Malsicken bei Kunzkeim auf ihre prussischen Wurzeln hin. Einen Einblick in den Charakter und in den Klang des Prussischen geben frühneuzeitliche Texte, wie beispielsweise der von Pfarrer Abel Will aus Pobethen im Samland übersetzte Lutherische Katechismus aus der Mitte des 16. Jahrhunderts. Nach der Ausgabe von 1545 liest sich das Vaterunser folgendermaßen: „THawe nuſon kas thu aſſe andangon. / Swintints wirſt twais emmens. / Pergeis twais laeims / Twais quaits audaſſeiſin na ſemmey key audangon. / Nuſan deininan geittin dais numons ſchindeinan. / Bha atwerpeis noumans nuſon auſchautins / kay mas Ztwer-pimay nuſon auſchantnikamans. / Bha ny wedais mans enperbandan. Sclait is rankeis mans aſſa wargan. A m e n."

Möchte man von der prussischen Geschichte nun zur Geschichte Brandenburg-Preußens kommen, so stellt der Deutsche Orden eine wichtige Brücke dar. Den Schlussstein setzt der letzte Hochmeister des Deutschen Ordens, Albrecht von Brandenburg-Ansbach, der sich der Reformation anschloss und 1525 die Dynastie Hohenzollern und das alte Ordensland Preußen zusammenführte. In diesem Jahr wurde Albrecht vom polnischen König mit dem Rest des Ordenslandes belehnt, wodurch die Gebiete unter die Herrschaft der fränkischen Linie der Hohenzollern kamen.

Der Deutsche Orden entstand während der Kreuzzüge, die das 1187 in muslimische Hände gefallene Jerusalem wieder unter christliche Herrschaft bringen sollten. Deutsche Kreuzfahrer gründeten 1189 in Akkon ein Spital und eine Hospitalgemeinschaft zur Pflege von Kranken, Pilgern und Gebrechlichen. Nach einem weiteren Kreuzzug unter Kaiser Heinrich VI. erhoben die in Akkon anwesenden deutschen Fürsten die Hospitalgemeinschaft 1198 zum Ritterorden, dem „Deutschen Orden". Auch im Heiligen Römischen Reich deutscher Nation fasste der Deutsche Orden allmählich Fuß und dehnte seinen Besitz immer mehr aus.

Seit dem 13. Jahrhundert geriet die Ostseeküste ins Visier der Deutschordensritter. Der polnische Piastenherzog Konrad von Masowien holte den Orden 1230 ins Land, um die heidnischen Prussen zu christianisieren. Von Anfang an war der Deutsche Orden bestrebt, das von ihm missionierte Gebiet auch zu besitzen, was er durch Verträge mit dem Herzog von Masowien und dem deutschen Kaiser absichern konnte. Der Orden begann die Landesherrschaft auf- und auszubauen; der jeweilige Hochmeister fungierte als Landesfürst. Wie wichtig dem Orden gerade der weltliche Machtaufbau war, zeigt unter anderem die Tatsache, dass die eigentliche Aufgabe des Ordens mit der Taufe des letzten noch heidnischen Fürsten in der Region, des litauischen Großfürsten Jagiełło, 1386 eigentlich beendet gewesen wäre. Doch der Orden machte weiter und betrieb vom Kulmerland aus die Konsolidierung seines Territoriums.[6]

Mit der Burg Balga im Frischen Haff erhielt der Orden 1239 einen Zugang zur Ostsee, und 1255 begann er mit dem Bau einer weiteren Burg an der Küste – nach König Ottokar II. von Böhmen benannt, entstand an der Pregelmündung „Königsberg". Ottokar hatte den Deutschen Orden in einem Feldzug unterstützt, an dessen Ende die Eroberung des Samlandes stand. Thorn, das ebenso wie Kulm 1233 das Stadtrecht erhalten hatte, bildete die Ausgangsbasis, um immer mehr Gebiete nördlich der Weichsel zu erobern – 1308/09 folgten Danzig und Pommerellen, weitere Kriegszüge brachten Samland, Kurland und Teile Livlands. 1309 verlegte der Deutsche Orden seinen Herrschaftssitz von Venedig auf die Marienburg. Für das durch ihn kolonisierte Land verwendete der Deutschen Orden den Namen „Preußen" – eine Bezeichnung, die im Laufe des 14. Jahrhunderts eigentlich von außen als Landesname zunächst auf die Deutschordensbürger, dann auf die übrige Bevölkerung und das Land übertragen wurde.[7]

Unter dem Hochmeister Winrich von Kniprode, der das Amt von 1351 bis 1382 innehatte, erlebte der Deutsche Orden den Höhepunkt seiner Macht. Winrich förderte gezielt die Besiedlung an der Weichsel und an der Grenze zu Litauen, und er band die Städte im Ordensland stärker an seine Herrschaft, indem er Eigenständigkeiten begrenzte. Er forcierte zudem Handel und Wirtschaft. So flossen dem Deutschen Orden beispielsweise aus dem Bernsteinmonopol bedeutende Einnahmen zu. Die Christianisierung der Prussen und Litauer trieb Winrich voran und lud Adelige aus ganz Europa ein, in „Preußenfahrten" genannten Kreuzzügen gegen die heidnischen Völker zu Felde zu ziehen – eine Transformation der Kreuzzugsidee, die im Heiligen Land mit dem Verlust der Stadt Akkon 1291 ihr Ende gefunden hatte.

Im 15. Jahrhundert formierte sich dann jedoch eine immer stärkere Opposition gegen den Orden. Zunehmende Konflikte mit Polen sorgten für Auseinandersetzungen. Mit der Niederlage gegen ein polnisches Heer bei Tannenberg 1410 begann der Niedergang des Ordensstaates. Im 2. Thorner Frieden, der 1466 eine längere Auseinandersetzung zwischen dem Deutschen Orden und einem Bündnis preußischer Städte mit Polen-Litauen beendete, verlor der Orden Pommerellen, das Kulmer Land und das Ermland sowie Teile Pomesaniens mit der Marienburg und Elbing an die polnische Krone. Als „Königlich Preußen" blieben die Gebiete bis 1772 unter polnischer Lehenshoheit und kamen erst mit der 1. Teilung Polens zu Preußen; das Ermland fiel gleichzeitig an Ostpreußen, so dass sich der gesamte Landweg zwischen Berlin und Königsberg in preußischer Hand befand.

Heimat – deutsch und ostpreußisch

Der Verweis auf Preußen und das alte Kernland entwickelte im Brandenburg-Preußen der Frühen Neuzeit hohe Identifikationskraft. Seine Bedeutung zeigt sich auch daran, dass Preußen nach 1701 namensgebend für das ganze Territorium wurde. Doch „preußisch" konnte im Herzogtum Preußen und in Königlich Preußen viel bedeuten. Während die Identifikation im alten Herzogtum sehr stark über die Hohenzollern lief und daneben regionale Identitäten fortbestanden, fand die Bevölkerung in Königlich Preußen ihre Identität im Widerstand, den sie dem Deutschen Orden 1454 und 1466 geleistet hatte, sowie in weitreichenden Mitspracherechten in den ständischen Gremien der Kreis- und Landtage. Dieses breite Spektrum an Identitäten, die auf verschiedene Art mit Preußen verbunden waren, führte dazu, dass auch zugewanderte polnischsprachige Eliten ein preußisches Bewusstsein entwickeln konnten.[8] Bis zum Ende des 18. Jahrhunderts blieb die Situation ausgesprochen multiethnisch. Dies zeigte sich beispielsweise in Ostpreußen in verschiedenen lokalen Dialekten und Muttersprachen, wie dem Memelländischen, dem Litauischen, dem Polnischen und dem Masurischen. Ein beträchtlicher Anteil der Bewohner Ostpreußens sprach zwar deutsch, die jeweilige Muttersprache blieb jedoch die Umgangs- und Kirchensprache. Deutsch lernte man meist erst in der Schule.

Die östlichen preußischen Gebiete brachten also eine Vielzahl von regionalen Identitäten hervor, die erst im 19. Jahrhundert unter Druck gerieten. Dann verengte sich die Vielfalt auf eine dominante „preußische" Identität, die mit „deutsch" und „protestantisch" gleichgesetzt wurde. Die deutsche Identität fand ihren historischen Bezug im Germanentum, dessen Vorbild Programm war, wie es der preußische Oberpräsident Theodor von Schön, der in Königsberg saß, 1837 ausdrückte: „Es ist politisch überaus wichtig, dass Westpreußen planmäßig germanisiert werde."[9]

Doch ganz so geradlinig verlief der Prozess nicht. Noch Mitte des 19. Jahrhunderts zeigten sich vor allem in Ostpreußen, das mit Westpreußen seit 1824 in der Provinz Preußen vereint war, liberale Tendenzen. Diese gerieten allerdings in der zweiten Hälfte des 19. Jahrhunderts durch die gezielte preußische Germanisierungspolitik ordentlich unter Druck. 1894 wurde der Deutsche Ostmarkenverein gegründet, der sich die Warnung vor der „polnischen Gefahr" auf die Fahnen geschrieben hatte. Somit war ein gemeinsamer Feind ausgemacht, der intern gemeinschaftsbildend wirken konnte. Beispielhaft steht dafür eine Aussage Kaiser Wilhelms II. 1902 als Protektor des Preußischen Johanniterordens beim Fest in Marienburg: „Jetzt ist es wieder so weit. Polnischer Übermut will dem Deutschtum zu nahe treten, und ich bin gezwungen, mein Volk aufzurufen zur Wahrung seiner nationalen Güter."[10]

Der Nationalismus war nicht auf die deutsch-preußische Seite beschränkt. Zwischen 1840 und 1870 bildete sich eine polnische Partei, die ihrerseits die preußische Identität bekämpfte. Den Begriff „Preußen" lehnte das polnische Lager ab; man sprach von „Pomorze" (Land an der Küste) oder von „Warmia i Mazury" (Ermland und Masuren).[11] Nationale Identitäten führten also auf allen Seiten zu Polarisierungen, wobei der obrigkeitlich geförderte Germanisierungsdruck die Gesellschaft dominant bestimmte – und das Germanentum zeigte sich auch in der Sprache und in der kirchlichen Ausrichtung. So wurden Katholiken ebenfalls zu Gegnern, denn die germanische Identität war in Preußen deutsch und protestantisch. Und da Polen traditionell katholisch war, ließ sich der politische Kampf auf das religiöse Leben ausdehnen.

Der Erste Weltkrieg brachte vor allem in Ostpreußen einen neuerlichen Schub an nationaler Begeisterung. Ostpreußen war 1914 die einzige Provinz im Osten des Reichs, in die russische Einheiten einfielen. Die bedeutendste und am längsten nachwirkende Schlacht war die Schlacht bei Tannenberg, die im August 1914 mit einem Sieg der deutschen Armee unter Paul von Hindenburg gegen die russische Armee endete – allerdings mit sehr hohen Verlusten. Doch die Schlacht ließ sich in den folgenden Jahren hervorragend instrumentalisieren; vor allem der Ort, Tannenberg, bot der deutschen Propaganda viele Möglichkeiten der Vereinnahmung. Bei Tannenberg hatte ja bereits 1410 jene Schlacht stattgefunden, in der ein Heer des Deutschen Ordens dem König von Polen unterlag. So ließen sich die Kampfhandlungen von 1914 als Revanche für 1410 inszenieren und auch in den folgenden Jahren genügte der Verweis auf Tannenberg, um antipolnische Polemik mit Inhalt zu füllen.

Als 1919 die erste Feier im Gedenken an Tannenberg stattfand, stellten die meisten Reden eine Verbindung zwischen dem Vergangenen und der Zukunft her, indem sie aus dem „Ruhm" und dem soldatischen „Heldentum" der Vergangenheit die Zuversicht auf die „Zukunft unseres Volkes" und den Glauben an ein „neues Deutschland" zogen. Sichtbares Merkmal des Gedenkens wurde das 1927 in Hohenstein errichtete Tannenberg-Denkmal, das mehr einer Trutzburg ähnelte und damit auch eine Idee verkörperte, in der sich die Region Ostpreußen nach 1918 wiedererkannte – als Bollwerk gegen nichtdeutsche Einflüsse.

Neben dem Ort Tannenberg geriet der Anführer der deutschen Armee, Paul von Hindenburg, in die Maschinerie der deutschen Erinnerungskultur. Der eigentlich vor dem Krieg bereits pensionierte, dann jedoch reaktivierte Paul von Hindenburg stieg nun auf zum großen Befreier Ostpreußens. Seine Porträts hingen in ostpreußischen Wohnzimmern, und nach der Abdankung des Kaisers stilisierte man ihn zum Ersatzmonarchen. Er war der „Retter" der Provinz und so erschien es nur folgerichtig, ihn und seine Frau 1934 mit einer bombastischen Inszenierung im Tannenberg-Denkmal beizusetzen.

Der Vertrag von Versailles (1919) lieferte, ebenso wie generell im Reich, in den östlichen Gebieten die Munition für weitere nationalistische Zuspitzungen. Versailles bedeutete den Verlust eines Großteils von Westpreußen und von Posen – beides fiel an Polen und das Land hatte damit nun wieder einen Zugang zur Ostsee, während Ostpreußen zu einer deutschen „Insel" wurde. Das Memelland fiel dagegen mit Februar 1920 an Litauen. Der Versailler Vertrag hatte zudem festgelegt, dass in einigen Grenzgebieten des südlichen Ostpreußen, in Masuren und im Ermland, Volksabstimmungen über die Zugehörigkeit abgehalten werden sollten. Es waren dies Entwicklungen, die nationale Stimmungen anheizen konnten – und das auch taten. Im Vorfeld der Volksabstimmungen, die auf den 11. Juli 1920 angesetzt waren, tobte erwartungsgemäß eine immense Propagandaschlacht – hochstilisiert zum „Grenzland- und Volkstumskampf". Viel zitiert war eine Grußadresse Hindenburgs: „Ostpreußen, ich habe Euch einst befreit, und ich weiß, Ihr werdet das Vaterland und damit mich jetzt nicht im Stich lassen. Das wäre nicht Preußenart!"[12] Das Ergebnis fiel zugunsten der Deutschen aus; mit insgesamt fast 98% der Stimmen entschied sich die Bevölkerung für den Verbleib beim Deutschen Reich.

Für die Region ergab sich nach dem Ersten Weltkrieg eine ganz neue Situation, da man durch die Insellage keine direkte Verbindung mehr zum preußischen Kernland bestand. Diese Isolierung führte unter anderem zu wirtschaftlichen Problemen, da eine wichtige Einnahmequelle, der deutsch-russische Warenverkehr, zum Erliegen kam. Ostpreußen grenzte ja nun nicht mehr an Russland, sondern an das neu gegründete Litauen – Abwanderungen waren die Folge. Doch die Region stärkte ihre Identität gerade durch die Isolation und es entwickelte sich ein besonderes Heimatgefühl, das Gefühl „Ostpreuße" zu sein. Ausgeschlossen von dieser Bewegung waren naturgemäß die nationalen Minderheiten der Region, Polen und Litauer.

So häufig gebraucht der Begriff „Heimat" heutzutage ist und so emotional mit ihm argumentiert werden kann, so vielschichtig war der Begriff in der Geschichte. Vor 1800 stand er für das Elternhaus, aber auch für das Geburtsland. Erst um 1800, in der von der Romantik getragenen Nationalbewegung, wurde der Begriff mit der deutschen Sprache und dem deutschen Volk in Verbindung gebracht. Heimat war in den Romanen des frühen 19. Jahrhunderts ein künstliches, erfundenes Gebilde, voller Sehnsucht nach Vergangenem, das es in dieser oder ähnlicher Form nie gegeben hat. Heimat war eigentlich ein imaginierter Ort. Doch „Heimat" übernahm im 19. Jahrhundert noch eine etwas andere Bedeutung, nämlich als Vorform des Begriffs der Staatsbürgerschaft, als juristischer Terminus des „Heimatrechts", das die Zugehörigkeit zu einer Gemeinde definierte. „Heimat" war in diesem Kontext ein juristischer, recht unemotionaler Begriff.

In ihrer emotionalen Variante ging „Heimat" eine Verbindung mit der Nation ein. Menschen mit einer gemeinsamen Geschichte und Herkunft sollten sich besonders nahestehen. Vor allem in der politischen Kommunikation wurde der Begriff immer emotionaler und exklusiver – auf Deutschland hin gedacht. „Heimat" fand Eingang ins Alltagsleben und wurde Bestandteil der nationalen Erziehung. Auf der ersten internationalen „Heimatschutztagung" 1909 in Paris waren die deutschen Vertreter in ihrem Bewusstsein für die eigene Nation sogar so weit gegangen, den deutschen „Heimat"-Begriff als außerordentlich hinzustellen – ohne Pendant in anderen Sprachen. Äquivalente wie „homeland" oder „fatherland" stellte man als wesentlich schwächer dar.[13]

Sich auf die „Heimat" zu berufen setzte zunächst einmal voraus, sich zu vergegenwärtigen, welche Bedeutung die direkte Umgebung hatte. Agnes Miegel, die bekannteste ostpreußische Dichterin und häufig als „Mutter Ostpreußens" bezeichnet, beschrieb ihre wachsende Wertschätzung für die eigene Heimat in ihrer kurzen Erzählung „Ostpreußische Heimat". Die in der „Ich"-Form geschriebene Erzählung schildert, wie die Erzählerin im Geographieunterricht sitzt und über die Langeweile sinniert, die ihr Karten bereiten. Meist würden diese lediglich „in einem blassen Rosa-Rot" Deutschland zeigen, „und links davon, das Lila, das ist Frankreich, und rechts, das Grüne, ist alles Rußland". Doch an diesem Morgen hängte die Lehrerin eine „Karte von Ostpreußen" auf, die die Erzählerin zum Jubel „O Heimat, Heimat!" führt: „Das ist ja eine ganz andre Karte! In der kleinen Privatschule, wo ich früher war, hab ich solche Karte nie gesehn. Den Umriß Ostpreußens kenn ich – aber wie ist er hier auf einmal so bedeutungsvoll, blutrot eingezeichnet in das grüne, bräunliche Land! Und wie die Lehrerin es uns erklärt, fühle ich – plötzlich bis zum Glühen aufmerksam –, daß nur dieses eine richtige Karte ist, eine ‚Landkarte', wie Vater sagt! O du herrliches Tuch, vor mir ausgebreitet, mit der blauen Ostsee zwischen zwei grünen Ländern, mit den blauen Haffs hinter den Nehrungsketten, mit den tiefblauen Seen zwischen dem immer lichter ansteigenden und dann erddunklen Höhenzügen im Süden und Osten, die da wie ein Wall im Bogen um unsere Heimat liegen. Wo ist Königsberg? Ja, nur dieser rote Zackenrand kann unsere Festung sein – wie liegt die Pregelmündung so breit davor, wie ein Trichter, wie schiebt sich das Samland in die See, wie ein fester grünbewachsener Bastionsturm! Und da am Haff die Sumpfwälder, blaugrün dunkelnd vor Erlen! – und dann um Pregel und Inster die grünen, grünen Wiesen für Herden und Pferde! Und überall, wie Winteräpfel hingestreut, rote Städte!"[14] Orte und topographische Gegebenheiten erhalten eine Bedeutung; der Betrachter eignet sich diese an und zieht eine regionale Identität daraus.

In Ostpreußen waren es vor allem in Königsberg und weiter im Westen lebende Flüchtlinge der russischen Einfälle von 1914/15, die ihre alte „Heimat" im deutschen Sinne definierten und beschrieben und ihren Schutz einforderten. Über Heimat- und Hilfsvereine hielt man Kontakt zur Region, in der man aufgewachsen und aus der man vertrieben worden war. Der „Verband deutscher Kriegshilfsvereine für zerstörte ostpreußische Städte und Ortschaften" etwa, der 1915 unter der Schirmherrschaft Kaiser Wilhelms II. gegründet worden war, sammelte Geld, das in den Aufbau der zerstörten ostpreußischen Städte fließen sollte. Durch die Propaganda, die die Volksabstimmungen von 1920 begleitete, erhielten die Vereine mit ihren Anliegen noch mehr Zustimmung. Eine Welle der Solidarität erreichte Ostpreußen; sie ging vor allem von Berlin aus, schlug jedoch auch in Wien Wogen, wo die deutschnationale Begeisterung von ihr profitierte. Doch auch die ostpreußische Regierung förderte die „Heimat"-Bewegung, um zu vermeiden, dass noch mehr Leute Richtung Westen flohen. Die ostpreußische Heimat war als „deutsche Heimat" also ein politisch verwertbarer Begriff geworden.[15]

Und die Heimat wurde weiter gefüllt mit Inhalten. Ein wichtiges Element bildete die Natur, die die Jugendbewegung des frühen 20. Jahrhunderts zwar überall begeisterte, in Ostpreußen aufgrund ihrer Vielfalt und Eindrücklichkeit jedoch auch besonders erlebt werden konnte. Die Wandervogelbewegung, die das gemeinsame Wandern in den Mittelpunkt stellte und dieses zu einem Gemeinschaftserlebnis machte, bündelte die Begeisterung für die Natur. Das „Erlebnis der Einfachheit" war das Ziel und dieses ließ sich am besten in der Natur verfolgen. Ideologisch sahen sich die Wandervögel allerdings im Erbe des Germanentums und des mittelalterlichen Ritterwesens. Zudem prägte ein mystischer Zug die Gruppen, auch militaristische Prägungen waren vorhanden. Das auf den römischen Dichter Juvenal zurückgehende Motto, das die Wandervögel auf den Fahnen trugen – „ein gesunder Geist in einem gesunden Körper" – passte zur politischen Situation Ostpreußens: Ein starkes, geschlossenes und handlungsbereites Auftreten sollte dem bedrohten Vaterland dienen.

Wie ein Dach über all diesen Bewegungen woben sich die Ideen der Heimatschutzbewegung, die in Deutschland seit dem Ende des 19. Jahrhunderts aktiv war, einen sehr romantisierten Blick auf die Natur warf und sich den Schutz der Heimat und ihrer Landschaft zum Ziel gesetzt hatte. Doch bei aller Idealisierung der Natur und des Landlebens waren politische Motive auch hier nicht fern. Denn die höchste Form der schützenswerten Natur war eben die „deutsche" Natur. Exemplarisch für die Verbindung von ostpreußischer Heimat und Natur steht jenes Lied, das als „Ostpreußenlied" heutzutage immer noch Identität vermittelt. Geschrieben von Erich Hannighof und 1933 im Königsberger Ostmarken-Rundfunk das erste Mal aufgeführt, malt das Lied das Bild der „dunklen Wälder und kristallnen Seen", der „weiten Felder", des „Haffs und Moors". Vor allem die Natur Masurens wurde in vielen Liedern und Gedichten besungen, so dass sich die kristallenen Seen und dunklen Wälder in manchen Köpfen als Charakteristika ganz Ostpreußens festsetzten. Die Dominanz der Landschaft Masurens dürfte kein Zufall gewesen sein, denn es war gerade der deutsche Status von Masuren, der nach 1918 am meisten bedroht war. Neben Seen und Wäldern waren es die Dünen und das Haff sowie die Moore, die, wie im „Ostpreußenlied" vermittelt, die Region ausmachten.

Wie kaum eine andere Künstlerin, kaum ein anderer Künstler steht Agnes Miegel für die Verbindung von Natur und Heimat. Beide Sujets waren bei Miegel so ideal zusammengefügt, dass ihr Werk im Nationalsozialismus aufgegriffen und propagandistisch ausgeschlachtet werden konnte. Ihre Gedichte übermitteln die ganze Fülle der Naturerfahrung, die sie häufig mit aktuellen und historisch hergeleiteten Identitäten verbindet. „Die Frauen von Nidden" führt hinein in die Zeit des Jahres 1709, als bei der Pestkatastrophe fast alle Bewohner des Ortes starben. Doch ist die Pest nicht Katastrophe genug – auch die Wanderdünen werden bei Agnes Miegel zur alles gefährdenden Wucht. Sie legen sich über die Toten und sorgen für eine mehrmalige Verlegung des Dorfes.

Die Vereinnahmung der Natur verstärkte sich, je stärker sich der Nationalismus in Ostpreußen entwickelte. Bei Fritz Braun klang dies 1928 so: „[…] der deutsche Weichselgau ist […] eine Schöpfung des deutschen Menschen […], auch diese Erde selbst [ist] eine Schöpfung, eine meisterliche Schöpfung des deutschen Kulturmenschen." Und Max Simoneit schrieb 1927 in seinem Reiseführer über die Masurischen Seen, die „kleine masurische Erde" sei ein „notwendiger Baustein des großen deutschen Vaterlandes". Masuren zu besuchen dürfte „heute nicht mehr allein mit dessen einzigartiger Schönheit und sonderbarer Eigenart begründet werden, – sondern muß doch der Ruf erschallen, weil das deutscheste Land der Wälder und Seen als Grabstätte großartigsten deutschen Heldentums wichtigstes deutsches Wallfahrtsziel werden muß. Wer heute im dunklen Wald an den Grabstätten der Tannenberghelden träumt, der wird in wunderbarem Ahnen dessen gewiß, daß in unbewußter Schönheit die Geschichte dieser Weihestätten das deutsche ‚Dornröschenheiligtum' sorglichst behütet."[16] Worte, die vergessen lassen können, wie ethnisch bunt und vielfältig die Geschichte des nordöstlichen Teils von Preußen einmal war.

Religion hat mit Politik nichts zu tun

In den *Denkwürdigkeiten zur Geschichte des Hauses Brandenburg* schrieb Friedrich II. über seinen Vorfahren Johann Sigismund, er sei 1613 zum reformierten Glauben übergetreten, „den Einwohnern des Klevischen Landes zuliebe, die seine Untertanen werden sollten".[17] Was klingt wie ein Liebesakt und eine nette Willkommensbotschaft, die der brandenburgische Kurfürst an die neuen Untertanen sandte, wirft die Frage nach den Motiven für die Konversion eines Monarchen auf und sie führt tiefer hinein in die Bestimmung des Verhältnisses von Politik und Religion in der Frühen Neuzeit. Wie viel politisches Kalkül stand hinter einer Konversion und wie viel persönliche Überzeugung?

Die Religion, und damit auch eine Konversion, betrifft einen Bereich, der in seiner ganzen Tiefe für Historiker besonders schwer zu fassen ist, denn persönlichen Motiven und Überzeugungen auf die Spur zu kommen, ist ein äußerst schwieriges Unterfangen. Die überlieferten Quellen tragen alle jene Botschaft nach außen, die der Verfasser aussenden wollte, und wer will sagen, welche Motive im frühen 17. Jahrhundert im Innersten eines Menschen wirklich handlungsleitend waren. Eines ist jedoch klar: Wenn ein Herrscher konvertierte, war dies nie eine private Angelegenheit, sondern immer auch eine politische. Das Bündnis von Thron und Altar war in der Frühen Neuzeit nicht nur in Preußen sehr eng.

Religionspolitik war seit der Reformation durch Martin Luther eine komplizierte Angelegenheit geworden im Heiligen Römischen

Reich deutscher Nation. Die mittelalterliche Einheit der Kirche war gesprengt; es gab nun drei große christliche Konfessionen – die katholische, die lutherische und die reformiert-calvinistische. Während des 16. und frühen 17. Jahrhunderts bestimmten die Konfessionen, teilweise durch kriegerische Auseinandersetzungen, in denen religiöse und politische Motive manchmal nur schwer zu trennen sind, ihr Verhältnis zueinander. Der Augsburger Religionsfrieden von 1555 war ein erster reichsrechtlich gültiger Vertrag, der die Katholische und die Lutherische Kirche anerkannte, für die Reformierten dauerte es noch bis 1648. Der Vertrag legte einen wichtigen Grundsatz fest, der später als „cuius regio, eius religio" zusammengefasst wurde: Der Landesfürst bestimmte die Religion seiner Untertanen. So klar diese Regel klang, umso schwieriger erwies es sich im konkreten Einzelfall und in regionalen Spezialfällen die Umsetzung.

Der brandenburgische Kurfürst Joachim II. war 1539 lutherisch geworden und wie generell im Luthertum übernahm er als Landesfürst eine Funktion, die weltliche und geistliche Macht verband, nämlich die eines „Notbischofs". Der Herrscher war Bischof in seinem Territorium, was zu der Zeit nötig war, da das Luthertum noch nicht über feste Strukturen verfügte. Mit der Installierung eines Notbischofs begann jedoch auch im Protestantismus die enge Verzahnung von Religion und Politik, die die katholische Kirche bereits aus dem Mittelalter mitgebracht hatte.

Wie erwähnt, harrten die Reformierten noch ihrer reichsrechtlichen Anerkennung, als der brandenburgische Kurfürst Johann Sigismund sich 1613 zur Konversion entschied. Dies bedeutete, dass der Landesfürst nach Reichsrecht nicht befugt war, auch von seinen Untertanen zu verlangen, zum Calvinismus überzutreten. Lange und harte Auseinandersetzungen mit den Ständen, die lutherisch waren und dies auch bleiben wollten, waren die Folge. Es ging um politische Macht und um die Besetzung einflussreicher Positionen, wie Predigerstellen und Posten an der Landesuniversität Frankfurt/Oder. Auch Tumulte blieben nicht aus. 1615 protestierten Berliner Lutheraner gewaltsam, nachdem in einem späten „calvinistischen Bildersturm" aus dem Dom das hölzerne Altarkreuz entfernt, zerschlagen und in die Spree geworfen worden war. Auch die übrigen „Götzen" – Bilder und

Statuen – hätten wohl entfernt werden sollen. Die Reaktion waren gewalttätige Aktionen gegen reformierte Geistliche und kurfürstliche Beamte; das Haus des reformierten Hofpredigers Martin Füssel wurde mit Steinen beworfen, geplündert und massiv beschädigt.[18] Alle Proteste und Verhandlungen zeigten jedoch Wirkung: Im gleichen Jahr sagte Johann Sigismund den Ständen die freie Religionsausübung nach der Augsburger Konfession zu, in der die lutherischen Reichsstände 1530 ihre Glaubenssätze niedergelegt hatten.

Für den brandenburgischen Kurfürsten stand die Konversion im Zusammenhang mit den Konflikten um Jülich-Kleve-Berg. Doch sie war wohl weniger ein Willkommensgruß an die neuen Untertanen, sondern bedeutete die Festigung politischer Bündnisse. Schon vor 1613 verfügte Johann Sigismund über gute Beziehungen zum reformierten Pfalzgrafen bei Rhein und durch sein Studium an der Heidelberger Universität war er sowieso im reformierten Spektrum verankert. 1609 hatte er eine „reformierte Allianz" mit dem pfälzischen Kurfürsten und den Niederlanden geschlossen, um gemeinsam im Jülich-Konflikt vorzugehen. Der politische Interessensausgleich wurde konfessionell legitimiert. Doch die Konversion blieb auf den Monarchen beschränkt. Äußerungen Johann Sigismunds weisen darauf hin, dass es dem Kurfürsten nicht darum ging, seine Untertanen zu einem Bekenntnis zu zwingen, sondern es Gott überlassen wollte, die Wahrheit zu offenbaren.[19]

Politisch gab es zwischen Luthertum und Calvinismus einige Unterschiede. So lag nach Auffassung der reformierten politischen Staatstheorie die Macht in einem Territorium nicht nur in den Händen des Herrschers, sondern auch in Institutionen wie dem Heer, den Landständen und dem Beamtentum. Vor allem im Widerstandsrecht billigte der Calvinismus den Landständen mehr Rechte zu als das Luthertum. Landstände durften gegen einen Herrscher Widerstand leisten, wenn dieser zum „Tyrannen" wurde. Dies sei dann der Fall, so der ostfriesische Gelehrte Johannes Althusius, wenn er das Gut, das ihm durch den Herrschaftsvertrag zur Verwaltung übergeben wurde, nicht im Sinne des Auftraggebers, also der Untertanen, verwalte.[20] Allerdings waren nur die Landstände zum Widerstand berechtigt, nicht die übrigen Bevölkerungsschichten.

Ist die Konversion Johann Sigismunds also ein Zeichen für die enge Allianz zwischen Thron und Altar, so fand eine weitere Intensivierung dieser Allianz Ende des 17. Jahrhunderts statt, als die hohenzollernschen Herrscher sich dem Pietismus zuwandten und diesen in vielerlei Hinsicht förderten. Zwar gehörte es generell zur Politik frühneuzeitlicher Fürsten, über die Kanäle geistlicher Institutionen auf die Gewissen der Untertanen zuzugreifen und sie so im Sinne ihrer Staatstheorie zu gehorsamen Untertanen zu erziehen, doch zeigt sich diese Verbindung durch den Einfluss des Pietismus in Brandenburg-Preußen noch einmal auf eine fast idealtypische Art und Weise. Allerdings muss bei allen Theorien der Verzahnung von Religion und Politik in der Frühen Neuzeit beachtet werden, dass es das monokonfessionelle Territorium ebenso wenig gab wie den absolut herrschenden Monarchen, der von solch einer Monokonfessionalität profitiert hätte.

Der Pietismus nun war eine Erweckungsbewegung im Protestantismus, der sich in der zweiten Hälfte des 17. Jahrhunderts entwickelte und vor allem durch Philipp Jacob Speners 1675 erschienenes Werk *Pia desideria* geprägt wurde. Spener sprach sich darin für eine Öffnung der Konfessionen auf der Basis einer „Vereinigung der Religionen" aus und er forderte eine Stärkung des Glaubens im Innern, die Gemeindeerbauung, die jeden Gläubigen näher zu Gott führen sollte.[21] Das Bekehrungserlebnis als bewusste Hinwendung zu Gott und zu einem innerlich-mystischen Leben fehlte in kaum einer pietistischen Biographie. Die Gläubigen versammelten sich zu privaten Erbauungsstunden, „collegia pietatis" genannt, in ihren eigenen Häusern, um in der Bibel zu lesen und gemeinsam zu beten. Sie entzogen ihre geistliche Unterweisung damit der amtskirchlichen Kontrolle, was den Pietismus politisch und kirchlich schnell unter Druck geraten ließ. Fragen nach Rechtgläubigkeit, nach Einfluss und Macht ließen altlutherische Geistliche und neu erweckte Pietisten aneinander geraten. Die Pietisten wurden als „Sectirer" verfolgt und bezichtigt, mystische Irrlehren zu predigen.

Dennoch fand der Pietismus seine Kanäle, in Brandenburg-Preußen vor allem über Adelige und Angehörige des Militärs, die Fürsprache auf politischer Ebene einlegten. Philipp Jacob Spener wurde 1691 als Propst an die Berliner Nikolaikirche und ins Konsistorium berufen, das für die landesfürstliche Kirchenpolitik verantwortlich war. Neben Berlin etablierte sich Halle an der Saale als Hochburg des Pietismus, nachdem dort 1692 August Hermann Francke auf Vermittlung Speners zum Professor für Griechisch und Orientalische Sprachen berufen worden war. Francke hatte zudem die Pfarrstelle in Glaucha bei Halle inne, wo er erste Erfahrungen in der Verbesserung der Erziehung und Bildung von Kindern machte.[22]

Halle gehörte zum ehemaligen Erzbistum Magdeburg, das 1648 als erbliches Herzogtum endgültig dem Kurfürstentum Brandenburg zugesprochen worden war. Nachdem 1680 der letzte Administrator gestorben war, wurde es enger in die Verwaltung der Hohenzollern eingegliedert. Vor allem bauten die Hohenzollern hier, nämlich in Halle, mit der 1694 gegründeten Universität eine kurbrandenburgische Landesuniversität auf, die zur wichtigsten Stütze des Pietismus wurde. Friedrich III. förderte Universität und Pietismus von Anfang an; er hielt seine schützende Hand über Francke und griff seinem Bildungs- und Reformwerk durch Steuererleichterungen, die Zuteilung von Strafgeldern und durch persönliche Geschenke unter die Arme.

August Hermann Francke selbst hatte, wie er in seinem Lebenslauf schildert, 1687 sein Bekehrungserlebnis gehabt. Anstoß dafür war wohl eine Predigt über die neutestamentliche Stelle Johannes 20, 31: „Diese [= Zeichen Jesu, v. S.] aber sind geschrieben, damit ihr glaubt, dass Jesus der Christus ist, der Sohn Gottes, und damit ihr durch den Glauben das Leben habt in seinem Namen." Francke bekam Zweifel an seinem eigenen Glauben, ob dieser tief genug und ausreichend sei. Er betete und erhielt von Gott neue Gewissheit – eine Bekehrung, wie man sie in vielen pietistischen Lebensberichten liest.[23] Francke wirkte zunächst in Leipzig, wo sich ein Kreis von Erweckten unter Studenten und Bürgern bildete, der sehr schnell Angriffen von außen ausgesetzt war. Halle wurde Francke zum neuen Wirkungskreis. Die Stadt war durch ein sehr offenes Klima geprägt. Nach 1685 waren viele Hugenotten und Pfälzer Reformierte aufgenommen worden – die Pfalz war 1685 katholisch geworden, was zur Auswanderung vieler Reformierter geführt hatte.

Der hallesche Pietismus und das Herrscherhaus der Hohenzollern gingen eine enge Bindung ein. Mit Friedrich Wilhelm I. fand August Hermann Francke einen noch aktiveren Förderer als Friedrich III., da der König auch innerlich vom Pietismus überzeugt war. Unter ihm intensivierte sich die Allianz von Thron und Altar; letzterer musste zunehmend „hallesch" sein. Der Pietismus wurde politisch und erhielt wichtige Einflussmöglichkeiten, da immer mehr Predigerstellen am Hof und im Militär mit Vertretern aus pietistischen Kreisen besetzt wurden. Seit 1729 mussten für einige Jahre sogar alle lutherischen Pfarrstellen in Preußen mit Absolventen der Universität Halle besetzt werden, faktisch bestimmten also Pietisten, was den Leuten gepredigt wurde. Allerdings nahm Friedrich Wilhelm I. diese Regelung schon 1733 etwas zurück. Somit wurde also ein König, der eigentlich reformiert war, zum engagierten Förderer einer Erweckungsbewegung, die aus dem Luthertum kam. Friedrich Wilhelm I. lehnte es in seiner 1722 verfassten Instruktion an seinen Nachfolger denn auch ab, sich als Reformierter oder Lutheraner zu bezeichnen: „Wahs die Religion anlanget, so bin ich und werde mit Gottes hülfe Reformiret sehlich sterben, indeßen bin versicherdt, das ein Lutterischer, der dar gottsehlich wandeldt, eben so guht sehlich werde also die Reformirte und der unterseidt nur herrühre von die Prediger Zenckereien".[24]

Was machte den Pietismus für den preußischen Staat nun so attraktiv? Einerseits die konfessionsübergreifenden Ausrichtung, denn sie konnte den Kirchenfrieden garantieren, das heißt die Versöhnung von Luthertum und Calvinismus, und sie legitimierte die Aufnahme reformierter wie lutherischer Glaubensflüchtlinge. Zum Dritten sahen die Herrscher in den pietistischen Erziehungsidealen Hilfsmittel, um die Untertanen zu Loyalität und Fleiß anzuhalten.[25] Askese und praktisches Christentum, wie es im Pietismus gelebt wurde, trafen sich mit den Idealen Friedrich Wilhelms I.

Zwei Bereiche sollen die Verbindungslinien zwischen Thron und Altar verdeutlichen: das Erziehungswesen und das Militär. Aus einer Armenschule im Pfarrhaus in Glaucha entstanden Mitte der 1690er-Jahre die Franckeschen Stiftungen in Halle. Sie kümmerten sich um die Erziehung von Kindern aus armen Verhältnissen, um diesen bessere Chancen im späteren Leben zu eröffnen. August Hermann Francke versuchte, der Spirale Einhalt zu gebieten, die aus Armut einen Mangel an Bildung und an gelebtem Ethos, das hieß nach Francke Vergnügungssucht, Verantwortungslosigkeit und Unehrlichkeit folgen ließ. Die Stiftungen ermöglichten den Kindern und Jugendlichen eine gediegene Erziehung; Lesen und Schreiben war Grundvoraussetzung für alle weiteren Erziehungs- und Bildungsschritte. Francke selbst entwickelte sich zum unermüdlichen Spendensammler, so dass sein Lebenswerk immer umfangreicher wurde.

Mit Lesen und Schreiben endete die Erziehung nicht, sondern die Kinder sollten in Halle auch Arbeiten lernen. Sie halfen in den Betrieben mit, die Francke allmählich aufbaute, und sie waren eine wichtige Stütze für diese Betriebe. Die Franckeschen Stiftungen erzielten mit ihrer Buchhandlung und Buchdruckerei, mit der Apotheke, der *Hallischen Zeitung* und der Cansteinschen Bibeldruckerei einigen Gewinn, der wiederum in die Stiftungen investiert wurde. Gut verkaufen ließ sich beispielsweise die „Essentia dulcis", eine „Wunderarznei", die aus zerkleinertem Gold und Kampfer bestand. Von ihr hieß es, sie könne viele Krankheiten heilen. Aber auch schriftliche Werke zum preußischen Recht oder der Druck von Bibeln spülten gutes Geld in die Kasse.

Die Tugenden, die Francke in seinen Anstalten vermittelte, deckten sich nicht zufällig mit dem, was man gemeinhin als preußische Tugenden bezeichnet. Gehorsam, Pflichtgefühl, Bescheidenheit, Ordnung, Pünktlichkeit, Fleiß und Standhaftigkeit – einige Tugenden, die wir als „preußische" kennen und die sich auch in Franckes Programm wiederfinden. „Gott zur Ehr' und zu des Landes Besten" war der Leitsatz, der im Gründungsprivileg Friedrichs III. für die Franckeschen Stiftungen genannt wird. Francke selbst verbreitete die Auffassung, gute Christen würden den Obrigkeiten die größte Ehrerbietung entgegenbringen, weil sie die Obrigkeiten als von Gott eingesetzt akzeptierten. Diese Meinung wurde später zwar zum generellen Vorwurf gegenüber den Protestanten, sie seien obrigkeitshörig, sie ließ sich jedoch politisch gut verwerten. Der Unterricht auf der Basis der entsprechenden Tugenden diente den preußischen Königen zur Erziehung ihrer Untertanen, aber auch zur Integration der verschiedenen Landesteile und ihrer Kulturen. Ihre Verbreitung fanden die Ideen August Hermann Franckes durch in Halle Ausgebildete, die wichtige Posten in Brandenburg-Preußen übernahmen.

Noch in einem zweiten Bereich zeigten die halleschen Tugenden ihre Wirkung: im Militär. Drill und Disziplin, Gehorsam und Aufopferung, sich selbst zum Opfer bringen – Einstellungen, die den Aufbau der Armee unter Friedrich Wilhelm I. begleiteten. 1717 richtete der Monarch in Berlin eine Kadettenanstalt ein, die sich an den Erziehungsmethoden August Hermann Franckes orientierte. Auf der Basis religiöser Unterrichtung und Ermahnung wurde militärischer Gehorsam gelehrt. 1720 folgte mit dem Militärwaisenhaus in Potsdam ein weiterer Baustein im Bemühen, gehorsame Untertanen und Soldaten heranzuziehen. Um die religiöse Unterweisung im Feld zu intensivieren baute Friedrich Wilhelm I. die Institution der Militärkirche auf, die er von der zivilen Kirche trennte. Garnisons- und Feldprediger zogen mit den Armeen durch die Lande oder versahen ihren Dienst in den Garnisonsstädten – sie stammten ebenfalls aus Halle.

Doch Halle blieb nicht ewig führend. Schon zum Ende der Regierungszeit Friedrich Wilhelms I. kam es zu Brüchen in der Schiene Berlin-Halle. Ein Grund war das Erstarken weiterer pietistischer Zweige. So hatte der König die Bekanntschaft Nikolaus Ludwig von Zinzendorfs gemacht, der im sächsischen Herrnhut bei Görlitz die Brüdergemeine, eine Lebensgemeinschaft auf religiöser Basis, gegründet hatte. Die generelle Allianz zwischen Thron und Altar hielt allerdings länger. Noch bis ins 19. Jahrhundert versuchten die brandenburgischen Könige religiöse Leitlinien vorzugeben. Friedrich Wilhelm III. setzte einen weiteren Markstein, indem er 1817 die Reformierte und die Lutherische Kirche vereinte. Praktische Fragen des Kultus, der Gottesdienstordnung und der Ausgestaltung von Kirchen führten zu einigen Auseinandersetzungen, da Reformierte und Lutheraner ihre je eigenen Traditionen hatten. Der König erwies sich in der Versorgung seiner Untertanen mit religiöser Unterweisung zudem als praktisch und sparsam denkender Baumeister. 1825 beauftragte er Karl Friedrich Schinkel, einen Prototyp für eine Einheitskirche zu entwerfen, die in verschiedenen Dörfern und ländlichen Gemeinden günstig gebaut werden sollte. Vorbild für Schinkels Musterkirche war zunächst die Sankt-Nicolai-Kirche in der Magdeburger Neustadt; ein späterer Entwurf hatte wohl die Kirche in Nakel im Herzogtum Posen zum Vorbild. Nach Schinkels Vorbild gebaute Kirchen sind jene in Sophiental im Oderbruch oder in Wuthenow. Ein nicht uninteressantes Bauprogramm Friedrich Wilhelms III., eine Rationalisierung im Namen des Kultes – dies war die Allianz von Thron und Altar, in einem Gebäude sichtbar gemacht.

Preußens Politik war expansiv und rücksichtslos

Brandenburg-Preußen war lange ein „unfertiges" Land, stets wachsend, sich konsolidierend und neue Provinzen integrierend. Erst im 18. Jahrhundert konnten die einzelnen Regionen verbunden werden. Aber gab es dafür einen Generalplan, ein „grand dessin", das zielgerichtet umgesetzt wurde? Oder oblag es jedem einzelnen Herrscher, das Territorium einheitlicher zu gestalten, die Grenzen zu arrondieren?

Der 1729 verstorbene Jurist und Königlich Preußische Geheimrat Nicolaus Hieronymus Gundling schrieb in seinem Werk *Einleitung zur wahren Staatsklugheit,* das Haus Brandenburg habe „sich trefflich in die Höhe geschwungen, und ist groß geworden, nicht sowohl durch Macht, als vielmehr durch Bündnisse". Dies war seine Sicht des frühen 18. Jahrhunderts, als Friedrich Wilhelm I. Preußen führte. Der äußerst preußenfeindlich eingestellte Historiker Onno Klopp beurteilte das weitere Schicksal Preußens 1860 ganz anders: „Krieg um jeden Preis" habe Friedrich II. geführt und mit seiner „Eroberungsgier" die deutsche Nation zerstört.[26] Einschätzungen, die zeigen, wie unterschiedlich Brandenburg-Preußens Politik in der Frühen Neuzeit beurteilt wurde. Nicht selten ist es gerade der Fokus auf die Zeit Friedrichs II., der Urteile über Preußen bestimmt.

Verglichen mit anderen Ländern, etwa Österreich, den Niederlanden oder Frankreich, begann Preußens Aufstieg sehr spät. Doch war Preußens Erweiterung ansonsten nicht völlig „normal", wenn es in der Geschichte überhaupt Normalfälle gibt. Normal war auf jeden Fall, dass sich Brandenburg-Preußen, wie andere Territorien auch, nach 1648 auf die eigene Hausmacht konzentrierte, Gebiete dazugewann und diese in den Gesamtstaat einbaute; die Staatsräson wurde handlungsleitend. Der Westfälische Frieden hatte die Territorialfürsten gestärkt, sie durften nun auch untereinander und mit auswärtigen Mächten Bündnisse schließen.

Auch für die habsburgischen Kaiser stand nach 1648 ihre eigene österreichische Hausmacht im Mittelpunkt. Dies brachte ihnen den Vorwurf ein, sie vernachlässigten das Reich und konzentrierten sich nur auf ihre Gebiete. Die Episode um die Herrschaft in Lothringen zeigt die Bruchlinien, die durch das Reich gingen. Im Frieden von Wien, der 1738 den Krieg zwischen Österreich und Frankreich um die polnische Erbfolge beendete, verzichtete der Schwiegersohn Kaiser Karls VI., Franz Stephan, zugunsten kaiserlicher Interessen auf seine Heimat Lothringen. Er erhielt dafür die Toskana, die somit in österreichischen Besitz kam und Österreich im 19. Jahrhundert in die Staatseinigung Italiens hineinzog. Frankreich, dem Lothringen 1738 zugesprochen wurde, konnte mit dem Land seinen Kandidaten für die polnische Thronfolge, Stanislaus Leszczynski, entschädigen. Denn dieser war im Kampf um die polnische Krone unterlegen; sie wurde 1738 August III. von Sachsen zugesprochen. Die territorialen Verschiebungen sorgten aufseiten vieler Reichsfürsten für Unzufriedenheit, denn man warf Karl VI. vor, mit dem Frieden lediglich eigene Interessen verfolgt und Lothringen, das ein wichtiger Stützpunkt des Reichs gegen Frankreich war, für das Reich aufgegeben zu haben – zumal Forderungen der Reichsstände in den Friedensverhandlungen kaum Beachtung gefunden hatten.

Die Episode zeigt: Machtstreben gehörte zur Politik, die Interessen waren vielfältig gelagert und letztendlich war sich auch in der Frühen Neuzeit jeder Fürst selbst der nächste, stets darauf aus, sein Gebiet zu vergrößern, wenn sich die Möglichkeit bot. Besonders notwendig war dies, wenn es galt, Land zu arrondieren oder eine unverbundene Streulage, wie im Fall Preußens, zu beseitigen. Verwaltung und Herrschaft, Wirtschaft und Handelsverkehr wurden eben erschwert, wenn Korridore fremder Territorien ein Land durchbrachen.

Die preußischen Gebiete erweitern sich

Ob es der Aufbau von Machtblöcken, die Übernahme wirtschaftlich erfolgreicher Standorte oder der Zugang zum Meer war – Expansion war stets mit Interessen verbunden. Mit ihren strategischen und wirtschaftlichen Möglichkeiten lockten die Herzogtümer Jülich, Kleve und Berg sowie die Grafschaften Mark und Ravensberg die brandenburgischen Kurfürsten im frühen 17. Jahrhundert. Die Begehrlichkeiten auf die Gebiete im nordwestlichen Teil des Alten Reichs, die einen Teil des heutigen Bundeslandes Nordrhein-Westfalen bilden, wurden 1609 geweckt, als der katholische Herzog Johann Wilhelm von Jülich-Kleve-Berg ohne Erben starb. Es entbrannte ein dynastisch-konfessioneller Erbfolgekrieg, in den vor allem Spanien, Österreich und Pfalz-Neuburg sowie die Niederlande, Brandenburg und Frankreich involviert waren. Erstere wollten die Gebiete für den Katholizismus erhalten, letztere sie für den Protestantismus gewinnen. Direkte Erbansprüche konnten Johann Sigismund von Brandenburg für seine Frau Anna, deren Mutter aus Jülich-Kleve-Berg stammte, und Wolfgang Wilhelm von Pfalz-Neuburg, der Neffe Herzog Wilhelms, stellen.

Die Lage verschärfte sich, als brandenburgische und pfälzische Truppen in Jülich-Kleve-Berg einmarschierten. Obwohl man sich zunächst im Dortmunder Rezess von 1609 darauf geeinigt hatte, das Gebiet gemeinschaftlich zu regieren, brach der Konflikt bald wieder aus. Vor allem von katholischer Seite entstand neuer Druck, als der Kaiser – eigentlich ein neutraler Vermittler – die katholische Seite mobilisierte und auch die beiden gemeinschaftlich Regierenden versuchten, ihre Macht auszuweiten. Brandenburg fand in den Niederlanden einen Verbündeten und der Pfalzgraf von Pfalz-Neuburg, Philipp Ludwig, konnte seine Hoffnungen auf Spanien und den Kaiser setzen, nachdem er zum Katholizismus übergetreten war. 1614 schlossen die Kontrahenten den Vertrag von Xanten, der den Konflikt zunächst beilegte: Die Herzogtümer Jülich und Berg gingen an Pfalz-Neuburg, das Herzogtum Kleve sowie die Grafschaften Mark und Ravensberg an Brandenburg. Erst 1672 war der Konflikt dann endgültig beendet. Kleve und Mark blieben brandenburgisch, Jülich und Berg pfalz-neuburgisch.

Für Brandenburg brachte der Konflikt zwei entscheidende Neuerungen mit sich. Johann Sigismund trat zum reformierten Glauben über, und Brandenburg erhielt Besitzungen im Westen, die territorial zunächst nur recht schwer integriert werden konnten. Doch sie waren die Grundlage für die preußische Macht am Niederrhein. 1702 folgte durch einen Erbanspruch die Grafschaft Moers, und nach 1713 ergänzte das neu gegründete Herzogtum Geldern preußischen Anteils, zu dem die Stadt Geldern, aber auch Keveelaer, Venlo, Staelen und Viersen gehörten, die Besitzungen der Hohenzollern an Niederrhein und Maas. Die westlichen Gebiete Preußens waren nicht nur nur wirtschaftlich sehr potent – Krefeld beispielsweise gehörte zu den führenden Städten in der Seidenweberei –, sondern sie waren auch militärisch von Bedeutung. Sie bildeten den Brückenkopf zu den Niederlanden und einzelne Städte, wie Geldern, stiegen zu wichtigen Festungs- und Garnisonsstädten auf.

Eine andere strategische Bedeutung hatten jene Gebiete, die Preußen nach dem Großen Nordischen Krieg zugesprochen bekam. Durch den Frieden von Stockholm (1720) kamen Stettin, das Land bis zur Peene mit den Inseln Usedom und Wollin (und damit wichtige Ostseezugänge) sowie die Odermündungen an Preußen. Von 1724 an ließ Friedrich Wilhelm I. Stettin zur Festung ausbauen. Gleichzeitig begann er, das Randow-Bruch nahe Löcknitz trockenzulegen und durch neue Siedler urbar zu machen.

Auch Ostfriesland war für Preußen vor allem deshalb wichtig, weil es den Zugang zur Nordsee über den wichtigen und gut ausgebauten Hafen in Emden garantierte. Das Land fiel 1744 nach dem Tod des letzten ostfriesischen Herrschers, des Fürsten Carl Edzard aus der Familie der Cirksena, an Preußen. Mit dem Tod des kinderlosen Carl Edzard wurde eine den preußischen Herrschern vom Kaiser als oberstem Lehensherrn erteilte Anwartschaft auf Ostfriesland gültig. Kurfürst Friedrich III. hatte die Expektanz 1694 erworben und sich diese 1706 und 1715 vom Kaiser bestätigen lassen. Allerdings erwies sich die Situation als nicht ganz so einfach, da auch Holland und Dänemark Ansprüche stellten und als alte Schutzmächte Truppen in Ostfriesland stationiert hatten. Doch Preußen konnte sich letztendlich durchsetzen. Friedrich Wilhelm I. hatte bereits 1732 den Titel eines

„Fürsten von Ostfriesland" in seinen Herrschaftstitel aufgenommen. Zudem hatte Preußen Verbündete unter den ostfriesischen Ständen gefunden und konnte so 1744 auf wohlgesinnte Vertreter in der Verwaltung und unter den Ständen bauen.[27]

Preußen erweiterte sich also stetig. Den Höhepunkt setzte Friedrich II. 1740 mit Schlesien und den westpreußischen Gebieten, die in der Ersten Teilung Polens 1772 hinzukamen. Doch territoriale Expansion wurde in der Frühen Neuzeit stets von den anderen Mächten im Reich und in Europa beäugt. Der Prellbock für Eroberungen waren die Interessen des Reichs und die bestehenden Bündnisse. Und so hingen auch die Eroberungen Brandenburg-Preußens nicht in einem politisch luftleeren Raum; erst recht nicht waren sie Ergebnis einer autonomen Territorialpolitik. Preußen war Teil des Heiligen Römischen Reichs deutscher Nation. Dieses Reich hatte zwar etwas von seiner Macht und der Integrationskraft auf seine Territorien eingebüßt, aber tot war es im 18. Jahrhundert keineswegs. Wie bereits an den Ergebnissen des Friedens von Wien von 1738 deutlich geworden ist, riefen Entscheidungen einzelner Fürsten – 1738 eben der Tausch Lothringens gegen die Toskana – andere Fürsten auf den Plan. Die Entscheidung Kaiser Karls VI. berührte das Reich ebenso wie andere territoriale Veränderungen.

Das Heilige Römische Reich deutscher Nation war ein lange gewachsenes Gebilde mit Regeln, Hierarchien und Ordnungen. Erst kam der Kaiser, dann die Kurfürsten, wie es die „Goldene Bulle" von 1356 festgelegt hatte. Die pfälzische Kurwürde war die höchste, weil sie laut „Goldener Bulle" mit dem Amt des Erbtruchsesses verbunden war, das wiederum das vornehmste innerhalb des Kurfürstenkollegiums darstellte. Als Gremium der politischen Verhandlungen und als Vertretung der Reichsstände gab es den Reichstag, der seit 1663 „immerwährend", also dauerhaft, in Regensburg tagte. Beschlüsse des Reichstags waren bindend für alle Glieder des Reichs.

Friedrich II. störte die Ordnung des Reichs 1740, als er Schlesien einnahm, und 1756, als er Sachsen überfiel. 1756 trat ein Sanktionssystem des Reiches in Kraft, die Reichsexekution. Vor allem auf Betreiben Maria Theresias sollte der Reichstag die Reichsacht gegen Friedrich verhängen, weil dieser den Reichsfrieden gebrochen hatte.

Der Reichstag erklärte den Reichskrieg gegen Preußen, es kam zu einem Aufmarsch eines Reichsheeres gegen die preußischen Truppen. Friedrich wiederum berief einen Gegenreichstag ein, der den Kaiser für abgesetzt erklären und einen eigenen Kaiser, potentiell Friedrich selbst, wählen sollte. In der Schlacht bei Roßbach schlugen die preußischen Truppen dann jedoch im November 1757 das Reichsexekutionsheer, das sich mit Frankreich verbündet hatte. Die Niederlage fand ihre Verarbeitung in Spottgedichten wie: „Und kömmt der große Friderich und klopft nur auf die Hosen, so läuft die ganze Reichsarmee, noch mehr als die Franzosen."

Brandenburg-Preußen war an das Heilige Römische Reich deutscher Nation gebunden. Diesem Umstand haben auch alle Interpretationen Rechnung zu tragen, die Brandenburg-Preußen spätestens seit dem Großen Kurfürsten Friedrich Wilhelm als absolutistisch geprägten Staat sehen, dessen Herrscher alle Macht in sich vereinte, gestützt auf Geheime Räte, Minister, Gesandte und Statthalter regierte und an keine kontrollierende Gewalt gebunden war. Doch diese Interpretationen sind ebenso zu hinterfragen wie der Begriff des „Absolutismus" an sich. Die historische Forschung hat ihn in den letzten Jahren massiv kritisiert und seine Grenzen aufgezeigt, denn kein frühneuzeitlicher Herrscher war absolut und konnte ohne seine Landstände und weitere zwischengeschaltete Institutionen regieren. Diese stellten den Kontakt zu den Untertanen her und „verkauften" die Politik des Fürsten. Auch in Geldangelegenheiten ging nichts ohne die Landstände. Steuern gab es nur, wenn der Herrscher seinerseits Privilegien gewährte und Zugeständnisse machte.

Weitere Grenzen setzten die Reichsgerichte, das Reichskammergericht in Wetzlar und der Reichshofrat in Wien. Sie waren die höchsten Appellationsgerichte, die allen Untertanen offenstanden, die Gerichtsbeschlüsse unterer Instanzen revidieren wollten. Allerdings konnten Fürsten vom Kaiser ein „Privilegium de non appellando" erhalten, das den Untertanen des betreffenden Territoriums die Appellation an die Reichsgerichte untersagte. Preußen erhielt 1702 ein beschränktes Privilegium, das Appellationen unter bestimmten Umständen verbot. 1746 folgte dann ein unbeschränktes „Privilegium de non appellando". Dies bedeutete, dass das 1703 in Berlin eingerichtete

Obergericht für preußische Untertanen letzte Instanz war. Bei einer nicht-preußischen Instanz zu klagen, war also nicht mehr möglich. Ein „Privilegium de non appellando" zu erhalten, war das Ziel vieler Fürsten, denn es half, die eigene Macht als Landesherr auszubauen. Auch der Kaiser untersagte als Landesherr den Untertanen seiner eigenen habsburgischen Länder die Appellation bei den Reichsgerichten.

Des Weiteren waren die Monarchen gebunden an Bündnisse und diplomatische Verpflichtungen. Für das 18. Jahrhundert spricht man von einem europaweiten „Gleichgewicht der Mächte", einem ausbalancierten und durch Bündnisse gestützten Ausgleich der Interessen. Kein Staat, so besagten politische Theorien, sollte so mächtig werden, dass er die Freiheit und Unabhängigkeit der anderen Staaten gefährdete.[28] Im Wesentlichen waren es die fünf Mächte Frankreich, Großbritannien, Russland, Österreich und Preußen, die die europäische Politik bestimmten, wobei Preußen erst im 18. Jahrhundert in die Riege der Großmächte aufstieg. Die traditionelle „Erbfeindschaft" zwischen Österreich und Frankreich sorgte dafür, dass England und Österreich sowie Preußen und Frankreich gesetzte Allianzen waren – bis 1756. In diesem Jahr kam es zum sogenannten „Renversement des alliances", zur „diplomatischen Revolution" des 18. Jahrhunderts, als Friedrich II. mit der „Westminster-Konvention" einen Vertrag mit Georg II. von England schloss. Es handelte sich um einen Nichtangriffspakt, der für den Fall eines Angriffs die gegenseitige Unterstützung festlegte. Frankreich, das sich durch das Vorgehen Friedrichs brüskiert fühlte, ging kurz darauf einen ähnlichen Pakt mit Österreich ein. Ein Ergebnis der neuen Allianzen war die Verheiratung der österreichischen Erzherzogin Maria Antonia mit dem französischen Thronfolger und späteren König Ludwig XVI. – eine Allianz, die bekanntermaßen in der Französischen Revolution ihr tragisches Ende fand.

Preußen assimilierte seine neuen Provinzen rücksichtslos

Die Expansion Preußens in der Frühen Neuzeit wirft zwangsläufig die Frage auf, wie Preußen die neu gewonnenen Gebiete integrierte. Die Intensität von Herrschaft kann daran gemessen werden, ob ein neues Gebiet integriert wurde, indem man alte Rechte und Eigenständigkeiten anerkannte oder durch Assimilation niederdrückte. Die Frage nach dem Ausgleich beziehungsweise der Angleichung regionaler Traditionen und Machtverhältnisse an gesamtstaatliche Interessen gehörte vermutlich zu den prominentesten, die die Hohenzollern zu lösen hatten. Versuche der Integration konnten über die Einberufung der Bewohner der Provinz in das Militär oder über die Vereinheitlichung von Verwaltung und Justiz laufen, wie beispielsweise durch das 1794 erschienene „Allgemeine Landrecht für die Preußischen Staaten". Es schuf ein einheitliches Recht für Gesamtpreußen, für dessen Vorbereitung Friedrich II. jedoch in allen Provinzen die regionalen Rechte hatte sammeln lassen.

Inwieweit nun wirklich Eigenständigkeit gewahrt wurde oder eine Assimilation geschah, hing von den Verhandlungen der Landstände mit dem Herrscher ab. Die Landstände versuchten, den Einflüssen aus der Zentrale möglichst viele Riegel vorzuschieben. Das Indigenatsrecht war solch ein Riegel; es besagte, dass die Stellen in Verwaltung und Justiz nur mit Einheimischen aus den jeweiligen Regionen besetzt werden durften. Bis in die Zeit Friedrichs II. versuchten die hohenzollernschen Herrscher, dieses Recht zu ignorieren und ihre Beamten in die neuen Territorien zu entsenden. Erst Friedrich II. garantierte in Ostfriesland und Kleve wieder das Indigenatsrecht, was auf Veränderungen in den Ideen zur Integration von Regionen schließen lässt. Zudem erkannte Friedrich II. im Fall Ostfrieslands auch die alten Rechte der ostfriesischen Landstände, die sogenannten Akkorde, an und bestätigte diese bei Herrschaftsantritt in einer „Konvention". Sie enthielten die Privilegien, die die Stände seit dem späten 16. Jahrhundert mit den Grafen von Ostfriesland ausgehandelt hatten. Erst Ende der 1740er-Jahre, als das Geld nicht im erhofften Maße aus Ostfriesland floss, verstärkte der Landesfürst die Vereinheitlichung der Verwaltung.

Auch den Ständen der westlichen Provinzen, in Kleve und Mark, hatte der Große Kurfürst 1660/61 ihre Rechte auf Selbstversammlung, Steuerbewilligung und Indigenat zugesichert. In Jülich bestanden ebenfalls die alten ständischen Strukturen aus der Zeit der Herzöge von Jülich fort. Die gute wirtschaftliche Lage und der weit getriebene Ausbau von Industrie und Handel trugen im Westen Preußens zur Stärkung der Region bei. Zudem waren Industrie und Handel hier nicht nur auf die Städte beschränkt, sondern verschafften auch dem ländlichen Raum seine Bedeutung. Dass sich dadurch leichter auf politische Mitsprache pochen ließ, ist gut nachvollziehbar. Bürgertum und ländliche Bewohner waren an politische Mitsprache gewöhnt.[29] Das preußische Beispiel zeigt also, dass Integration nicht kompromisslose Vereinheitlichung bedeuten musste. Die politischen Entscheidungsträger in den Provinzen behielten ihre Macht, auch wenn die Landesfürsten den Kampf um Privilegien und Eigenständigkeiten seit dem frühen 18. Jahrhundert tendenziell etwas häufiger gewannen.

Es ist bereits angesprochen worden, dass die Identifikation mit Preußen in vielen Regionen über die Dynastie der Hohenzollern lief. Um diesen Faktor der Identifikation zu verstärken und ihn für die Integration zu nutzen, spielte den Hohenzollern eine Entwicklung in die Hände, die sie selbst intensiv betrieben, nämlich ihre eigene Rangerhöhung. Die Krönung der Kurfürsten von Brandenburg zu Königen in Preußen im Jahr 1701 war eine selbst gesetzte Rangerhöhung, die

Brandenburg-Preußen die Möglichkeit bot, das eigene Selbstverständnis und die gewachsene Macht zeremoniell und im Rang auszudrücken. Die Krönung sollte in Königsberg stattfinden, was die Abhängigkeiten vom Kaiser und vom Reich minimierte, da das Herzogtum Preußen und die Gebiete königlichen Anteils nicht zum Heiligen Römischen Reich deutscher Nation gehörten. Allerdings konnte sich der brandenburgische Kurfürst lediglich zum König „in" Preußen, also im alten Herzogtum, krönen lassen. Doch die Krönung „in" Preußen bot dem Kurfürsten gerade auch die Möglichkeit, sich außerhalb des Reiches als souveräner und vom Kaiser unabhängiger Monarch zu etablieren. Erst 1772 nannten sich die Hohenzollern dann Könige „von" Preußen.

Bereits seit seinem Herrschaftsantritt gab es aufseiten Friedrichs III. den Wunsch, die eigene Dynastie im Rang zu erhöhen. Dabei war ihm vor allem wichtig, das Einverständnis Kaiser Leopolds I. zu erlangen. Dies geschah schließlich am 30. November 1700; im sogenannten „Krontraktat" erhielt Friedrich III. die Bestätigung des Kaisers, dass dieser die Krönung anerkennen würde. Das Dokument erlegte Brandenburg-Preußen jedoch auf, seine Position im Reich unverändert zu lassen und aus der neuen Königskrone keine neuen Rechte zu ziehen.

Die positive Antwort auf den brandenburgischen Wunsch war ein Spiel auf Gegenseitigkeit. Österreich steckte zu der Zeit in den Auseinandersetzungen über die spanische Thronfolge, die man für den jungen Erzherzog Karl, den späteren Kaiser Karl VI., sichern wollte. Es war wohl vor allem das Bestreben Österreichs, mit dem „Krontraktat" Brandenburg-Preußen als wichtige Klientel an Habsburg zu binden und von anti-habsburgischen Bündnissen im Norden abzuhalten. Leopold I. befürchtete einen Zweifrontenkrieg, in dem Österreich im Süden durch die Auseinandersetzungen über die spanische Erbfolge und im Norden durch eine antihabsburgische Koalition aus Sachsen-Polen, Frankreich und Brandenburg-Preußen beziehungsweise durch ein Bündnis Brandenburgs mit Hannover-England hätte gebunden werden können.[30]

Nach der kaiserlichen Einwilligung ging alles sehr schnell. Nur sechs Wochen später, am 18. Januar 1701, sollte die Krönung stattfinden – die Kürze der Zeitspanne weist darauf hin, dass die Vorbereitun-

gen in Brandenburg schon weit fortgeschritten waren. Der Königs-
mantel, die Krone und das Szepter waren bereits fertig, bevor das kaiserliche Einverständnis kam.[31] Friedrich III. hatte sich zudem sehr
ausführlich darüber informiert, wie die Krönungszeremonie durchzuführen sei, welche Symbole und welche Abläufe man wählen sollte.
Letztendlich traf er die Entscheidung, die Krönung selbst durchzuführen und sich die Krone zunächst selbst auf sein Haupt zu setzen und
dann seine Frau zu krönen. Zudem trennte er die Krönung von der
Salbung, das heißt, es wurde erst die Krönung durchgeführt, der weltliche Akt also dem geistlichen vorangestellt. Die Salbung konnte so als
Bestätigung der Krönung angesehen werden. Für die Salbung ernann-
te Friedrich III. zwei neue Bischöfe, einen calvinistisch-reformierten
und einen lutherischen. Die Botschaft war klar: Der König steht über
der Kirche, ist oberster Kirchenherr und beide Kirchen sind in Preußen gleichberechtigt: eine wichtige Botschaft, die die lutherischen
Untertanen hier von ihrem reformierten König erhielten. Nach der
Zeremonie empfing das neue Königspaar die Jubel- und Huldigungs-
rufe des Hofstaates und der Vertreter der Stände.

Anlässlich der Krönung stiftete Kurfürst Friedrich III., der nun König Friedrich I. war, einen eigenen Orden, den Orden vom Schwarzen
Adler – ein für den neuen König „als notwendig erachtetes Repräsen-
tationsinventar" und ein „unbedingt erforderliches Status- und Beloh-
nungsritual für höchste Funktionsträger".[32] Das neue Königreich
musste sich auch in Ordensangelegenheiten auf eine Ebene mit den
anderen Herrscherhäusern stellen; Habsburg verlieh beispielsweise
den Orden vom Goldenen Vlies. Der brandenburgisch-preußische Orden stand unter dem Motto „Suum cuique" („Jedem das Seine"): „Als
ein Bild der Gerechtigkeit zeiget er eben den Endzweck Unseres Reiches und Ordens an, und worauf beydes abzielet; nämlich Recht und
Gerechtigkeit zu üben und jedwedem das Seine zu geben." So die Sta-
tuten des neuen Ordens. Der neue Orden integrierte und band vor allem den Adel an das Herrscherhaus. Er ist Ausdruck des in der Frühen
Neuzeit stets angestrebten Geschäfts auf Gegenseitigkeit, das den
Landesfürsten und seine Mittelgewalten zu einem Interessenaus-
gleich führte. Herrschaft wurde nur selten durch- und aufgedrückt,
sondern unterlag meist einem Prozess des Aushandelns.

Das Geschäft mit dem „Gold der Ostsee" und mit „schwarzen Menschen"

Preußens Küste war zunächst die Ostseeküste. Doch obwohl diese 170 km lang war, gab es nur wenige Zugänge zum Meer, die sich für die Schifffahrt eigneten. Die Küste war in weiten Teilen zu steil. Lediglich das Frische Haff und die Kurische Nehrung waren flach genug für den Zugang zum Wasser. Bis ins späte Mittelalter gab es zudem noch einen Zugang über das Mündungsgebiet von Weichsel und Nogat, der zum Drauensee und zur späteren Stadt Elbing führte; dieser verschlickte und versandete dann jedoch.

Das Meer war wichtig für Militär und Handel, stellte jedoch gerade an der Ostseeküste auch einen wichtigen Rohstoff zur Verfügung, der seit der Antike bekannt und legendär war – den Bernstein. Schon für die Zeit um 2000 v. Chr. ist das Sammeln von Bernstein überliefert; um 1500 v. Chr. wurde mit Bernstein intensiv gehandelt. Der griechische Historiker Herodot berichtete über den Norden Europas, dass von dort der Bernstein komme, und auch der römische Chronist Tacitus erwähnt das fossile Harz in seiner Schrift *Germania*, einem der ersten etwas ausführlicheren Berichte über das nördliche Europa. Später verbreitete sich die Meinung, ganz Preußen sei von Bernsteinadern durchzogen, aus denen das „preußische Gold" in die Ostsee fließe.

Der Handel mit Bernstein von der Ostsee lief über die Bernsteinstraße, die von Königsberg und der Weichselmündung Richtung Süden, an der Donau entlang bis in den Mittelmeerraum, nach Aquileia, beziehungsweise ans Schwarze Meer führte. Der meiste Bernstein ging jedoch nach Lübeck und Brügge, wo er vor allem zu religiösen Artefakten wie Rosenkränzen verarbeitet wurde. Im Mittelalter hielt der Deutsche Orden das Monopol auf Besitz, Verarbeitung und Ausfuhr von Bernstein. In Danzig hatten sich viele Bernsteinwerkstätten angesiedelt. Bis zum 18. Jahrhundert waren Kunstwerke aus Bernstein Bestandteil vieler Kunstsammlungen an europäischen Höfen – das Bernsteinzimmer, das Friedrich Wilhelm I. dem russischen Zaren Peter dem Großen schenkte, war ebenfalls in Danzig entstanden. Doch Bernstein diente nicht nur als Schmuck, sondern einige Adelige, wie Louise Charlotte von Schleswig-Holstein-Sonderburg, die Frau des königlichen Statthalters in Königsberg, übten selbst das Hobby des Bernsteindrechseln aus. Louise Charlotte erhielt seit 1715 auf königlichen Befehl jährlich zwei Tonnen Bernstein, um ihrem Hobby frönen zu können. Nicht immer erfolgreich, denn 1724 beklagte sie sich, der in diesem Jahr gelieferte Bernstein sei leider so klein und schlecht, dass er für die Bernsteindrechselei nicht tauge.[33]

Wichtige Handelsstädte an der Ostsee waren Elbing, eine Gründung von Lübecker Händlern, sowie Danzig und Königsberg. Wie erwähnt verlor Elbing Anfang des 14. Jahrhunderts seinen direkten Zugang zur Ostsee und damit seine Vormachtstellung. Danzig dagegen expandierte nun als Umschlagplatz und kontrollierte einen großen Teil des Handels, der vom preußisch-polnischen Hinterland über die Ostsee verschifft wurde. Die wesentlichen Ausfuhrgüter waren Getreide, Holz, Teer und Flachs. Wein und Salz waren Produkte, die über Danzig eingeführt wurden. Über Elbing dagegen lief der Handel mit England und Schottland, seit die Stadt 1579 der englischen Eastland Company die Niederlassung erlaubt hatte.

Doch so rege Handel und Schifffahrt in den preußischen Städten und Häfen betrieben wurden, für den Welthandel erwies sich die Ostsee als nicht so günstig. Der Zugang zur Nordsee und zum Atlantik war nur über den Öresund, das heißt über dänisches Gebiet, möglich – ein Zugang, der nicht der preußischen Kontrolle unterlag und aufgrund der Zollzahlungen, des Öresundzolls, teuer war. Zudem wa-

ren die Ostseehäfen stets der Gefahr ausgesetzt, in militärische Auseinandersetzungen hineingezogen zu werden. In der ersten Hälfte des
17. Jahrhunderts besetzte Schweden für einige Jahre Elbing, Memel
und Pillau; auch der Hafen Kolberg in Hinterpommern wurde erst
1633 von den Schweden geräumt.

Der Zugang über die Flüsse war ein weiteres Problem, das nicht
leicht zu lösen war. So versandete die Odermündung sehr häufig.
Nach 1648 erhielt Brandenburg-Preußen nach dem Gewinn von Magdeburg zwar über die Elbe eine Verbindung zur Nordsee, doch blieb
mit der Durchfahrt bei Hamburg immer ein Nadelöhr bestehen, das
Brandenburg in Abhängigkeiten brachte und vor hohe Zollforderun-
gen stellte. Dass die Übernahme Ostfrieslands 1744 vor diesem Hintergrund ein Gewinn für Brandenburg-Preußen war, ist leicht nachvollziehbar.

Über Nord- und Ostsee hinaus lockten die überseeischen Gebiete.
Die Niederlande und England hatten vorgemacht, wie man mit Besitz
außerhalb Europas und entsprechenden Handelsverbindungen reichen Gewinn erzielen konnte. Die Staaten schlossen mit lokalen Herrschern Pacht- und Handelsverträge und beauftragten dann eine Han-
delskompanie mit dem Überseehandel; die Gesellschaften hielten die
Monopole und erwirtschafteten manchmal Dividenden von 100 Prozent. Die Kompanien waren frühe Aktiengesellschaften; Investoren
und Kaufleute erwarben Anteile, die vor allem an der Amsterdamer
Börse gehandelt wurden. Nach der Rückkehr der Schiffe erhielten die
Anteilseigner ihre Dividende. Die erste Börse gab es in Berlin übrigens
1685, in Königsberg bereits seit 1613. Nachdem die Berliner Kaufleute
zunächst im Haus des Amtes Mühlenhof auf dem Mühlendamm zu-
sammengekommen waren, stellte ihnen Friedrich Wilhelm I. 1738
das ehemalige Gartenhaus im Lustgarten zur Verfügung. Neben Waren und Wechseln wurden dort unter anderem Aktien der Emder He-
ringsfischereigesellschaft und der Preußischen Seehandlung gehandelt.

Somit machte sich Brandenburg-Preußen im 17. Jahrhundert also
auch auf ins koloniale Abenteuer in Übersee. Zunächst richtete man
seine Blicke nach Indonesien, der wichtigsten Kolonie der Niederlän-
der, die im Europa des 17. Jahrhunderts die bedeutendste Kolonial-

macht waren. 1647 gab es erste Pläne, eine Brandenburgisch-Ostindische Gesellschaft zu gründen, die an die Erfolge der britischen East India Company und vor allem an das Vorbild der holländischen Verenigde Oost Indische Compagnie anknüpfen sollte. Doch scheiterten all diese Versuche an fehlenden Geldern oder Konflikten mit dem Personal.

Zum Katalysator für das koloniale Engagement Brandenburgs wurde der holländische Kaufmann und Reeder Benjamin Raule, der seine zehn Schiffe 1675 aus wirtschaftlicher Not heraus unter brandenburgische Flagge stellte. Das Engagement begann mit einem für die Frühe Neuzeit typischen Kaperkrieg, in dem Raule, durch Kaperbriefe Friedrich Wilhelms legitimiert, in wenigen Wochen zahlreiche schwedische Schiffe aufbrachte. Dem internationalen Seerecht zufolge durften souveräne Territorien in der Frühen Neuzeit Kaperbriefe ausstellen, die erlaubten, Schiffe anderer Territorien zu kapern. Als Raule daraufhin in Holland als Seeräuber verfolgt wurde, floh er und übersiedelte von Vlissingen nach Berlin, wo er in den folgenden Jahren die brandenburgische Flotte aufbaute. Die bekannteste Episode der frühen brandenburgischen Marinegeschichte ist die Kaperung des spanischen Schiffes „Carolus Secundus", das nach Pillau bei Königsberg gebracht wurde. Dort fuhr die „Carolus Secundus" in den folgenden Jahren als Flaggschiff der brandenburgischen Marine unter dem Namen „Markgraf von Brandenburg". Die Flagge der neuen Marine zeigte einen roten Adler auf weißem Tuch, der den Kurhut trug und Zepter und Schwert hielt.

1680 startete dann eine Mission von zwei brandenburgischen Schiffen nach Westafrika, um zu prüfen, ob man dort Befestigungsanlagen aufbauen könnte. Das heutige Ghana sowie die heute zu Mauretanien gehörende Insel Arguin erwiesen sich als günstig, um Handelsstützpunkte aufzubauen. Die Goldküste Ghanas bot genügend Potential für Sklaven- und Goldhandel und ein Handels- und Freundschaftsvertrag mit dem Stamm der Ahanta war schnell geschlossen. Die Handels- und Kolonialaktivitäten wurden in der „Brandenburgisch-Afrikanischen Companie" (BAC) gebündelt, die ihren Sitz ab 1683 in Emden hatte. Ein Vertrag mit Emden sicherte den Stützpunkt und war gleichzeitig eine gute Vorbereitung, um 1744, als die ostfriesischen

Regenten ausstarben, einen Fuß in Ostfriesland zu haben. Das von
Friedrich Wilhelm erlassene Privileg legte den Handel auf Pfeffer, El-
fenbein, Gold und Sklaven fest.

Somit war Brandenburg also am Sklavenhandel beteiligt; über die
BAC dürften etwa 10.000 bis 30.000 Sklaven gehandelt worden sein.
Die Schiffe brachten die Sklaven von Afrika in die Karibik, wo ein Teil
der Antillen-Insel St. Thomas, den Friedrich Wilhelm 1685 vom dänischen König gepachtet hatte, als Stützpunkt diente. Auf dem Rückweg
führten die Schiffe unter anderem Zucker, Baumwolle, Kakao und Si-
rup nach Europa. Aus dem Senegal wiederum, wo Brandenburg einen
Handelsplatz auf der ebenfalls 1685 erworbenen Insel Arguin einrich-
tete, führte man Gummiarabikum ein, das in der Textilfärberei eingesetzt, aber auch zum Anmachen von Malerfarben verwendet wurde.[34]

Das koloniale Engagement Brandenburg-Preußens diente dem
Handel mit Rohstoffen und mit Sklaven. Es führte jedoch auch zum
stetigen Aufbau einer eigenen Flotte. Fuhr man bis 1684 nur mit ge-
mieteten Schiffen, so kaufte Friedrich Wilhelm 1684 Schiffe von Benjamin Raule, was als Geburtsstunde der brandenburgisch-preußischen Marine gilt. In den 1680er-Jahren besaß Brandenburg ungefähr
30 Kriegs- und bewaffnete Handelsschiffe. Nach Verlustgeschäften
und einigen personellen Querelen verkaufte Friedrich Wilhelm I. die
BAC 1717 an die Niederländische Westindien-Kompanie (WIC). Die
Ruine des Fort Groß Friedrichsburg an der Küste Ghanas gehört heute
zum Weltkulturerbe der UNESCO.

Die Kontakte nach Afrika und Übersee befriedigten nicht nur den
Bedarf nach exotischen Gütern, sondern sie bedienten auch eine „Mode" der Frühen Neuzeit, nämlich jene, einen eigenen „Mohren" im
Haus zu haben.[35] Afrikaner dienten am Hof als Kammer- oder Hof-
mohren, sie versahen Dienste in adeligen Familien und sie gehörten
zur Militärmusik. Der Afrikaner Friedrich Wilhelm war 1699 beispielsweise als Kammermohr am Berliner Hof tätig. Und unter Friedrich Wilhelm I. spielten Afrikaner in der Militärmusik. Die Mohren-
straße in Berlin zeugt heute noch von den dort wohnenden „Mohren",
die im Regiment Gens d'armes Trompete spielten.

Einige „Mohren" übten auch freie Berufe aus. So betrieb der Afrikaner Olivier aus Holland Anfang der 1720er ein Kaffeehaus am Berli-

ner Lustgarten und der Leibmohr der Kurfürstin Dorothea, Friedrich de Coussy, verdiente sich nach einer dreijährigen Ausbildung, die der Hof finanzierte, sein Geld als Maler. Gerne kaufte man „Mohrenkinder", die dann getauft wurden, christliche Namen erhielten und christlich erzogen wurden. In den Diensten der Adeligen gehörten die Afrikaner zum Gesinde und hatten auch diesen Status. Wenn sie heirateten und Kinder bekamen, übernahmen die Adeligen häufig die Patenschaft für die Kinder.

Preußen war ein armes Land, nur reich an Sümpfen und Mooren

1782 publizierte der bayerische Rechtsgelehrte Johann Adam von Ickstatt unter dem Pseudonym Christian Friedrich Menschenfreund eine Schrift mit dem Titel „Warum ist, oder war bisher der Wohlstand der Protestantischen Staaten so gar viel größer als der Katholischen?". Darin kritisiert er die Vertreibung andersgläubiger Untertanen, die katholische Länder besonders häufig anordneten, da sie immer zum Niedergang der Wirtschaft führe – Fabriken würden verschwinden, Arbeitskräfte verloren gehen und der Handel leiden. Im Aufnahmeland dagegen profitiere die Wirtschaft. Als Beispiel nennt Ickstatt Salzburg und Berchtesgaden, die im 18. Jahrhundert Protestanten auswiesen. Profiteur war Preußisch-Litauen, das einen „sehr schönen Zuwachs der besten Unterthanen zum Ackerbau" erhielt. Tolerante Länder hätten den Gewinn, denn sie luden Fremde aus den verschiedensten Nationen ein, die „neue Talente, neue Künste, neue Wissenschaften, neue Mittel der Nahrung" ins Land bringen, woraus „ergiebige Quellen des Reichthums" entstünden.[36]

Brandenburg-Preußen war jahrhundertelang ein Land, das neue Kraft aus Zuwanderern zog. Ein großer Teil der Bevölkerung bestand aus Fremden, die eingeladen worden waren, das Land zu besiedeln und zu bebauen. Im 18. Jahrhundert untermauerte die Staatsökonomie mit ihren kameralistischen Ideen die Politik der Aufnahme von

Zuwanderern. 1760 veröffentlichte Johann Heinrich Gottlob von Justi, der in Wien „Landesökonomie" lehrte, das grundlegende Werk *Die Grundfeste zu der Macht und Glückseligkeit der Staaten*. Seiner Ansicht nach ist die „vollkommene Cultur" eines Landes das Ergebnis einer „Menge von arbeitsamen Händen", wobei eine größere Bevölkerungszahl zu einer größeren Vollkommenheit beiträgt. Je besser der Boden kultiviert werde, umso mehr Siedlungsplätze gäbe es für die Menschen, die sich wiederum der Kultivierung widmen könnten. So entsteht Wachstum und da ein Staat nach Justis Auffassung „nie zu viel Macht und Glückseligkeit erlangen" kann, muss Wachstum gefördert werden, was durch die Vergrößerung der Bevölkerungszahl erreicht werden kann. Eine Möglichkeit, die Bevölkerungszahl zu erhöhen, sieht Justi in der Ansiedlung von Fremden. Im Umkehrschluss vertritt Justi die Meinung, dass es sich ein Staat nicht leisten könne, Untertanen auswandern zu lassen.[37]

Bereits im Mittelalter waren Kolonisten ein entscheidender „Baustein" für die Mark Brandenburg. Im 12. und 13. Jahrhundert nahm der Landesausbau einen Aufschwung, nachdem der Askanier Albrecht der Bär das Gebiet 1157 erobert hatte und es nun endgültig Teil des Heiligen Römischen Reichs deutscher Nation geworden war. Das neu eroberte Gebiet blieb lange Grenze zur slawischen Bevölkerung, wie der Name „Mark" auch verrät. Allmählich bildeten sich verschiedene Landschaften aus: die Mittelmark um Berlin und die Altmark im Westen um Stendal, die heute zu Sachsen-Anhalt gehört und mit ihrem Namen auf das älteste Gebiet hinweist. Hinzu kamen seit dem 13. Jahrhundert die Neumark im Osten, die zunächst noch ein Spielball verschiedenster Interessen und Herrschaften war, sowie die Uckermark im Norden, die 1250 von den Herzögen von Pommern an die Markgrafen von Brandenburg übergegangen war.

Die Verwaltung hatte der Markgraf inne, der das Gebiet vom König zu Lehen erhalten hatte. Das Land befand sich im Besitz der herrschenden Familie oder gehörte adeligen Familien, die entweder noch slawischen Ursprungs waren oder als Einwanderer von den Herrschern mit Land belehnt worden waren. Sie konnten teilweise sehr große Ländereien aufbauen, die den Grundstock für die bekannte ostelbische Gutsherrschaft bildeten. Die neu belehnten Lande mussten besiedelt werden – es wurden Handwerker, Bauern und Bürger gesucht. Der Chronist Helmold berichtet im 12. Jahrhundert, Markgraf Albrecht der Bär habe kurz nach der Besetzung der Fürstenburg Brandenburg an der Havel Werber ausgeschickt – „nach Utrecht und nach Orten, die am Rhein liegen," ebenso wie „an Männer, die am Weltmeer leben und seinen Stürmen trotzen – nämlich Holländer, Flamen und Seeländer –, und er brachte sie in großer Zahl ins Land, um in den Dörfern und Befestigungen der Slawen zu leben". Der Zuzug der neuen Siedler habe, so Helmold, eine „große Stärkung" für das Bistum Brandenburg und das Havelland bedeutet.[38] Der Fläming im südwestlichen Brandenburg zeugt heute noch von der Herkunft seiner flandrischen Siedler. Auch einzelne Dorfnamen weisen auf die Heimat der Kolonisten – Dyrotz im Havelland führt sich auf den belgischen Ort Duras zurück, Marquede bei Milow und Markau sowie Markee bei Nauen auf die Dörfer Marcq und Marquette bei Lille.

Die Gründe für den Wegzug Richtung Osten lagen häufig im Druck durch die Grundherrschaften sowie in der Knappheit des Landes. Hinzu kamen Überschwemmungen und Hungersnöte. Im Osten lockte also ein wesentlich freieres und besseres Leben. Auch die Kirche hatte ein ganz fundamentales Interesse an der Kolonisation, denn die Christianisierung der heidnischen slawischen und germanischen Stämme stand auf dem Programm. Hierbei halfen die verschiedenen Ritterorden wie der Deutsche Orden, aber auch die Templer und die Johanniter.

Privilegien gewährten den neuen Siedlern besondere Rechte im Kaufmanns-, im Ehe- sowie im Strafrecht. Die neuen Bewohner mussten nur wenige Abgaben zahlen und waren vom Zoll innerhalb der Mark befreit. Sie erhielten zudem die Erlaubnis, ihren Grundbesitz verkaufen, zu vererben und nach eigenem Ermessen damit zu verfahren. Im Gegenzug waren die Kolonisten verpflichtet, das Land zu verteidigen und zu seinem Ausbau beizutragen. Sie legten Sümpfe und Moore trocken, halfen bei der Eindeichung und der Rodung von Wäldern und legten neue Dörfer, Städte, Kirchen, Klöster und Burgen an. Neue Ackerflächen wurden gewonnen und bebaut, Verkehrswege angelegt und Gewässer reguliert. Dies waren wichtige Aufgaben, die auch die in der Frühen Neuzeit, vor allem seit der Herrschaft des Großen Kurfürsten, angeworbenen Siedler fortsetzten. Noch bis zur Mitte des 18. Jahrhunderts wurden weite Teile Brandenburg-Preußens als „Wildnis von Wasser und Morast" wahrgenommen.[39] Das Oderbruch, die Gegend um Fehrbellin und Küstrin, das Warthe- und Netzebruch sowie weiter Richtung Osten die Weichselniederung waren Gebiete, in denen die preußischen Könige im 18. Jahrhundert Projekte zur Trockenlegung und Entwässerung starteten. Innovation kauften sie sich dabei ein, denn die besten Ingenieure für diese Arbeit kamen aus Holland. Schon Friedrich Wilhelm I. holte holländische Fachleute ins Land, die anfingen, die Gegend um Berlin, das Dosse- und Havelbruch, trockenzulegen.

Mit Friedrich II. verbindet sich dann die Trockenlegung des Oderbruchs. Ein Stich von Matthäus Merian aus dem 17. Jahrhundert vermittelt einen Eindruck des „Vorher". Er zeigt ein Sumpfland, das durchzogen ist von Wasser und kleineren Flüssen. Morastige Wiesen mit Gras und Schilf sowie befestigte bewaldete Flächen bilden kleine Inseln; etwas erhöht liegen die Dörfer. Zwar gab es einige Deiche, doch befanden diese sich in schlechtem Zustand, so dass sie immer wieder brachen. Zweimal im Jahr stand das Oderbruch ungefähr drei Meter unter Wasser, nach der Schneeschmelze und im Sommer, wenn heftige Regengüsse die Zuflüsse anschwellen ließen. Mit dem Wasser kamen die Krankheiten: Mücken übertrugen jährlich auftretende Fieberepidemien.

Unter Friedrich II. veränderte das Gebiet sein Gesicht. Die mäandernde Oder erhielt einen neuen Verlauf, der die Entwässerung intensivieren und die Fließgeschwindigkeit erhöhen sollte. Nach zahlreichen Schwierigkeiten – Krankheiten bedrohten die Arbeiter und noch nicht vollständig fertiggestellte Deiche wurden vom Hochwasser wieder zerstört – konnte der neue Kanal 1753 eingeweiht werden. Friedrich II. wird mit der Aussage „Hier habe ich eine Provinz im Frieden erobert" zitiert.[40] Weitere Projekte folgten, unter anderem im Warthe- und Netzebruch, in den Stettiner Sümpfen, im Dossetal sowie im fernen, 1744 an Preußen gefallenen Ostfriesland, wo vor allem Moore trockengelegt wurden. Zudem ließ Friedrich II. Flüsse eindeichen. Kolonisten kamen unter Friedrich II. vor allem aus der Pfalz, aus Mecklenburg, aus Schwedisch-Vorpommern, Polen, Sachsen und aus

Schwaben. Im 17. und 18. Jahrhundert machten Protestanten, die in ihrer katholischen Heimat unter Verfolgung zu leiden hatten, einen großen Teil der Zuwanderer aus. Im Herzogtum Preußen sowie in Preußisch-Litauen siedelten sich Salzburger Protestanten und täuferische Mennoniten an; Letztere lebten auch in Preußen Königlichen Anteils. Die Mark Brandenburg nahm Hugenotten aus Frankreich auf. Preußen profitierte also in großem Maße von seinen Kolonisten. Diese sorgten nicht nur für die Urbarmachung und Bebauung von Land, sondern sie brachten auch Innovationen mit. So trugen beispielsweise die Hugenotten ihr Scherflein zur Modernisierung der preußischen Wirtschaft bei. Sie etablierten neue Produktionszeige und bauten bestehende aus, etwa die Woll- und Seidenindustrie, die Papier- sowie die Spiegelglasherstellung und die Goldschmiedekunst. Hugenotten führten in Brandenburg-Preußen den Strumpfwirkerstuhl ein und bauten in Prenzlau die erste wirtschaftlich arbeitende Papiermühle. Auch die Seidenindustrie erlebte einen Aufschwung. Unter hugenottischem Einfluss ließ Kurfürst Friedrich Wilhelm neue Maulbeerpflanzungen anlegen.

Die preußischen Landesfürsten versuchten, Handwerk und Industrie gezielt zu fördern und die heimische Produktion zu schützen, entweder durch hohe Steuern und Zölle auf Einfuhren oder durch das Verbot, Rohstoffe zu exportieren, weil diese im Land selbst verarbeitet werden sollten. Der Merkantilismus, die wichtigste ökonomische Theorie der Frühen Neuzeit, forderte, erst das fertige Produkt gewinnbringend ins Ausland zu exportieren. Industriell geprägte Gebiete lagen in Preußen vor allem im Westen, in Kleve und Mark, wo sich Manufakturen ansiedelten und das Verlagswesen Fuß fasste. Krefeld beispielsweise war führend in der Seidenindustrie. Die Stadt hatte viele Glaubensflüchtlinge aufgenommen, unter anderem Mennoniten, die nun führend wurden in der Seidenverarbeitung. Der ebenfalls als mennonitischer Glaubensflüchtling nach Krefeld gekommene Adolf von der Leyen baute eine prosperierende Seidenweberei auf, die die Familie nicht nur wirtschaftlich zu den führenden der Stadt machte, sondern sie auch politisch in wichtige Positionen brachte. Besonders unter Friedrich II. erfuhr die Seidenweberei eine gezielte staatliche Förderung. 1742 legte er in einem Edikt fest, dass jeder Untertan, der eine Maulbeerplantage anlegen wollte, das nötige Land erhalten sollte. Zudem ordnete der Monarch Einfuhrverbote für ausländische Seide an. Auch der Förderung von Eisenhütten und Kohleabbau, die im Ruhrgebiet für proto-industrielle Verhältnisse sorgten, widmete sich Friedrich II. Er begann mit der Ruhrregulierung, um so dem Kohlenhandel der Ruhrzechen bessere Bedingungen zu verschaffen.

Eine weitere Innovation, die im NS-Film *Fridericus – Der alte Fritz* (1937) für eine aus unserer heutigen Perspektive etwas aufdringliche Darstellung königlicher Fürsorge für seine Untertanen sorgte, war die Herstellung von Mineralsalzblöcken für Kühe auf den Domänen. In Halle/Saale und in anderen preußischen Städten, die eine lange Tradition in der Salzherstellung hatten, stockte die Produktion im 18. Jahrhundert, weil Märkte im Kurfürstentum Sachsen verloren gegangen waren. Friedrich II. nun beauftragte seinen Bergwerksminister, nach Alternativen in der Salzproduktion zu suchen und so kam dieser auf die Idee, die erwähnten Mineralsalzblöcke herzustellen. Allerdings schlugen alle Versuche fehl, die Salzblöcke zu vermarkten, da sie sich als qualitativ wenig hochwertig und als zu teuer erwiesen. In dem Film *Der Große König* von 1942 war es Friedrich, der jeden kriegsgeplagten bäuerlichen Untertanen, den er traf, dazu ermutigte, für die Kühe Salzlecksteine zu verwenden.

Seit dem frühen 18. Jahrhundert konzentrierte sich die Industrie in Preußen auf das Rheinland sowie den Großraum Berlin-Potsdam. Die wichtigsten Förderer waren die Hohenzollern, die eine protektionistische Politik betrieben und mit ihren Manufakturen, etwa der Porzellan-, der Gold- oder Silbermanufaktur, über bedeutende Unternehmen verfügten. Allerdings waren einige königliche Manufakturen auch an Kaufleute verpachtet, die als erfolgreiche Unternehmer zur neuen Elite des 18. Jahrhunderts aufstiegen. Polemische Stimmen, wie jene des Grafen Mirabeau, attestierten der Spätphase friderizianischer Herrschaft allerdings, wirtschaftlich zu aktiv gewesen zu sein und das Angebot gegenüber der Nachfrage überproportional gesteigert zu haben. Wirtschaftliche Stagnation, aber auch eine Überregulierung durch Vorschriften und Monopole stellte er als Kennzeichen der preußischen Wirtschaft heraus.[41]

Im 19. Jahrhundert hinterließ die Industrialisierung dann ihre Spuren in den Städten Preußens. Die Veränderungen im Stadtbild und in der sozialen Schichtung der Gesellschaft zeigten sich besonders deutlich durch die Entstehung eines städtischen Proletariats, das die Hoffnung auf ein besseres Leben in den neu geschaffenen Fabriken in die Stadt gelockt hatte. Städte wie Berlin wuchsen und waren mit der Integration der Zuwanderer vor große Aufgaben gestellt. Die Berliner Vororte Moabit und Wedding, die beide 1861 eingemeindet wurden, und das 1898 zur Landgemeinde erhobene Schöneweide nahmen Industrie und Arbeiter auf. Im Berliner Umland waren Rathenow, Rüdersdorf und Zehdenick Orte der frühen Industrialisierung. Zu Unternehmen der zukunftsträchtigen Maschinenbau- und Elektroindustrie, die sich in Berlin ansiedelten und ihre Werke aufbauten, gehörten Borsig, Siemens & Halske und die AEG.

Moabit hatte bereits unter Friedrich Wilhelm I. den neu angesiedelten Hugenotten den Boden bereitet, um industriell tätig zu werden. Ende der 1840er-Jahre baute dann das Maschinenbauunternehmen Borsig, dessen Werke eigentlich vor dem Oranienburger Tor lagen und das 1840 die erste eigene Lokomotive gebaut hatte, ein Walzwerk und eine Kesselschmiede in Moabit. 1850 kaufte Borsig zudem die Eisengießerei der „Preußischen Seehandlungs-Societät" an der Moabiter Brücke. Oberschöneweide dagegen wurde geprägt von der „Allgemeinen Elektricitäts-Gesellschaft" (AEG), die sich 1890 ansiedelte und durch die Produktion von Drehstrommotoren und Glühlampen zentral für die Elektrifizierung Berlins war. In Moabit, in der Huttenstraße, baute die AEG 1909 eine Turbinenfabrik auf, die vom Architekten Peter Behrens entworfen wurde. Weitere Werke der AEG lagen zwischen Hussiten- und Brunnenstraße, wobei hier auch die Anbindung an das Berliner Schienennetz garantiert war.

Die Elektrifizierung der öffentlichen Verkehrsmittel nahm in den letzten beiden Jahrzehnten des 19. Jahrhunderts seinen Anfang. 1881 eröffnete Siemens eine Versuchsstrecke für eine elektrische Straßenbahn in Lichterfelde und 1895 baute AEG einen knapp 300 m langen Tunnel auf dem eigenen Werkgelände zwischen der Brunnenstraße und der Ackerstraße, durch den eine Tunnelbahn mit elektrischer Lokomotive fuhr. Der Tunnel, der heute noch erhalten ist und 6,50 unter der Erdoberfläche liegt, diente als Teststrecke für die erste U-Bahn Berlins. Diese wurde 1902 zunächst zwischen Strahlauer Tor und Potsdamer Platz, kurz darauf auch zwischen Gleisdreieck und Zoologischem Garten geführt.

Industrie bedeutete immer auch den Zuzug von Arbeitern und so entstanden größere Viertel mit Mietskasernen entlang des 1877 fertiggestellten Liniennetzes der Berliner Ringbahn. Diese sorgte für eine Anbindung Berlins und für ein schnelleres Fortkommen in der Stadt. Die Ringbahn verband die Endbahnhöfe der einzelnen Linien, die von Berlin unter anderem nach Stettin, Hamburg und Lehrte sowie als Ostbahn nach Eydtkuhnen und als Anhalter Bahn nach Köthen und Halle führten. Schon 1838 war der der erste Zug zwischen Berlin und Potsdam gefahren und seit 1839 ergänzten Pferdeomnibusse den expandierenden öffentlichen Verkehr in Berlin. Im Januar 1882 fuhr das erste Benzinauto durch die Straßen der Stadt; es gehörte Rudolph Hertzog, der in der Brüderstraße ein großes Kaufhaus führte. Hertzog hatte noch eine weitere Filiale: ein Kaufhaus in Swakopmund, in der Kolonie Deutsch-Südwestafrika, direkt neben dem Hotel „Fürst Bismarck".

Preußen und seine Tugenden gingen 1871 unter

Die preußischen Tugenden können bis heute ihre Wirkung als normatives Zauberwort, als erhobener Zeigefinger gegen Krise, Korruption und Bereicherung, aber auch als traditionsgeleitete Mahnung für eine bessere Gesellschaft entfalten. Vor allem seit den frühen 1980er-Jahren, als die preußische Geschichte in der Bundesrepublik und in der DDR ein „Revival" erlebte, kamen auch die preußischen Tugenden wieder stärker ins Bewusstsein der allgemeinen Öffentlichkeit. Die Zeitungen greifen bereitwillig jedes Bekenntnis bekannter Zeitgenossen zur preußischen Tugendhaftigkeit auf. So forderte Matthias Platzeck 2006 „mehr preußische Tugenden" und Wolfgang Joop setzte Preußen 2007 mit „Sinn für Pragmatismus" gleich. Preußen sei das „Gegenteil von Parvenütum", weil man dort nie mehr scheinen wollte, als man wirklich war. Karl Lagerfeld wiederum antwortete 2011 auf eine Frage eines Journalisten der *Frankfurter Allgemeinen Zeitung*, ob man ihn vielleicht deshalb so liebe, weil er viel arbeite und eine „preußische Disziplin" an den Tag lege: „Im Grunde, das stimmt, bin ich eine preußische Natur."[42] Sind preußische Tugenden also noch oder wieder „in"? Und welche Tugenden sind überhaupt gemeint, woher kommen sie und wann wurden sie zu *preußischen* Tugenden? Kann man heutzutage überhaupt Preuße der Tugend und dem Gefühl nach sein, ohne in dem Staatsgebiet zu leben, das mit dem Jahr 1947 endgültig Geschichte war?

Das Online-Lexikon „Wikipedia" behandelt die preußischen Tugenden in einem eigenen Beitrag und definiert diese als „einen nicht
festgelegten Kanon einiger von protestantisch-calvinistischer Moral
und von der Aufklärung geprägter Tugenden". Eine Zusammenfas-
sung der Tugenden sieht ein Autor dieses Artikels in einer Zeile aus
Ludwig Heinrich Christoph Höltys Gedicht „Der alte Landmann an
seinen Sohn", die mit einer Melodie aus Mozarts *Zauberflöte* von den
Glocken der Garnisonkirche in Potsdam gespielt wurde: „Üb' immer
Treu und Redlichkeit, / Bis an dein kühles Grab; / Und weiche keinen
Fingerbreit / Von Gottes Wegen ab. / Dann wirst du, wie auf grünen
Aun, / Durchs Pilgerleben gehn; / Dann kannst du, sonder Furcht und
Graun, / Dem Tod' ins Auge sehn."[43]

Tugenden geben Normen vor, sind handlungsleitend und sollen
helfen, innerhalb einer Gruppe oder eines Territoriums über gemeinsame Normen Identität herzustellen. Eine historisierende Argumentation begleitet häufig diesen Prozess; Tugenden werden historischen
Ereignissen oder Personen von der Nachwelt zugeschrieben. Seit der
Antike sind Tapferkeit, Gerechtigkeit, Besonnenheit und Klugheit
Kardinaltugenden; die Frömmigkeit hatte zunächst ebenfalls dazuge-
hört. Im 19. Jahrhundert bestimmte dann das Bürgertum seine Tugenden: Fleiß, Treue, Gehorsam, Sparsamkeit, Disziplin, Pflichtbe-
wusstsein, Pünktlichkeit und Zuverlässigkeit. Der Katalog, der sich
noch erweitern ließe, stimmt weitgehend mit jenen Tugenden über-
ein, die man Preußen zuschrieb – zumal sich beide Kataloge als flexibel erwiesen. Der Wikipedia-Artikel zählt insgesamt 24 „preußische
Tugenden" auf. Somit sind die preußischen Tugenden im 19. Jahrhundert manchmal nur schwer zu trennen von den bürgerlichen und
dann von den deutschen Tugenden. Der Theologe Friedrich Schleiermacher benannte 1806 Arbeitsamkeit, Sparsamkeit, Redlichkeit,
wahren Gemeinsinn, die Achtung von Recht und Menschlichkeit, Toleranz und Gleichheit der Bürger als Tugenden, die Friedrich II. geprägt hätten. Was generell für normative Vorgaben gilt, trifft auch auf
die preußischen Tugenden zu: Sie waren sehr zeitgebunden, bestimmt durch die Frage, welche Tugenden man der eigenen Generation vor Augen halten wollte, um nach preußischem Vorbild Erzie-
hungsarbeit zu leisten.

Bei allen Verweisen auf die preußischen Tugenden stehen die Herrscher als Vorbilder an erster Stelle. Nie fehlt der Verweis auf Friedrich Wilhelm I. oder Friedrich II. Ihr Leben und ihr Ethos galten als beispielhaft für die Nachwelt. Preußische Tugenden sind also zunächst einmal die Tugenden der Herrscher. Somit muss die Suche nach der Entstehung der preußischen Tugenden als erstes zu den Schriften dieser Herrscher führen. Passt das ihnen Zugeschriebene mit ihren eigenen Worten zusammen?

Die Tugenden der Herrscher

Als erster Monarch, der preußische Tugenden vorgelebt haben soll, wird stets Friedrich Wilhelm I. genannt. Das Sparprogramm bei Herrschaftsantritt, die Liebe zum Militär und das Drängen auf Drill und Disziplin, die Geringschätzung der schönen Künste und der Wissenschaft und sein pietistisch geprägter Glauben lassen ihn als Prototypen des tugendhaften Menschen erscheinen. Die tugendhafte Traditionslinie wird fortgeführt von Friedrich II., der im Nachhinein wohl am häufigsten mit den preußischen Tugenden in Verbindung gebracht wurde. Toleranz, Sparsamkeit und Bescheidenheit sowie Kampfgeist und Aufopferung für den Staat waren Eigenschaften, die man ihm zusprach.

Die Herrscher der Frühen Neuzeit machten sich viele Gedanken über die „gute Herrschaft" und sie formulierten ihre Gedanken meist in „Testamenten", die eine Art Regierungshandbuch für ihren Nachfolger darstellten. Ganz oben auf der Liste dessen, was alle Herrscher seit dem Großen Kurfürsten als Leitbild der Regentschaft formulierten, stand die Gottesfurcht. Auch die Aufforderung, den Untertanen mit gutem Beispiel voranzugehen und einen gottseligen Wandel zu führen, schrieben alle Regenten ihren Nachfolgern ins Buch. Die Kronprinzen wurden zu Mäßigung und Nüchternheit ermahnt und dazu aufgerufen, mit den umliegenden Territorien in guter Nachbarschaft zu leben. In der *Ersten Ermahnung* Friedrichs III. (1698) an den Thronfolger hieß es beispielsweise, man solle keine „unnütze händel ohne uhrsache" anfangen. In seinem Testament von 1705 meinte

Friedrich I., „Gottes schwere Strafe" würde unausweichlich folgen, wenn man „ohne genugsamen Fueg und Recht seinen Nachbaren das Ihrige nehmen, die alten Gränzen verrücken und sich dadurch größer und mächtiger machen will". Dagegen hätte der Monarch die Aufgabe, den Staat zu formen und zu festigen und nicht durch „hitzige und praecipitirte Consilia" in Gefahr zu bringen.[44]

Tugenden, die man später die preußischen nannte, kamen das erste Mal explizit in der *Instruktion* Friedrich Wilhelms I. von 1722 an seinen Nachfolger vor. Ein Monarch sollte sparsam leben, den Blick auf die Kassen haben und arbeitsam sein. Regenten seien „zur arbeit erkohren und nicht zum flascken faullen weiberlehben". Der „liebe Gott" habe die Regenten auf den Thron gesetzt „nicht zu faullentzen, sondern zur arbeitten und seine Lender wohll zu Regiren". Mätressen, Opern, „Komedien, Redutten", Ballette und „Maskqueraden" seien nicht zu dulden, denn sie seien ein Werk Satans und „schandalöhse Plesirs". Mäßigung und Sparsamkeit waren zwei Eigenschaften, die auch Friedrich II. für einen guten Herrscher festlegte. Zudem sah er die Toleranz, die Ordnung, aber auch die Geheimhaltung als Tugenden an. Letztere erklärte er 1776 sogar zur „Kardinaltugend" der Politik und der Kriegsführung. Friedrich Wilhelm III. schließlich bestimmte in seinen *Gedanken über die Regierungskunst* von 1796 als „Haupteigenschaften" des Herrschers, eine „gesunde reine Vernunft, richtige Beurteilung und strengste Gerechtigkeitsliebe". Sei eine Herrschaft dagegen durch „Unthätigkeit, Lasterhaftigkeit und Schwächen" gekennzeichnet, so sei es nur verständlich, wenn die Untertanen sich auflehnten – wie in Frankreich in der Revolutionszeit geschehen.[45]

Die Tugenden werden adaptiert

Den Herrschern ging es mit ihren Tugendkatalogen zunächst einmal um die Unterweisung ihrer Nachfolger, denen sie gute Ratschläge für das Regieren vererben wollten. Die formulierten Tugenden waren noch nicht explizit preußisch, sondern es handelte sich um allgemeine Herrschaftsvorstellungen, die viele frühneuzeitliche Monarchen unterschrieben hätten. Dass die Herrschertugenden „Landestugenden" wurden, ist erst eine Leistung des frühen 19. Jahrhunderts. Katalysator hierfür ist wieder einmal der Nationalismus, der sich nicht nur Gedanken über das „richtige Deutschsein" machte, sondern auch ein „wahres Preußentum" vor Augen hatte. In diesem Prozess spielte Friedrich II. eine zentrale Rolle. Für Preußen stellte sich die Aufgabe, aus den kulturell und ethnisch eigentlich wenig einheitlichen Bewohnern des Landes einen gemeinsamen Staat zu formen. Das Problem war die nur wenig vorhandene gemeinsame Identität, die sich, wenn sie doch da war, vor allem auf die Dynastie der Hohenzollern, weniger auf eine nationale territoriale Einheit bezog.[46] Somit sollte ein gemeinsamer Tugendkatalog die Nation formen. Dieser fand seine idealtypische Zusammenfassung im „Geist Friedrichs II.". Er wachte als eine Art Schutzpatron und Gründervater über Preußen. Weitere moralische Vorbilder aus der friderizianischen Zeit waren die Veteranen des Siebenjährigen Krieges, die den Ruf nach Erfüllung patriotischer Pflichten mit ihren Erinnerungen und ihrem heldenhaften Kampf für das Vaterland legitimieren sollten.

Trotz aller Unzufriedenheit mit der Reformunwilligkeit des späten Friedrich II. begann die Verehrung des Monarchen bald nach seinem Tod. Er bündelte wie kein anderer die Tugenden, die Preußen vorausleuchten sollten. Der Berliner Theologe Daniel Jenisch schrieb 1790 im *Berlinischen Journal für Aufklärung* mit dem Gedicht „Friedrich, der große Mann seines Jahrhunderts" eine Ode auf den preußischen Monarchen. Der „wahre König", der „größte Mann im Staat" sollte Vorbild sein für die Nachwelt: „So lebte Friedrich – und starb … Jahrhunderte betrachten Sein Thaten-Denkmal, ewig aufgestellt. / O mein Jahrhundert, dem die Urne goldner Stunden / In dieses Gottes Leben floß! / Das Schicksal hat dir hohe Pflichten eingebunden: / Sey Friedrichs werth! sey groß!" Die Größe Friedrichs manifestiert sich für Jenisch in seinem Streben nach Recht, nach „Völkerglück", nach „Heil" für das „Vaterland" und nach „Ruhm durch edle Thaten". Er war der Feldherr, der ruhmreich aus den Schlachten heimkehrte, der sein Volk umsorgte und „segnete": „Umlorbeert kam er aus der Schlacht, und stellte / Den blut'gen Krieger-Speer / In seiner Halle fernsten Winkel hin; und zählte / Die Städte, dünn und leer, / Die Dörfer, tief in Asch' gebrannt, verwüstet, / Die Felder, weitverheert, / Die Wohnungen des

Landmanns, wo die Schlange nistet, / Die Scheunen, ausgeleert. / Und theilt mit milder Hand die aufgesparten Gelder / Der Armuth aus, und speis't / Die Hungrigen, bekleid't die Nackenden, besät die Felder, / Die ihm voll Tresp der Pflüger weist." Bilder und Zuschreibungen, die die Friedrich-Verehrung über das gesamte 19. Jahrhundert begleiteten. Der Politiker und Historiker Friedrich von Raumer etwa wies 1847 auf die Fähigkeit des „preußischen Heros" hin, durch Anstrengung und Aufopferung sein Volk zu „höherem Selbstbewußtsein und Selbstthätigkeit aufgeweckt und erhoben" zu haben.[47]

Doch die preußischen Tugenden blieben nicht auf Preußen beschränkt, sondern sie wurden bald auch zu deutschen Tugenden. Der Philosoph Immanuel Kant beispielsweise schrieb den Deutschen zu, fleißig, reinlich, sparsam, ordentlich und sittsam zu sein. Diese Charakterisierung ist umso interessanter, als die Deutschen im 16. Jahrhundert noch als exzessiv trunken, überbordend lebensfroh und generell maßlos angesehen wurden. Der preußisch-kleindeutsch orientierte Historiker Heinrich von Treitschke sah 1862 in den alten Prussen kulturell-moralische Vorgänger der Deutschen und reklamierte damit die prussische Vergangenheit in der national aufgeladenen Stimmung in der Mitte des 19. Jahrhunderts als „deutsche" Geschichte. Die Prussen, so Treitschke, hätten sich zwar zunächst gegen die „deutsche" Macht des Deutschen Ordens aufgelehnt, doch habe die Herrschaft des Ordens das Kulmerland in ein deutsches Land umgestaltet. Nach der Machtübernahme hätte aufgrund der „Wucht der deutschen Einwanderung" eine rasche „Germanisierung" eingesetzt. Dabei hätten sich Prussen und Deutsche nicht vermischt, sondern das Prussische sei in veränderter Form erhalten geblieben.[48]

Mit der Reichsgründung 1871 wurden „preußisch" und „deutsch" auch von der territorialen und staatlichen Seite her gesehen zusammengeführt. Für die süddeutschen Länder ging damit das in Erfüllung, vor dem sie sich stets gefürchtet hatten – Preußen erhielt eine entscheidende Übermacht im neu gegründeten Deutschen Reich. Laut Artikel 11 der Reichsverfassung von 1871 war der König von Preußen „Deutscher Kaiser"; er hatte das Präsidium im Reich inne und gleichzeitig ergab sich aus dieser Personalunion auch die Personalunion im Amt des Reichskanzlers und des preußischen Ministerpräsidenten. Die preußische Hegemonie zeigte sich auch in der territorialen Aufteilung: Fast zwei Drittel des Reichsgebiets waren preußisch. Von den 36 Divisionen im Reich gehörten 25 zur preußischen Armee und in der industriellen Produktion war Preußen ebenfalls vorherrschend. In den ersten Jahren nach 1871 wurde das Reich durch preußische Behörden regiert, da zentrale Behörden noch nicht entstanden waren.[49]

Bekanntlich war es der preußische König selbst, der sich nur schweren Herzens zum Deutschen Kaiser ernennen ließ. Wilhelm I. wird mit seinen Vorbehalten vom Vortag der Kaiserkrönung zitiert: „Morgen ist der unglücklichste Tag meines Lebens. Da tragen wir das preußische Königtum zu Grabe.". Der Politiker Bogdan von Hutten-Czapski, der enge Verbindungen zum Herrscherhaus unterhielt, schreibt in seinen Memoiren, Wilhelm I. habe sich nur nebenbei als Deutscher Kaiser gesehen, sein Hof sei stets „königlich preußisch" geblieben – der König habe es nie verstanden, warum der Titel als Deutscher Kaiser eine besondere Repräsentation verlangt hätte.[50] Auch Otto von Bismarck stieß ins gleiche Horn, als er im März 1871 feststellte, es gäbe „kein Deutsches Kaiserhaus, sondern ein Preußisches Königshaus, dessen Oberhaupt Deutscher Kaiser" sei. Allerdings sei es durchaus möglich, dass der Kaiser sich in Zukunft einen „Kaiserlichen Hofstaat" zulege, in dem die anderen deutschen Staaten vertreten sein würden.[51] Zumindest unter Wilhelm I. blieb der Berliner Hof jedoch preußisch. Preußisch blieben die Repräsentation und die Ausstattung in den Räumen des Alten Palais, im Empfangszimmer standen Statuen des Großen Kurfürsten, Friedrichs II. und Friedrich Wilhelms III. Das Vortragszimmer des Kaisers schmückten Büsten und Bilder des Großen Kurfürsten, Friedrichs I., Friedrich Wilhelms III., der Königin Luise, aber auch Peters des Großen und des Zaren Alexander. Der Russlandbezug verweist auf die Allianzen in den Befreiungskriegen und stellte den einzigen nicht-preußischen Erinnerungsort dar. Explizit „deutsche" Erinnerungsorte fehlten jedoch.[52]

Anfang und Ende der preußischen Tugenden

Wo liegen also nun die Ursprünge der preußischen Tugenden? Einerseits sind sie entstanden aus weit verbreiteten Vorstellungen der Frühen Neuzeit, wie „gute Herrschaft" gestaltet werden sollte. Doch die historische Forschung hat weitere Traditionslinien festgemacht, aus denen heraus die moralischen Vorgaben gesellschaftlichen Zusammenlebens legitimiert wurden. So fallen Parallelen zur Ethik des Pietismus auf, der spätestens seit Friedrich Wilhelm I. zu einer staatlich geförderten Religion wurde. Standhaftigkeit, auch als Standhaftigkeit des Gewissens, kann man ebenso aus dem pietistischen Wertekanon herauslesen wie Ordnung, die innerlich und äußerlich zu halten ist, oder die Bescheidenheit. August Hermann Francke lehrte diese Tugenden in seinen Bildungsanstalten, den Franckeschen Stiftungen in Halle/Saale. Den Schülern wurde auch Pünktlichkeit und Arbeitsamkeit vermittelt, denn zum Erziehungsprogramm der Stiftungen gehörte es, die Kinder in die Arbeitsabläufe mit einzubeziehen, etwa in der Apotheke, in der Buchhandlung oder in der Buchdruckerei. Die Zöglinge verbreiteten diese pietistischen Wertvorstellungen von Halle aus in ganz Preußen, da sie häufig einflussreiche Posten als Lehrer, Pfarrer oder Beamte ausübten.[53]

Andere Forscher wiederum betonten den calvinistischen Ursprung der preußischen Tugenden. Als Wertmaßstäbe des holländischen Handelsbürgertums seien sie von Holland nach Preußen gekommen, importiert ebenfalls durch Friedrich Wilhelm I. Vorangetrieben wurden diese Theorien um die Wende zum 20. Jahrhundert vor allem von Max Weber und Ernst Troeltsch. Sie sahen das asketische Leben im Calvinismus als Voraussetzung für ein erfolgreiches wirtschaftliches Handeln. Aus dem Streben nach Rentabilität und Gewinn, das im Calvinismus als Segen Gottes gesehen wurde, erwuchs der „Geist des Kapitalismus".

Könnte der Ursprung der Tugenden also vielfältig gewesen sein, so scheint der Zeitpunkt, da der Tag ihres Endes nach Meinung einiger Preußenforscher sehr einfach bestimmbar. Die langjährige *Zeit*-Herausgeberin Marion Gräfin Dönhoff beschäftigte sich in vielen Werken mit der preußischen Geschichte und versuchte stets, Lehren aus dieser Vergangenheit für die Gegenwart nutzbar zu machen. Für sie gingen Preußen und seine Tugenden mit der Gründung des Deutschen Reichs am 18. Januar 1871 unter. Das Preußen nach diesem Datum hätte nur noch wenig zu tun gehabt mit dem alten Preußen. Dem Preußen vor 1871 schrieb Dönhoff unter anderem zu, eine ideologiefreie Toleranz aus Vernunft vertreten, die Menschenrechte berücksichtigt und „Loyalität ohne Willfährigkeit" gefordert zu haben. Die Monarchen nehmen bei ihr eine zentrale Rolle ein; sie verkörpern die Tugenden mit ihrer Herrschaft. Sie waren alleinige Regenten, doch sie entschieden auf der Basis der Vernunft und unter Achtung der Menschenrechte. Diese Tugenden hätten sich auf die führenden Beamten übertragen, denen bewusst war, dass von ihnen eine bestimmte Haltung gefordert würde. Der „Code of conduct" war verpflichtend. Hielt man sich nicht daran, stand man in der Gefahr, Privilegien zu verlieren und aus der Gesellschaft ausgestoßen zu werden. Das so entstandene Ehrgefühl umfasste die Loyalität zum König. Die Folge, so Dönhoff, war ein „esprit de corps" unter den Beamten und Offizieren, der lange gültige Vorbilder schuf.[54]

Mit dem 18. Januar 1871 sei dann jedoch Geld an die Stelle von Pflicht und Ehre getreten und zum „Maßstab aller Dinge" geworden. Ein militaristisches und imperialistisches Denken bemächtigte sich der Politik Preußens, die nun auch eine deutsche Politik war. In der Einstellung „Macht um der Macht willen" zeigte sich der deutliche Widerspruch zum alten Preußen. Unter dieser Prämisse konnte Preußen direkt in den Nationalsozialismus führen und dieser konnte Preußen entsprechend instrumentalisieren. Kennzeichen Preußens nach 1871 seien „Raffgier" und „Materialismus" gewesen, alles sei immer größer, immer mächtiger, immer prächtiger geworden, das geistige Preußen sei dahingesiecht – die positive Spiegelung dieser negativen Attribute ergibt bei Dönhoff die Charakteristika des alten Preußen. Dem „preußischen Ethos", der „preußischen Schlichtheit" und der „Pflichttreue" des alten Preußen stellte Dönhoff den „Militarismus", die „Servilität" und den „Kadavergehorsam" des neuen Preußen gegenüber.[55] Auch ein zweiter Forscher auf den Spuren des historischen Preußen, Christian Graf von Krockow, legt den Tod Preußens auf das Jahr 1871. Preußen sei „in den Schatten seiner eigenen Gründung" geraten und ihr „zum Opfer" gefallen. Er beruft sich auf Fontane, demzufolge jeder andere Staat in Deutschland aufgehen könne, Preußen jedoch untergehen müsse.[56] Theodor Fontane, der wie kaum ein anderer für die Beschreibung preußischer Gesellschaft und Landschaft steht, ist in seinen Äußerungen nicht unbedingt auf ein klares, normatives Preußenbild festzulegen. Einerseits sah er Veränderungen der preußischen Identität in der Zeit Wilhelms II., schrieb diesen jedoch nicht nur negative Folgen zu, wie eine Passage aus einem Brief Fontanes an Georg Friedländer von 1897 zeigt: „Was mir an dem Kaiser gefällt, ist der totale Bruch mit dem Alten, und was mir an dem Kaiser *nicht* gefällt, ist das im Widerspruch dazu stehende Wiederherstellenwollen des Uralten. Im gewissen Sinne befreit er uns von den öden Formen und Erscheinungen des alten Preußenthums, er bricht mit der Ruppigkeit, der Poplichkeit, der spießbürgerlichen Sechsdreierwirthschaft der 1813er Epoche, er läßt sich, aufs Große und Kleine hin gesehen, neue Hosen machen, statt die alten auszuflicken. Er ist ganz unkleinlich, forsch und hat ein volles Einsehen davon, daß ein deutscher Kaiser was andres ist als ein Markgraf von Brandenburg." Aber, so Fontane, dem Kaiser fehle die „richtige Balancirstange". Er sorge „für neuen Most und weil er selber den alten Schläuchen nicht mehr traut, umwickelt er eben diese Schläuche mit immer dickerem Bindfaden und denkt: ‚nun wird es halten.' Es wird aber *nicht* halten."[57]

Wie wandelbar und zeitabhängig das war, was „preußisch" zu sein hatte, beschreibt Fontane sehr einleuchtend in seinem Fragment „Die preußische Idee", das 1894 entstand.[58] An seinem fiktiven Protagonisten Adalbert Schulze, einen 1813 geborenen Beamten, der in preußischen Diensten vom Assessor zum Geheimrat im Ministerium des Innern aufstieg, zeigt Fontane auf, was dieser in seinen jeweiligen Ämtern als „preußische Idee" erlebte. Bis 1849 hätten selbst Liberale preußisch sein können, da dies bedeutete, eine starke nationale Gemeinschaft vor Augen zu haben. Mit der Revolution von 1848 und dem Scheitern des Frankfurter Nationalparlaments änderte sich dann die preußische Idee. Sie war nun antirevolutionär, da die Revolution als Umsturz betrachtet wurde. Man versuchte, das historische Preußen zu erhalten, das man in den Personen Friedrichs II. und Friedrich

Wilhelms III. verkörpert sah. Nach 1860 schließlich wurde Preußen militärischer, wobei zunächst ein Konflikt darüber bestand, welche Ausrichtung des Militärs nun zukunftsweisend sei – das stehende Heer Friedrichs II. oder der Freiwilligenverband der Landwehr. Das Idealbild war eine Vereinigung von beidem, von friderizianischen Grenadieren und den Lützowschen Jägern. Die Preußen zugeschriebenen Attribute waren nun protestantisch, militärisch und national.

Die „preußische Idee" ist bei Fontane eine komplexe, nicht unambivalente Kombination von innerlicher Freiheit, Gehorsam und Auflehnung. Aus der innerlichen Freiheit heraus sollte Gehorsam erwachsen, wenn nötig jedoch auch Auflehnung, um Ehre zu retten und Loyalität zu zeigen. Sich selbst zum Opfer zu bringen, ist der „preußischen Idee" eigen. Somit verdeutlicht Fontane sehr schön, wie zeit- und kontextgebunden die jeweils der „preußischen Idee" innewohnende ethische Norm war. Die zeitgenössische oder die nachträgliche Zuschreibung von Tugenden war Leitbild für Handeln und Leben. Wie weit eine Gesellschaft jedoch wirklich von vorgegebenen Tugenden geprägt war, lässt sich schwer feststellen.

Als „letzter Preuße" leuchtet im 19. Jahrhundert Kaiser Wilhelm I.; an seiner Person schienen noch einmal die preußischen Tugenden zu erstrahlen. Sein Vorleser, Louis Schneider, beschreibt den Monarchen als einen Menschen mit „absolutem Pflichtgefühl", als „ersten Diener des Staates" und als „ersten Soldaten". Wilhelm I. habe selbst entschieden, keinen Günstling oder Vertrauten zu haben.[59] Insbesondere die Sparsamkeit machte Wilhelm I. zum Mythos. Als Zeichen dieser Sparsamkeit wird stets die Wohnsituation des Monarchen erwähnt. Er lebte nicht im Schloss, sondern hatte eine Wohnung außerhalb des Schlossbezirkes, im neu errichteten Alten Palais, das Unter den Linden, Ecke Opernplatz stand, und heute Teil der Humboldt-Universität ist. Schon beim Bau sprach Wilhelm sich gegen teure Varianten aus, sondern plädierte für die kostengünstigeren Pläne Carl Ferdinand Langhans', der 1843/44 auch die Oper Unter den Linden nach dem Brand neu entworfen hatte. Schinkels Entwürfe, die den Abriss der unter Friedrich II. gebauten Königlichen Bibliothek bedeutet hätten, lehnte Wilhelm I. ab. Nicht nur die Lage der königlichen Wohnung wurde in den Tugendkanon eingepasst, sondern auch deren Ausstattung. Die Räumlichkeiten wurden als wenig repräsentativ geschildert; sie würden Bequemlichkeit vermissen lassen und könnten nicht verglichen werden mit der Zurschaustellung von Macht, wie sie noch für die Zimmer des Schlosses galt. Der Politiker Bogdan von Hutten-Czapski beschreibt die Wohnräume in seinen Memoiren als „verhältnismäßig klein", das Schlafzimmer, das zum Hof ging, sei „spartanisch" gewesen, mit einem Feldbett, einem kleinen Waschtisch und nur den notwendigsten Möbeln.[60]

Preußisch verhielt Wilhelm I. sich auch in einer Situation, die sein Vorleser Louis Schneider schildert. Der Regent selbst hätte erzählt, wie er nach einer Schlacht einem toten Soldaten die Uniform ausziehen ließ und sie ins Regiment zurückschickte. Schneider kommt über diese Erzählung ins Sinnieren über den Aufstieg Preußens durch die Sparsamkeit seiner Monarchen. Jedes Land Europas, so Schneider, hätte seine „Glanzperiode", aber „kein Land hat wie Brandenburg-Preußen eine Reihe von vierzehn sparsamen Monarchen gehabt". Wilhelm I. hätte daraufhin geantwortet, Friedrich I. und Friedrich Wilhelm II. würde man doch vorwerfen nicht sparsam gewesen zu sein. Schneider belehrt daraufhin: „Doch, Eure Majestät, die neuere, ernstere Geschichtsforschung hat auch für diese beiden Könige den gleichen Beweis geführt und wird ihn noch weiter führen. Friedrich I. war nur verschwenderisch, wo es galt, den Glanz seiner neu erworbenen Königskrone zu stützen, und alle Günstlinge Friedrich Wilhelms II. sind arm gestorben." Woraufhin Wilhelm I. resümiert, dann hätte er mit der Zurücksendung der Uniform zum Regiment „ja ganz geschichtlich gehandelt".[61]

Die preußischen Tugenden erweisen sich immer wieder als geschichtliche Rückprojektion. Sie waren eine Mischung aus ethischen Normen, die die Herrscher vorgaben, und nachträglichen Zuschreibungen identitätsgeleiteter Geschichtsschreibung. Die Herrschertugenden sollten von den Herrschern über die Eliten auf die übrigen Untertanen übergehen und handlungsleitend wirken. Im 18. Jahrhundert selbst sind die Tugenden keineswegs *preußisch*, sondern die Regenten gaben ihre Vorstellungen des tugendhaften Lebenswandels an ihre Nachfolger weiter, ohne diese explizit auf Preußen zu beziehen. Der Ruf nach explizit *preußischen* Tugenden wurde immer dann laut, wenn territoriale Identitäten moralisch legitimiert werden sollten oder wenn eine ideelle Identität den Verlust von Territorium kompensieren sollte, wie beispielsweise nach 1947. Auch nach 1947 haben die preußischen Tugenden immer wieder ihre Aufgabe zu erfüllen. Sie in die Diskussion einzubringen soll der aktuellen Generation Richtung und Lebensstil vorgeben. Somit wohnt einer Definition der preußischen Tugenden also immer auch die Klage inne, dass etwas nicht mehr so ist wie es sein sollte. Preußen ist in diesem Kontext einmal mehr ein normativer Ort in der Vergangenheit, der in die Gegenwart hineinleuchten sollte.

Politische Toleranz war pure Nächstenliebe

Preußen als Hafen der Toleranz – ein Bild, das man vor allem mit Friedrich II. verbindet, dessen Bemerkung, jeder müsse „nach seiner Fasson selich" werden, sprichwörtlich geworden ist. Friedrich hielt diese Aufforderung im Jahr seines Regierungsantritts in einer Aktennotiz fest. Ebenso wie den Satz, dass „alle Religionen gleich und gut" seien und „wenn Türken und Heiden kämen und wollen das Land pöpliren, so wollen wier sie Moscheen und Kirchen bauen".[62]

So fortschrittlich diese Aussagen klingen und so nutzbringend sie beispielsweise für die fast 12.000 Salzburger Protestanten waren, die in den 1730er-Jahren an die preußische Ostseeküste zogen – aus ihnen eine frühe Form von Freiheit und Gleichheit herauszulesen, erfasst nicht den Geist der Zeit. Die Bekenntnisse müssen im Kontext von Politik und Staatsinteresse des 18. Jahrhunderts gelesen werden. Tatsächlich übte Preußen eine sehr weitreichende Toleranz in seinen Gebieten aus, und Friedrich II. stand im Erbe seiner Vorfahren, die seit dem 17. Jahrhundert immer wieder verfolgte Untertanen anderer Territorien aufgenommen hatten. Vergleicht man Preußen beispielsweise mit den habsburgischen Ländern, so erhalten die Aussagen Friedrichs ihre besondere Bedeutung vor dem Hintergrund, dass noch Maria Theresia in den 1750er-Jahren Protestanten aus Kärnten und aus der Steiermark auswies. Dennoch sind auch im preußischen Fall die genauen Motive der Herrscher, die Stoßrichtung der Politik und die Begrifflichkeiten zu hinterfragen.

Vom wirtschaftlichen Nutzen religiöser Toleranz

„Toleranz sollte eigentlich nur eine vorübergehende Gesinnung sein: sie muss zur Anerkennung führen. Dulden heißt beleidigen"[63] Ein Zitat, das im Nachlass Johann Wolfgang von Goethes überliefert ist. Es zeigt die Defizite auf, die mit der Toleranz nicht nur in der Zeit Goethes verbunden waren, sondern auch schon in den Jahrhunderten davor. Tolerierung war Gnadensache und widerrufbar, abgesichert lediglich durch Privilegien, die zeitlich begrenzt waren. Dies spürten auch in Preußen alle nicht-protestantischen Religionsangehörigen. So etwa die Juden in den nach 1772 preußisch gewordenen Gebieten Polens. Einer Anordnung Friedrichs II. zufolge sollten alle „Bettel-Juden" des Landes vertrieben, wirtschaftlich potente Juden dagegen mit Schutzbriefen ausgestattet werden. Eine kalkulierte Maßnahme, die zur Vertreibung von 15 % der ansässigen Juden führte.

Dass Tolerierung nicht zur gleichberechtigten Anerkennung führte, spürten auch die Katholiken. Zwar wurden sie nicht vertrieben, und die nach dem Ersten Schlesischen Krieg 1742 zu Preußen gekommenen schlesischen Katholiken beispielsweise mussten nicht alle Privilegien aufgeben, doch in Berlin durften sich Katholiken lediglich zu einem Privatgottesdienst versammeln. Dies war ein minimales Zugeständnis auf der Basis reichsrechtlicher Bestimmungen. Das religiöse Feld dominierten in Preußen die beiden protestantischen Konfessionen. Während die Herrscher seit der Konversion Kurfürst Johann Sigismunds von Brandenburg 1613 reformiert waren, lebten die Stände und die meisten Untertanen ihren lutherischen Glauben. Entsprechend teilten sich auch die verschiedenen Institutionen auf, beispielsweise die Universitäten – Frankfurt und Duisburg waren reformiert geprägt, Halle und Königsberg lutherisch.

Doch nicht nur die frühneuzeitliche Bedeutung von „tolerieren" lässt die preußische Toleranzpolitik in ihrem zeitgenössischen Licht erscheinen, sondern auch die Motive, die die preußischen Herrscher dazu brachten, Verfolgte aufzunehmen. Barmherzigkeit, christliche Nächstenliebe und humanitäres Interesse waren nur eine Seite der Medaille, die sich über die Quellen zudem nur schwer fassen lässt. Greifbar sind dagegen die staatlichen und die wirtschaftlichen Interessen, die die Herrscher verfolgten. So war Friedrich II. der Auffassung, dass Tolerierung seinen Territorien eine „zärtliche Mutter" sei, die „sie hegt und blühen macht", während falscher Glaubenseifer ein „Tyrann" sei, der die „Provinzen entvölkert". Alexander zu Dohna, Vorsitzender der ostpreußischen Provinzialregierung unter dem Vater Friedrichs II., Friedrich Wilhelm I., schrieb 1713 in einem ähnlichen Duktus an den König: „… nicht durch die große étendue seiner Länder, sondern durch die Menge der Unterthanen ein Potentat groß und mächtig wird."[64] Der Zuwachs an Untertanen und die Hoffnung auf wirtschaftlichen Gewinn standen also neben, wenn nicht über der religiösen Verbundenheit mit den Vertriebenen. Tolerierung war eben bis zum frühen 19. Jahrhundert noch kein verfassungsrechtlich verankertes Grundrecht, sondern die Parameter der Tolerierung blieben stets Festlegungs- und Interpretationssache des Herrschers.

Schon seit dem 16. Jahrhundert bot das weite und in vielen Regionen unbesiedelte Brandenburg-Preußen neuen Siedlern Raum zum Neuanfang. Spätestens seit dem 17. Jahrhundert gehörte Brandenburg zu den „großen" aufnehmenden Territorien für Verfolgte aus allen Teilen Europas. Und es sind besonders die „großen" Migrationen, die mit Brandenburg-Preußen in Verbindung gebracht werden – die Hugenotten seit den 1680er-Jahren, die Salzburger in den 1730er-Jahren. Doch auch zahlenmäßig weniger umfangreiche Gruppen kamen: aus der Täuferbewegung des 16. Jahrhunderts stammende Mennoniten, Böhmische Brüder oder Waldenser.

Stets lag die Aufnahme im Kalkül der Herrscher, verbunden mit der Hoffnung, mit den neuen Untertanen auch wirtschaftliche Innovationen oder Arbeitskraft importieren zu können, die das Land voran bringen würden. Und die Rechnung der brandenburgisch-preußischen Herrscher ging auf. Während die Hugenotten vor allem im handwerklichen Bereich aktiv waren und neue Manufakturen einrichteten, aber auch im Bildungswesen Neuerungen brachten, besiedelten die Salzburger das von Pestzügen gezeichnete Land und machten es wieder urbar. Die Mennoniten wiederum waren federführend in der Etablierung der Seidenindustrie in Krefeld.

Abseits der territorialen Interessen war jede neue Ansiedlung eine logistische Verwaltungsleistung, die eine Vielzahl praktischer Fragen zu lösen hatte: Sollten die neuen Siedler dorfweise und geschlossen angesiedelt oder in verschiedene Dörfer aufgeteilt werden? Welche Hilfen stellte man für die ersten Jahre zur Verfügung? Lieferte man Bauholz und gewährte man Steuer- und Abgabenfreiheit und wie viel Ackerland erhielten die neuen Siedler? Angebot und Nachfrage waren auch bei gezielten Neuansiedlungen bestimmend. Tolerierung war stets ein Geschäft auf Gegenseitigkeit.

Der zunächst wichtigste Mann für die Kolonisation war Friedrich Wilhelm, der „Große Kurfürst", der von 1640 bis 1688 regierte. Mit seinem Regierungsantritt übernahm er ein Land, das der Dreißigjährige Krieg mit Verwüstungen zurückgelassen hatte. Doch Friedrich Wilhelm baute Brandenburg nicht nur in wirtschaftlicher und militärischer Sicht wieder auf und brachte es voran, sondern er betrieb zudem eine gezielte Siedlungspolitik. Neben den Hugenotten nahm der Monarch unter anderem Waldenser aus dem Piemont und pfälzische sowie Schweizer Untertanen auf. 1671 veröffentlichte er zudem ein Einladungspatent, mit dem er um Juden warb, die im gleichen Jahr aus Wien vertrieben wurden.

Die größte Einwanderungswelle, die bis ins erste Jahrzehnt des 18. Jahrhundert andauerte, bildeten jedoch die Hugenotten.[65] 1685 lud Friedrich Wilhelm die in Frankreich Verfolgten, deren Schicksal durch die Aufhebung des Edikts von Nantes von 1598 durch König Ludwig XIV. eine dramatische Verschlechterung erfahren hatte, ein. Schon seit ungefähr 20 Jahren hatte der französische König eine zwar ambivalente, jedoch sich stetig intensivierende Politik gegen die Hugenotten betrieben. Sie ging einher mit der Zerstörung ihrer Kirchen, mit lokalen Vertreibungen und mit verschiedensten Verboten. Unter anderem durften französische Protestantinnen nicht mehr als Hebammen tätig sein und es durften keine Taufen mehr durchgeführt werden.

Während sich Brandenburg-Preußen im Bündnis mit anderen protestantischen Herrschern um die Aufnahme der Verfolgten bemühte, reiht sich die Vertreibung ein in eine Krise des europäischen Protestantismus, die in den 1680er-Jahren besonders deutlich wurde. In London und in Heidelberg hatten katholische Monarchen protestantische Throne bestiegen – auch in der Pfalz verschärfte sich daraufhin die Lage der Protestanten – und in Ungarn sowie im Piemont gerieten die Protestanten ebenfalls unter Druck. Wie ein Zeichen für den Vortrieb des Katholizismus in dieser Zeit wirkt eine Medaille, die Ludwig XIV. 1685/86 prägen ließ. Mit einer Allegorie auf die „Hérésie vaincue", die besiegte Häresie, zeigt sie die Religio, die auf den Trümmern der Reformierten Kirche ein neues Kreuz aufrichtet – eine auf Sieg zielende Botschaft, die über die Medaillen öffentlichkeitswirksam unter die Leute gebracht wurde.[66]

Ab 1685 erreichten die ersten Hugenotten Brandenburg-Preußen, insgesamt kamen wohl gut 20.000. Die meisten französischen Protestanten nahm Berlin mit 5.700 Personen auf. Der Stadt taten die neuen Siedler gut, sie erlebte einen städtebaulichen Schub. Besonders in der Friedrichstadt und in der Dorotheenstadt, wo vorher schon Franzosen gelebt hatten, entstanden neue Wohnungen. Auf dem Land dagegen bildeten die Neuankömmlinge eigene Kolonistendörfer, wie beispielsweise Groß-Ziethen bei Angermünde. Willkommen waren besonders jene Hugenotten, die als Kaufleute oder als Handwerker tätig waren. Eine unter der Leitung des Ministers von Grumbkow eingesetzte Kommission organisierte die Ansiedlung und den beruflichen Neubeginn. Man versuchte, die Flüchtlinge entsprechend ihrer bereits in Frankreich betriebenen Profession zu fördern und unterstützte gezielt den Aufbau von Handel, Manufakturen und Fabriken. Ein dauerhaftes Erbe hinterließen die Hugenotten mit ihren französischen Namen, die sich regional bis heute erhalten haben – zu den bekanntesten zählen sicherlich die Schriftsteller Friedrich de la Motte Fouqué und Theodor Fontane, aber auch der Grafiker Daniel Chodowiecki, dessen Mutter hugenottischer Abkunft war.

1732 erreichte dann eine weitere große Gruppe religiös Verfolgter Preußen, diesmal standen die Gebiete an der Ostsee im Mittelpunkt. Ungefähr 12.000 Salzburger Protestanten fanden Aufnahme: 2.000 gingen in die Städte; 10.000 ließen sich auf dem Land in Preußisch-Litauen nieder. Sie gingen damit in ein Gebiet, das im frühen 18. Jahrhundert siedlungspolitisch zum Problemfall geworden war, denn in den Jahren 1709 bis 1711 hatte dort die Pest gewütet und wohl 40 Prozent der ansässigen Bevölkerung getötet.

August Hermann Lucanus beschrieb die Region 1748 retrospektiv folgendermaßen: „Durch die Pest sind soviel Dörfer verfallen und in die Rappuse gegangen, daß man kaum ihre vorige Stätte erkennen mögen, ja durch solche klägliche Zeiten sind die größte köllmische Güter, wo von man so viele Ämter und Vorwerker in Lithauen angeleget siehet, wüste und öde geworden, daß in Zeit von etlichen Monaten weder Stumpf noch Stiel von denen Wohn- und Wirtschaftsgebäuden übrig geblieben."[67] Leeres Land, unbestellte Äcker und verlassene Dörfer waren den wirtschaftlichen Zielen und dem preußischen Staatsinteresse in keinster Weise dienlich. Somit startete die Regierung ein Programm zum Wiederaufbau des Landes, „Retablissement" genannt. Teil des Programms war die gezielte Anwerbung von neuen Siedlern.

Erste Erfolge verbuchten die Werbungen in der Schweiz, von wo landwirtschaftlich kundige Untertanen Richtung Nordosten aufbrachen. Dieser Import aus der Schweiz hatte in Preußen bereits Tradition. Schon Kurfürst Friedrich Wilhelm hatte sich 1683 mit der Bitte an die Stadt Bern gewandt, 20 bis 30 erfahrene Viehzüchter und Landwirte nach Preußen zu senden, um die Moore im Golmer Bruch bei Potsdam zu kultivieren. Im Jahr 1712 erreichten dann ungefähr 4.000 Personen Preußisch-Litauen, nicht nur aus der Schweiz, sondern auch aus der Pfalz, aus Württemberg und aus Nassau. Ein Auswahlkriterium für die Anwerbung neuer Siedler waren ihre landwirtschaftlichen Kenntnisse – es ging darum, die rückständigen Landwirtschaftsmethoden, die die ostpreußische Verwaltung für die Kraft, mit der die Pest gewütet hatte, verantwortlich machte, zu verbessern. Und die innovativen Techniken ließen sich am besten aus dem Ausland importieren.

Abseits aller technischen und wirtschaftlichen Fragen dürfte auch die konfessionelle Frage bei der Anwerbung neuer Untertanen eine Rolle gespielt haben – sowohl die Hugenotten als auch die Schweizer waren reformiert, ebenso wie die Pfälzer. Die brandenburgisch-preußischen Kurfürsten beziehungsweise Könige könnten auf diese Weise versucht haben, das reformierte Element gegenüber den lutherischen Untertanen zu stärken. Für Ostpreußen jedenfalls legten die verschiedene Konfessionen, die verschiedenen Ethnien und Sprachen die Basis für die Vielfalt, die sich bis ins frühe 20. Jahrhundert hielt. Zu dieser Vielfalt gehörte auch die zahlenmäßig nicht geringe polnisch sprechende Bevölkerung. Ziel der preußischen Politik war es, für polnisch geprägte Regionen vor allem Siedler aus anderen polnischen Gebieten zu finden. 1710 schrieb die preußische Amtskammer, es sei wegen der Sprache „nicht wol thunlich", „fremde teutsche Leute dahin zu bringen und mit denen Polnischen zu meliren".[68] Doch im alltäglichen Kontakt ging nicht alles problemlos. Sowohl die Konfession als auch die Sprache waren Distinktionsmerkmale, die in schwierigeren Zeiten instrumentalisiert werden konnten beziehungsweise der Assimilation oder Abgrenzung dienten. Die Hugenotten sprachen französisch, die Schweizer kamen ebenfalls vor allem aus den frankophonen Regionen der Schweiz, und auch die Salzburger brachten ihre regionale Sprache mit. Ganz praktisch wirkten sich die sprachlichen Unterschiede beispielsweise im religiösen Kult aus. Erst 1713, nachdem Friedrich Wilhelm I. die Erlaubnis zum Bau einer französisch-reformierten Kirche in Judtschen, im Kreis Gumbinnen, gegeben hatte, konnten die Schweizer ihren eigenen Gottesdienst in ihrer eigenen Sprache besuchen.

Doch damit zurück zu den Salzburgern. Sie erreichten 1732 die Memelregion, die im 18. Jahrhundert politisch als Preußisch-Litauen bezeichnet wurde und deren bekannteste Stadt Tilsit war. Die Salzburger Protestanten hatten in ihrer alten Heimat lange versucht, für die Tolerierung ihres evangelischen Glaubens zu kämpfen. Dem Westfälischen Frieden von 1648 zufolge hätte ihnen wenigstens die private Ausübung des Glaubens gewährt werden müssen. Doch stattdessen waren sie mit Aufruhr- und Rebellionsvorwürfe konfrontiert – ein häufiges Argumentationsmuster von obrigkeitlicher Seite: Der Vorwurf der politischen Untreue und der Gefahr für die Ordnung ließ sich leicht instrumentalisieren, wenn andersgläubige Untertanen nicht geduldet werden sollten.

Am 2. Februar 1732 erließ Friedrich Wilhelm I. ein Einladungspatent, und ab April verließen die Auswanderer ihre alte Heimat. Die verschiedenen Züge, die sich Richtung Norden in Bewegung setzten, begleitete in den protestantischen Regionen, durch die sie kamen, eine Welle an Sympathie, aber auch an Propaganda. Eine für frühneuzeitliche Verhältnisse sehr bemerkenswerte Medienschlacht entbrannte um die Salzburger – die Opfer der Verfolgung, die vermeintlich leidensbereiten Märtyrer sollten zu Vorbildern evangelischen Glaubens stilisiert werden. Flugblätter, Bilderzyklen, Wandkalender und Grafiken hielten die Szenen der Aus- und Einwanderung fest. Einige widmeten sich der Begegnung Friedrich Wilhelms I. mit den Salzburgern. So zeigt ein Kupferstich von 1732 beispielsweise den übergroß gestalteten Monarchen, wie er Salzburger in seinem Land empfängt. Im Hintergrund sieht man Salzburg und Königsberg, wobei über Salzburg dunkle Wolken hängen, über Königsberg dagegen Gottes Licht erstrahlt. Der Text unter dem Bild hält fest: „Muß ich gleich Haus und Hof, Freund, Eltern, Kinder lassen, / So will mich doch der Herr in seine Arme fassen. / Er hält mich väterlich bey Seiner rechten Hand / Und führt mich wohl vergnügt in Friedrich Wilhelms Land."[69]

Obwohl Bild und Text Teil der Propaganda und des damit verbundenen Herrscherlobs waren, kam es wohl tatsächlich zu einigen Begegnungen Friedrich Wilhelms mit Salzburgern. Im Juni 1732 soll der Monarch einen Zug von Auswanderern auf der Landstraße bei Zehlendorf begrüßt haben und auch die Königin und ihre Kinder sollen an den offenen Fenstern des Schlosses in Berlin gestanden haben, wenn Salzburgerzüge den Lustgarten passierten.

Doch nicht alle Salzburger erreichten die Memelregion. Einige blieben in süddeutschen Reichsstädten wie Augsburg, Ulm und Nürnberg. Eine weitere Gruppe nahm den Weg über den „Großen Teich" und siedelte sich in der Gegend von Savannah im nordamerikanischen Georgia an. Ihre Nachfahren pflegen dort bis heute das Andenken an die Salzburger Kultur.

Trotz aller Probleme, die die Ansiedlung von neuen Untertanen bereiteten – und auch die Salzburger hatten ihre Schwierigkeiten mit dem Klima und dem Boden in Preußisch-Litauen: Die großen Emigrationen der Hugenotten und der Salzburger stehen für die erfolgreiche Politik Brandenburg-Preußens, Tolerierung mit wirtschaftlichem Nutzen zu verbinden. Anders sah es mit der Religionsfreiheit bei Gruppen aus, die dem Staatsinteresse in einzelnen Punkten nicht genügten. So mussten einige mennonitische Gemeinden immer wieder um ihre Duldung fürchten. Hauptkritikpunkt war die Weigerung der

Mennoniten, Wehrdienst zu leisten. War dieser Glaubenspunkt in wirtschaftlich guten Zeiten tolerierbar und in ein die Mennoniten vom Wehrdienst befreiendes Privileg umsetzbar, so hatten die Mennoniten, vor allem jene im Herzogtum Preußen und in Ostpreußen, in wirtschaftlich schwierigeren Zeiten für ihre Privilegien zu kämpfen. Besser da standen dagegen die Mennoniten in Krefeld, die sehr erfolgreich in der Seidenindustrie waren und ihre Position insofern festigen konnten.

So äußerte sich Friedrich Wilhelm I. über die Mennoniten in Krefeld sehr wohlwollend: „Die Mennonisten wollen zwar nicht in den Krieg gehen, ich muss aber auch Leute haben, die mir Geld schaffen." Die Mennoniten in der Tilsitischen Niederung in Preußisch-Litauen dagegen erwiesen sich für die Wirtschaft als keineswegs so gewinnbringend. Sie mussten Anfang des 18. Jahrhunderts um ihre Duldung fürchten, da sie nicht in der Lage waren, von ihnen geforderte Gelder in die Rekrutenkasse zu zahlen und sich zudem dagegen wehrten, ihre jungen Männer zum Militär zu schicken. 1718 beschied Friedrich Wilhelm I. ein Ansuchen von Mennoniten, sich in Preußisch-Litauen niederzulassen mit der negativen Aussagen: „Weil Wir aber dergleichen leute weder dort noch in andern Unsern Landen zu dulden keines weges geneigt seyn." Wie gruppen- und situationsabhängig Duldung sein konnte, illustriert dieses Beispiel sehr deutlich. Glaubens- und Gewissensfreiheit lag stets im Kalkül des Herrschers.

Eine letzte größere Einwanderung erlebte Preußen in den 1830er-Jahren, als Zillertaler Protestanten nach Schlesien kamen. Die Hintergründe erscheinen für das frühe 19. Jahrhundert, das bereits erste Verfassungen mit der Anerkennung der Menschenrechte gesehen hatte, recht altertümlich. 1826 meldeten einige Protestanten im Tiroler Zillertal dem dortigen katholischen Pfarrer ihren Wunsch, aus der Katholischen Kirche auszutreten, um evangelisch zu werden. Für diesen Fall war ein sechswöchiger katholischer Unterricht vorgeschrieben, den alle Konversionswilligen besuchen mussten. Dieser Wunsch nach Konversion brachte in Tirol, das noch im frühen 19. Jahrhundert einem eigenen Mythos, jenem der Glaubenseinheit folgte, heiße Diskussionen und Auseinandersetzungen in Gang. Unter dem Dach der Glaubenseinheit, die die Tiroler Landstände erhalten wollten, beschloss man „nicht-katholische" Gläubige auch weiterhin nicht zu tolerieren. Auswandern oder Katholisch-Bleiben war die Alternative der Protestanten; sie entschieden sich für Ersteres. Im Mai 1837 reiste der Zillertaler Johann Feidl nach Berlin, um den preußischen König um Aufnahme seiner Glaubensgeschwister zu bitten. Tatsächlich gewährte Friedrich Wilhelm III. den Auswanderungswilligen auf den Gütern der Gräfin Friederike von Reden in Schmiedeberg (Schlesien) die Ansiedlung.[70] Zillertal-Erdmannsdorf wurde zur neuen Heimat der Zillertaler. Die meisten von ihnen blieben auch langfristig dort, obwohl die Integration keineswegs nur positiv verlief. Einige gingen zurück; eine weitere Gruppe emigrierte Anfang der 1860er-Jahre nach Chile, wo heute noch in der Nähe des Llanuihuesees Nachkommen der Zillertaler leben.

Toleranz zu gewähren konnte also für die Herrscher an Attraktivität gewinnen, wenn man sich den wirtschaftlichen Nutzen vor Augen hielt. Doch Toleranz war in mehrerer Hinsicht ein zweischneidiges Schwert. Hatten die brandenburgisch-preußischen Herrscher kaum Probleme, sich im Reich als Schutzmacht der Protestanten zu etablieren und verfolgte Glaubensgeschwister bereitwillig aufzunehmen, so sah dies im Fall der Juden schon anders aus. Juden waren stets nur dann geduldet, wenn der wirtschaftliche Gewinn wirklich klar ersichtlich war – und diesen erbrachten sie allein dadurch, dass sie für ihre Duldung ein „Schutzgeld" zahlen mussten. Doch es gab weitere Unterteilung in „Schutzkategorien", wie sie Friedrich II. in seinem *Revidierten Generalreglement* von 1750 festlegte. Die „Generalprivilegierten" erhielten den besten Schutz – hierzu gehörten Hof- und Finanzjuden, also jene, die den Hof mit Geld und Waren versorgten. „Ordentliche" und „außerordentliche Schutzjuden" waren dagegen schon schlechter gestellt. Sie sollten geduldet werden, wenn sie den „christlichen" Handel nicht störten und sie sich auf Altkleider- und Trödelhandel sowie auf den Import von Rohstoffen konzentrierten. Außerdem hatten sie keine oder nur sehr eingeschränkte Möglichkeiten, ihren Schutzstatus auf ihre Kinder zu vererben.

Ziel des 1750 verfassten *Generalreglements* war es, die „überhand nehmende Vermehrung" der Juden zu stoppen. Auch Friedrichs Vater hatte in der *Instruktion* für seinen Nachfolger aus dem Jahr 1722 geklagt, es seien „leider sehr viell [Juden, v. S.] in unsere lender, die von mir Keine schutzbriffe haben". Diese müssten aus dem Land „gejagt" werden, denn die Juden seien „die heuschrecken eines landes" und würden die Christen „Ruiniren."[71] Eine Polemik, der die Juden in der Frühen Neuzeit in fast allen Territorien ausgesetzt waren und die unterstreicht, wie abhängig ihr Schicksal von den jeweiligen Zeitumständen war. Tolerierung ist in der Frühen Neuzeit noch keine Toleranz, nicht im Fall der Juden und nicht bei anderen Untertanen, die andersgläubig waren. Sie waren auf Gnade angewiesen.

Friedrich II. war der gütige Landesvater und erste Diener des Staates

Wohl um keinen Herrscher des Alten Reichs ranken sich so viele Mythen wie um Friedrich II. Überblickt man den Zeitraum von seinem Tod 1786 bis zu seinem 300. Geburtstags, der 2012 gefeiert wurde, so entsteht der Eindruck, jede intellektuelle Richtung, jede Ideologie und jede gesellschaftliche Sondergruppe könne ihre Legitimation in Friedrich II. finden: Borussophile, Frankophile, Deutschnationale, Monarchisten, Demokraten, Nationalsozialisten, Moralapostel und Freidenker – und die Aufzählung ist noch erweiterbar. Schon gleich nach seinem Tod setzte der Kampf um die Deutungshoheit über das Leben und die Politik Friedrichs II. ein, und bald begann auch die Verehrung, die sich in Hymnen, Gedichten und Romanen, aber auch in mehr oder weniger brauchbaren und kitschigen Artefakten ausdrückte. Dabei trieb die Instrumentalisierung vielfältige Blüten. Von Tabatieren und Porzellan mit seinem Bild bis hin zu gusseisernen Reiterstandbildern für den Kaminsims, von Friedrich als Teddybär aus der Steiff-Produktion bis zu einer ganzseitigen Anzeige, die im September 2011 in der *Frankfurter Allgemeinen Zeitung* geschaltet wurde und Angela Merkel und Wolfgang Schäuble aufforderte, sich in Sachen Sparsamkeit an Friedrich II. zu orientieren.

Das Bild, das die Nachwelt von Friedrich II. entwarf, ist äußerst vielfältig. Er gilt als aufgeklärter Monarch par excellence, liebte alles

Französische und unterhielt eine lange Freundschaft mit Voltaire. Seine Gerechtigkeit und Menschenliebe werden betont. Er setzte 1740 die Folter aus und schaffte sie 1756 endgültig ab, und er zeigte sich tolerant – jeder solle „nach seiner Fasson selich" werden. Die Grundlagen für den modernen Rechtsstaat gelegt zu haben, wird dem König ebenfalls zugeschrieben. In seine Person lassen sich zudem die preußischen Tugenden „in Reinform" hineinlesen. „Alt" und „groß" sind die sicherlich am häufigsten gebrachten Attribute, die man Friedrich zuschreibt. Der „Alte Fritz" steht neben dem „großen" Friedrich. Beide Bilder vereinen viel in sich: die Aufopferung für den Staat, den gütigen, bekümmerten und sich kümmernden Landesvater und den grandiosen Strategen und Heerführer. Doch es gab auch die „dunklen Kapitel" im Leben Friedrichs II., die erst für die Verehrung passend gemacht werden mussten. Wie sollte beispielsweise die deutschnational-franzosenfeindliche Stimmung des 19. Jahrhunderts Friedrichs frankophile Ader behandeln? Man behalf sich, indem man feststellte, er habe zwar französisch gesprochen, jedoch deutsch gedacht.

Ebenso wie bei Königin Luise, der zweiten großen mythenhaften Gestalt der preußischen Geschichte, zeigten sich Zeitgenossen, die den König sahen, beeindruckt von seiner Ausstrahlung. Der Schriftsteller Friedrich Christian Laukhard sah Friedrich 1784 in Magdeburg und schrieb anschließend: „Sein Anblick erschütterte mich durch und durch; ich hatte nur Auge und Sinn für ihn! Auf ihn war ich und alles konzentriert! Viele tausend Persönlichkeiten in eine einzige geschmolzen!" Und der Aufklärer und Kritiker seiner Zeit, Johann Kaspar Riesbeck, beschreibt in seinen 1786 veröffentlichten *Briefen eines reisenden Franzosen*, wie er auf den Spuren Friedrichs II., des „Abgotts des Pariser Publikums", der „Bewunderung von ganz Europa, des Musters, und zugleich des Schreckens seiner Feinde", nach Potsdam reiste. Er sah den König wirklich zweimal auf dem Pferd bei einer Parade und charakterisierte ihn daraufhin als von „mittlerer Größe, starkknochig und untersetzt", seine Brust „sehr stark eingebogen, und sein Hals sehr gebeugt". „Sein Auge ist noch durchdringend, erweitert sich sehr, wenn er beobachtet, und tritt merklich vor. Ruhe, Ordnung, Entschlossenheit und Ernst sprechen aus seiner Miene." Diese Bewunderung und Erhabenheit ist die eine Seite des Bildes von

Friedrich II. Die andere Seite beschreibt Riesbeck ebenfalls. Es gäbe eine „allgemeine Vorstellung", dass der preußische Hof verschlossen sei, man wenig von den Staatsgeschäften und vom Privatleben des Königs höre. In England werde diese Verschlossenheit auf den Staat Preußen generell übertragen, der deshalb als „menschenfeindlich" und „lichtscheu" gelte. Man meine, Preußen plane „beständig in einem finstern Hinterhalt Anschläge auf die Güter der Unterthanen" und spinne „Fallstricke".[72]

Das Bild des verschlossenen, allein Entscheidungen treffenden und von den Menschen enttäuschten Friedrich steht neben Bildern, die den König in seiner ganzen Menschlichkeit zeigen. Diese Vermenschlichung zieht sich bis heute durch die Friedrich-Rezeption. Friedrich bleibt zwar der bewunderte und erhabene Monarch, er wird jedoch gleichzeitig auf die Ebene der Untertanen heruntergeholt. Ob dies in Anekdoten passiert, die Friedrich als um das Wohl seiner Untertanen besorgten Herrscher darstellen, der sogar landwirtschaftliche Ratschläge gibt, oder durch Kosenamen, wie den „Alten Fritz" oder auf berlinerisch einfach „Fritze". Die häufigsten und populärsten Bilder zeigen den Monarchen ebenfalls von seiner „menschlichen" Seite, als gütigen alten Mann.

Die verschiedenen Seiten des Königs und die breit gefächerte Erinnerungskultur machen es nicht einfach, ihn zu beschreiben. Es ist fast einfacher, die Zuschreibungen, die er während seines Lebens und nach seinem Tod erhielt, zu erforschen, als ein stimmiges Psychogramm Friedrichs zu entwerfen. Der Mythos um den König überdeckt häufig sein wirkliches Leben. Dabei schien bei seinem Tod keineswegs ausgemacht, dass der König überhaupt einmal in einem solchen Ausmaß postum verehrt werden würde. Die Zeitgenossen waren eher froh, dass der alte König endlich starb. Zu viel Kritik hatte es in seinen letzten Lebensjahren an seiner mangelnden Reformbereitschaft und an seinem Beharren an Überkommenem gegeben. Er hatte an den Privilegien des Adels nicht gerüttelt und sich zudem intolerant gegenüber verschiedenen intensiveren Frömmigkeitsformen gezeigt.

Es waren vermutlich gerade die Probleme, die während der Napoleonischen Kriege in Preußen offenbar wurden, die Friedrich II. als Lichtgestalt erstehen ließen. Er war Vertreter einer Epoche, die am

Anfang sehr reformfreudig war und die Preußen Schlachtenruhm be-
scherte. Teil dieser Memoria war die Entstehung eines Tugendkata-
logs, der die Person Friedrichs II. bald wie ein Heiligenschein über-
strahlte: Arbeitsamkeit, Sparsamkeit, Redlichkeit, wahrer Gemeinsinn, die Achtung von Recht und Menschlichkeit, Toleranz und
Gleichheit der Bürger. Dies waren Tugenden, die der evangelische
Theologe Friedrich Schleiermacher dem preußischen Monarchen anlässlich dessen 94. Geburtstags zuschrieb. Sie bilden den weitgehend
konstanten Kern des mythenhaft vorbildlichen Lebens des Königs,
wurden vielfach verbreitet und visualisiert und gingen bald eine Symbiose ein mit den Tugenden, die das aufstrebende Bürgertum als Ideal
verfolgte. So zeigt das 1851 Unter den Linden errichtete Reiterstandbild an den Ecken des Sockels die vier Kardinaltugenden Stärke, Gerechtigkeit, Weisheit und Mäßigung. Und anlässlich des 100. Todesta-
ges des Königs predigte der pietistisch ausgerichtete Oberhofprediger
Wilhelms I., Rudolf Kögel, an der Gruft Friedrichs II.: Das „Ich dien"
sei dem preußischen Volk in die Wiege gelegt und durch Friedrich
vorgelebt worden. Er hätte nicht glänzen wollen, sondern nützen,
nicht genießen, sondern schaffen, nicht befehlen, sondern im Dienen
vorangehen – und dies bis zum letzten Atemzug. In den entscheidenden Augenblicken sei seine Existenz an jene Preußens gekettet gewesen: gemeinsam siegen oder gemeinsam untergehen. Friedrich II., so
Kögel, sei zäh und treu, milde und voller Menschlichkeit gewesen und
obwohl er französisch sprach, habe er „deutsch" gedacht.[73]

Wie lässt sich nun der historische Friedrich in den Kanon aller auf
ihn übertragenen Bilder und aller ihm zugeschriebenen Tugenden
einordnen? War er der „Liberale", der sein Volk gütig führte, Aufklärung, Emanzipation und freie Presse förderte, wie die Aufhebung der
Zensur gleich nach Herrschaftsantritt vermuten lässt? Oder war er
der absolut herrschende Regent, der ganz genau kontrollierte, was
berichtet wurde, wie die Tatsache nahelegt, dass er nur kurze Zeit
später das Zensuredikt seines Vaters wiederholte und die Zensur sogar noch verschärfte? Beide Interpretationen gibt es und beide um-
schreiben ein wenig das Spektrum, das Friedrichs Regierungsweise
abdecken konnte. Allerdings, auch dies ist Teil des Friedrich-Bildes
und damit auch der Vereinnahmung seiner Person: Beide Interpretati-

onen sind Kinder ihrer ganz speziellen Zeit. Die erste Meinung, Friedrich sei liberal gewesen, entstand in der zweiten Hälfte des 19. Jahrhunderts, als man ein positiv-liberales Preußenbild brauchte. Die zweite, die Friedrich als starken Führer sah, stammt aus der NS-Zeit, als die eigene Zensur mit der Politik Friedrichs II. legitimiert werden sollte.[74]

Vom historischen Friedrich wissen wir, dass er frankophil sowie musisch und philosophisch interessiert war. Seine Flötenkonzerte werden heute noch gespielt. Er war ein harter Arbeiter im Dienste seines Staates und plante eine Schlacht als oberster Stratege nicht nur am Reißbrett, sondern kämpfte selbst im Feld und an der Front. Seine Kronprinzenzeit war geprägt vom Konflikt mit dem Vater. Er eskalierte im Fluchtversuch Friedrichs nach England, der jedoch scheiterte. Der Kronprinz erhielt Festungshaft in Küstrin und musste auf Anordnung des Vaters die Hinrichtung seines Freundes und Fluchthelfers Hans Hermann von Katte mit ansehen. Seine Realpolitik als König richtete sich auf die Erweiterung und Arrondierung Preußens, auf den wirtschaftlichen Aufschwung im Land und auf Verbesserungen im Justiz- und Rechtswesen. Zu seiner Frau Elisabeth Christine von Braunschweig-Wolfenbüttel-Bevern hatte Friedrich nur wenig Kontakt, was schon zu Lebzeiten Gerüchte über Homosexualität hervorbrachte.

Es schieben sich also ganz verschiedene Bilder, die eine über 200-jährige Rezeption hervorgebracht hat, vor die Person Friedrichs II.[75] Die Suche nach der historischen Person wird noch dadurch erschwert, dass viele Bilder auf den Monarchen selbst zurückzuführen sind. Denn Friedrich betrieb eine äußerst erfolgreiche Öffentlichkeitsarbeit in eigener Sache. Es war ihm nicht egal, was die Zeitgenossen und die Nachwelt von ihm dachten. Dies wird unterstrichen durch die Vielzahl an schriftlichen Werken, die er hinterlassen hat und mit denen er seine Interpretation der Ereignisse verbreitete. Friedrich versuchte nicht nur die Deutungshoheit über seine politischen Aktivitäten zu gewinnen, sondern er arbeitete auch ganz gezielt an dem Bild, das die Öffentlichkeit von ihm haben sollte. Zwar gibt es sehr viele Porträts des Monarchen, doch saß Friedrich nach 1740 vielleicht gerade noch einmal Modell – eventuell 1763 für Johann Georg Ziesenis. Alle anderen Bilder griffen auf ein Porträt von Antoine Pesne zurück, das dieser 1733 nach einer Sitzung mit dem damaligen Kronprinzen angefertigt hatte, und die Maler passten ihre Porträts lediglich an das veränderte Alter des Monarchen an. Auch das wohl bekannteste und am häufigsten verwendete Porträt Friedrichs, jenes von Anton Graff (1781), griff auf Vorbilder zurück.

Die ältere Forschung hat Friedrich gerne Bescheidenheit unterstellt, die ihn davon abgehalten habe, Modell zu sitzen. Doch wird diese Meinung schon dadurch widerlegt, dass Friedrich äußerst bemüht war, sein Bild sonst auf jede mögliche Art und Weise in der Öffentlichkeit zu verbreiten. Gedenkmünzen wurden zahlreich unter die Leute gebracht und auch eigene Porträts verschenkte Friedrich sehr häufig. Andere Monarchen wie Joseph II., Adelige, Militärs und verdiente Bürger, beispielsweise das Bank- und Handelshaus Splitgerber & Daum, gehörten zu den Empfängern und konnten sich dadurch geehrt und ausgezeichnet fühlen.

Für den König wiederum war die Nachfrage nach seinem Bild ein Zeichen für seine Popularität. Anton Graff berichtet, dass gerade zur Zeit des Siebenjährigen Krieges die Nachfrage nach Friedrich-Porträts in die Höhe geschnellt sei. Er habe daraufhin ein Bild, das in Berlin gemalt worden war und sich im Besitz von Friedrichs Schwester Wilhelmine befand, kopiert und jeden Tag ein Porträt fertiggestellt. Es war eben der kontrollierte „politische Körper", den Friedrich unter die Leute brachte, und nicht sein „persönliches" Konterfei.[76] Friedrich war auch nicht unbeteiligt daran, dass er zum „Großen" wurde. Das Attribut war bereits eine zeitgenössische Beigabe, die auf den Einzug des Königs 1745 nach dem Frieden von Dresden in Berlin zurückgehen dürfte, als eine Flugschrift ihn als „Seine Königliche Majestät von Preussen Friedrich der Grosse" bezeichnete.

Gerechter Herrscher, erster Diener des Staates und absoluter Monarch

Der borussische Historiker Leopold von Ranke beschreibt Friedrich II. in seinen *Historischen Charakterbildern* als pflichtbewussten Herrscher, der sich lieber mit literarischen Werken als mit politischer Verwaltung beschäftigt hätte, jedoch keine Wahl hatte, weil er als König dazu geboren war zu verwalten. Als Fürst habe er sich als ersten Diener seines Staates gesehen. Er verzichtete auf einen Geheimen Rat und traf Entscheidungen allein, da er der Auffassung war, aus großen Ratsversammlungen würden selten weise Beschlüsse hervorgehen. Bei der Umsetzung seiner Politik vertraute er nur wenigen Leuten, wie er generell argwöhnisch gegenüber Anderen war und deshalb seine wahren Absichten gern verbarg.[77]

Es war dies eine Interpretation, die Friedrich in seinen schriftlichen Äußerungen vorgab. 1770 schrieb er in seinem Werk *Regierungsformen und Herrscherpflichten*, dass ein Fürst der „erste Richter, der erste Feldherr, der erste Finanzbeamte, der erste Minister der Gemeinschaft" sei und er sei dies nicht, „um zu repräsentieren, sondern um seine Pflichten zu erfüllen". Der Fürst sei der „erste Diener des Staates" und „verpflichtet, mit Redlichkeit, mit überlegener Einsicht und vollkommener Uneigennützigkeit zu handeln, als sollte er jeden Augenblick seinen Mitbürgern Rechenschaft über seine Verwaltung ablegen". Friedrichs idealer Fürst sollte sich als Mensch nicht über seine Untertanen erheben, wie aus einer weiteren Passage hervorgeht. Er sei ein Mensch „wie der geringste seiner Untertanen" – und deshalb hatte ein Fürst eben seine Pflichten zu erfüllen.[78]

Was wie eine frühe Version der Gleichheit aller Menschen klingt, wird ergänzt durch ein frühes Werk Friedrichs, in dem er noch als Kronprinz Gedanken niederschrieb, die ihn in Übereinstimmung zu bringen scheinen mit demokratischen Ideen und dem Prinzip der Volkssouveränität. „Wahrer Herrscherruhm", so der Kronprinz sei nicht in der „Unterdrückung" der Nachbarn und in der „Vermehrung" von Sklaven zu suchen, sondern in der Erfüllung der Amtspflichten und in der „Vollstreckung der Wünsche derer, die sie [= die Fürsten, v. S.] mit der höchsten Macht ausgestattet haben und denen sie ihre Herrschermacht danken".[79] So modern diese Gedanken klingen, umso ambivalenter erscheint das königliche Gedankengebäude, wenn wir andere Aussagen Friedrichs hinzufügen, die auf eine völlig gegenteilige Auffassung schließen lassen. Friedrich sprach die vorbildhafte Herrschaft nämlich nur dem Fürsten zu. Er allein, nicht seine Minister oder seine Berater könnten all diese Aufgaben erfüllen.

Man könnte zwar argumentieren, der alte König hätte seine Erfahrungen mit Ministern und Beratern gemacht und vertraute nur noch auf sein eigenes Handeln, doch bleibt immer der Widerspruch zwischen dem „ersten Diener" und dem „alleinigen Entscheider". Friedrich war seinen eigenen Schriften zufolge davon überzeugt, dass der Fürst alle Fäden in der Hand haben müsste, weil andere Entscheidungsträger zu sehr eigenen Interessen folgen könnten: „Sobald der Fürst aus Nichtstuerei das Steuer des Staates Mietlingshänden überläßt – sagen wir: seinen Ministern – so wird der eine es nach rechts drehen, der andere nach links, niemand wird nach einheitlichem Plan arbeiten. Jeder Minister wird die Einrichtungen, die er vorfindet, mögen sie noch so gut sein, umstürzen wollen, um ein Schöpfer neuer Dinge zu werden und seine launenhaften Einfälle zu verwirklichen – oft zum Schaden des Gemeinwohls. Andere Minister, die dann an deren Stelle treten, beeilen sich, ihrerseits diese Anordnungen wieder mit derselben Leichtfertigkeit, die ihre Vorgänger bewiesen, über den Haufen zu werfen; sie sind befriedigt, wenn sie nur für erfinderische Köpfe gelten. So läßt das ewige Wechseln und Abändern den Plänen keine Zeit, Wurzel zu fassen."[80]

Die ethische Latte, die Friedrich an den Fürsten und damit an sich selbst legte, war zwar hoch und wirkt modern, doch sie gibt nur das Bild wieder, das der König von sich selbst vermitteln wollte. Er präsentierte sich als Fürst, der sich seinem Volk verpflichtet fühlte und für dieses arbeitete. Doch er war sich seiner unantastbaren Position stets bewusst. Und diese verankerte ihn in der ständischen Hierarchie, die Friedrich nicht infrage stellte. Überhaupt zeigte er sich von der leichten Beeinflussbarkeit des Volkes und der Minderwertigkeit der Masse überzeugt. Eine Anekdote überliefert, Friedrich sei einmal gefragt worden, was er vom Jubel seiner Untertanen halte. Darauf habe er geantwortet, man könnte auch einen alten Affen auf ein Pferd setzen und das Volk würde jubeln.

Friedrich II. weigerte sich immer wieder, über repräsentative Akte mit der Bevölkerung in Kontakt zu treten. So hoch er den Wert des Zeremoniells schätzte, um im Kontakt mit anderen europäischen Fürsten oder Vertretern des Alten Reichs den Rang Preußens zu fixieren, so gering schätzte er die Repräsentation als Kontakt zur Bevölkerung und so oft brüskierte er diese durch Abwesenheit. 1763, als in Berlin die Jubelfeiern zu den Friedensschlüssen des Siebenjährigen Krieges stattfanden, verweigerte sich der König der üblichen Einholung. Er nahm nicht den Weg durch die Stadt, durch Spaliere aus Garden und jubelnden Menschen, durch Triumphbögen, die Bürger und verschiedene Korporationen gebaut hatten, sondern gelangte auf abgelegenen Wegen ins Schloss. Kritische Stimmen ließen nicht lange auf sich warten. Ernst von Lehndorff, Kammerherr am Hof in Berlin, vertrat beispielsweise die Auffassung, ein König gehöre zu seinem Volk, er müsse dieses hören und mit ihm leben.[81]

Etwas zwiespältig wirkt Friedrichs Engagement auch im rechtlichen Bereich, wenn wir dieses von der Sammlung überlieferter Rechte und der Publikation des *Allgemeinen Landrechts*, das auf Friedrich zurückgeht, jedoch erst 1794 in Kraft trat, bis hin zur Einmischung in die Rechtsprechung im Fall des Müllers Christian Arnold ziehen. Einerseits war Friedrich bestrebt, durch die Kodifikation und Sammlung überlieferter Rechte ein einheitliches Gesetzbuch und Rechtssicherheit für alle preußischen Untertanen zu schaffen. Andererseits nahm er bei dem immer wieder auf die Milde und Gerechtigkeit des Königs hin interpretierten Fall des Müllers Arnold vom Grundsatz her eine Rechtsbeugung vor. Hintergrund war eine gerichtliche Verurteilung des Müllers Arnold, weil dieser mit seinem Pachtzins im Rückstand war. Allerdings war der Grund dafür die Anlage eines Karpfenteiches durch den Landrat Freiherrn von Gersdorff oberhalb der Mühle, so dass durch diese nicht mehr ausreichend Wasser floss. Nachdem Arnold sich in einer Petition an den König gewandt hatte, nahm dieser sich der Sache an. Er ordnete die Entlastung des Müllers und die Entlassung wichtiger Beamter an und forderte Gersdorff auf, den Teich zu entfernen. Die viel zitierte Begründung des Königs lautete, dass „jedermann, er sei vornehm oder gering, reich oder arm, eine prompte Justiz administriret [werde] und einem jeglichen Dero Unterthanen, ohne Ansehen der Person und des Standes, durchgehends ein unparteiisches Recht widerfahren soll".[82] So sehr auch diese Begründung auf Ideen von der Gleichheit aller Menschen und der Nivellierung von Standesgrenzen zu weisen scheint, so bleibt doch immer ein Widerspruch, der die Rückseite der Medaille zeigt. Die Entscheidung des Königs stellte einen Eingriff in die Justiz dar, deren Unabhängigkeit der König sonst betonte und vorantrieb.

Es bleibt die Ambivalenz, die sich bei Friedrich nicht auflösen lässt. Seine Herrschaftsauffassung lässt ihn verhaftet bleiben in der ständischen Hierarchie, die sich auch in der Besetzung der militärischen Posten zeigte. Die Offiziersposten blieben unter Friedrich II. den Adeligen vorbehalten, Bürgerliche konnten lediglich in den unteren Chargen einsteigen. Friedrich II. war letztlich ein autokratischer Herrscher, der einsame und eigenständige Entscheidungen traf und diese mit seiner Verantwortung gegenüber dem Staat rechtfertigte. Er war zwar Beamter, stand jedoch außerhalb jeglicher Dienstbereiche in der Verwaltung und außerhalb jeglichen Beamtenwesens. Er diente seinem Staat, aber seine Macht gab er nicht ab und er unterlag keiner höheren Kontrolle, war also vollkommen souverän. Die „Rationalisierung der Verwaltung" ging bei Friedrich II. einher mit einer „Monopolisierung des ‚Herrschaftswissens'", wie Bruno Preisendörfer geschrieben hat. Friedrich habe alte Hierarchien nicht aufgelöst, sondern die Bedeutung des Fürsten für den Staat analog zur Bedeutung des Hauptes für den Körper gesehen, und deshalb sei es für ihn der Fürst gewesen, der den Staat repräsentierte.[83]

Begnadeter Stratege, Aggressor und Kriegstreiber

Zwei kriegerische Ereignisse waren es, die Friedrich qualifizierten, als Aggressor in die Geschichtsschreibung einzugehen – die Eroberung Schlesiens 1740 und der Überfall auf Sachsen 1756. Es ist nicht erstaunlich, dass es gerade österreichische Historiker waren, die Friedrich als listigen und verschlagenen Monarchen darstellten, der Österreich in Sicherheit wiegte, während er gleichzeitig Angriffspläne schmiedete. Und es ist darüber hinaus auch nicht erstaunlich, dass der männliche Kriegsführer der jungen, aber dennoch starken Frau, der österreichischen Erzherzogin Maria Theresia, gegenübergestellt wird. So vertritt etwa der Wiener Historiker Alfred von Arneth 1863 die Auffassung, Friedrich habe europaweit Stimmung gegen Maria

Theresia gemacht, Wien jedoch gleichzeitig Vertrauensbekundungen und Unterstützungszusagen zukommen lassen. Deshalb habe die Wiener Hofburg sich lange in Sicherheit geglaubt und die Truppenaufrüstungen Preußens in Zusammenhang mit anderen Konflikten gebracht, etwa der Jülich-Berg-Frage. Dann wurde jedoch auch in Wien klar, dass Friedrichs Ambitionen sich auf Schlesien richteten. Maria Theresia erscheint in diesen Darstellungen als zunächst gutgläubige, junge, jedoch keineswegs willenslose Monarchin. Der Historiker Onno Klopp, ebenfalls in Wien schreibend, charakterisiert sie als das „edelste Bild weiblicher Tugend, königlicher Würde und energischer Kraft des Charakters", das „groß und herrlich durch alle Zeiten leuchten wird". Sie sage von sich selbst, sie sei nur eine arme Königin, jedoch habe sie das Herz eines Königs. Ihr Herz sei standhaft geblieben, als ihre Berater schwach wurden und erschraken. Maria Theresia habe Deutschland vor dem „militärischen Despotismus" und der „Eroberungsgier des Fridericianismus" gerettet.[84] So zwei Stimmen aus Österreich, die allerdings beide bereits aus dem 19. Jahrhundert stammen.

Friedrich II. selbst hatte 1738, also zwei Jahre vor seinem Einfall in Schlesien, seine Sicht der Lage in Europa dargelegt. Ebenso wie sein Vater sich zu dieser Zeit vom Kaiserhof distanzierte und sich Frankreich zuwandte, entwickelte der Kronprinz seine Sympathien für die Großmacht im Westen. Gegen den Kaiser und das Haus Habsburg fährt Friedrich schwere Geschütze auf. Er unterstellt dem Kaiser „unerträglichen Hochmut" gegen untergeordnete Fürsten und Gleichranginge, was dazu führe, dass Deutschland bald den „Despotismus" des Kaisers und die „unumschränkte Herrschaft des Hauses Österreich" erleben werde. Das Haus Österreich wolle das Reich allmählich in eine Erbmonarchie umwandeln und die „demokratische Verfassung", die „Deutschland seit Urzeiten" gehabt hätte, zerstören, also die Kaiserwürde für das Haus Habsburg erblich machen. Denkt man Friedrichs Argumentation zu Ende, so erscheint er als jener, der Österreich einen Dämpfer versetzt und 1740 das Reich gerettet hat.

Für die französische Politik ist Friedrich dagegen voll des Lobes. Seine Worte lesen sich wie das Programm seines späteren Vorgehens. Frankreich verfolge eine überlegte Politik, die zwar einen Plan im Auge habe, jedoch alles von einer glücklichen Konstellation der „Zeitumstände" erwarte – die Eroberungen müssten sich von selbst anbieten. „Alles Absichtliche in seinen Plänen wird verhüllt und äußerlich der Anschein erweckt, als ob alle guten Dinge ihm von selbst in den Schoß fielen. Lassen wir uns jedoch durch den Schein nicht täuschen!" – Worte von Friedrich, die wie ein Widerschein jener Kritik klingen, die an seiner Politik geäußert wurde. Es sei, so der Monarch weiter, immerhin ein allgemeines Prinzip der Herrscher sich zu vergrößern, besonders wenn Ruhm auf dem Spiel stehe.[85]

Dreh- und Angelpunkt der Konflikte war die ungelöste Nachfolge im Reich. Kaiser Karl VI. stand ohne männlichen Thronfolger da und hatte versucht, die weibliche Nachfolge in den habsburgischen Ländern für seine eigentlich nicht erbberechtigte Tochter Maria Theresia vertraglich abzusichern, und zwar in der „Pragmatischen Sanktion". Für die Anerkennung dieses Vertrags musste Karl VI. jedoch in seinen eigenen Ländern und unter den Fürsten des Reichs werben. In Preußen war Friedrich Wilhelm I. Adressat, der seinerseits eine Gegenleistung verlangte – die Absicherung seiner Ansprüche auf Gebiete am Niederrhein. Letztendlich konnte Friedrich Wilhelm sich mit seinen Ansprüchen am Kaiserhof in Wien nicht durchsetzen. In zwei Verträgen, in denen er die Pragmatische Sanktion anerkannte (1726 und 1728) ließ er sich als Gegenleistung jedoch die Anwartschaft auf das Herzogtum Berg festschreiben. Als Karl VI. im Oktober 1740 starb, gab es zwar viele Verträge, doch deren Einhaltung war eine andere Sache. Die Worte des preußischen Kronprinzen, Eroberungen müssten sich wie von selbst ergeben, schienen sich dagegen zu erfüllen: Schlesien bot sich als Bühne an, auf der der neue König mit einem Paukenschlag Präsenz zeigen konnte.

Friedrich rechtfertigte seinen Überfall auf Schlesien einerseits mit alten Erbansprüchen, andererseits mit der Notwendigkeit, Preußen durch die Vergrößerung seines Territoriums eine größere innere Geschlossenheit geben zu wollen. Und drittens führte er an, mit seinem Überfall auf Schlesien sei er nur anderen Mächten zuvorgekommen, die dort ebenfalls ihre Interessen verfolgt hätten. Sachsen und Bayern hätten in den Startlöchern gestanden, denn die Regenten beider Länder waren mit Töchtern von Karl VI. verheiratet, hatten die Pragmatische Sanktion nicht anerkannt und stellten nun ihre Ansprüche. Der Kurfürst von Bayern stieß in das Machtvakuum, indem er Böhmen und Mähren besetzte und sich als Nachfolger von Karl VI. zum römisch-deutschen König wählen und zum Kaiser krönen ließ. Damit unterbrach er als Karl VII. die habsburgische Herrschaft auf dem Königs- und Kaiserthron für die Dauer von fünf Jahren. Sachsen wiederum war an Schlesien interessiert, um eine Landbrücke zu Polen herstellen zu können; die sächsischen Kurfürsten waren ja gleichzeitig Könige von Polen.

Die Eroberung Schlesiens positionierte Preußen neben Österreich als Großmacht im Reich. Preußen gewann durch Schlesien 37.400 Quadratkilometer Land und 1,5 Millionen Untertanen. Damit beherrschte Preußen 18 % des Reichsterritoriums und war flächenmäßig größer als Bayern, Sachsen, Hannover und die Kurpfalz zusammen. Österreich und Preußen besaßen innerhalb der Reichsgrenzen 338.000 Quadratkilometer an Land mit 11,5 Millionen Untertanen. Die übrigen 349.000 Quadratkilometer und die restlichen 11,6 Millionen Untertanen teilten sich auf alle anderen Reichsstände auf.[86]

Der *schwierige* Mensch

Friedrich bleibt ein Monarch, dem man sich nur unter Berücksichtigung seiner ganzen Ambivalenz nähern kann. Er ist der Mensch zwischen dem „roi connétable" und dem „roi philosophe": Der strategisch denkende und erfolgreiche Feldherr steht dem philosophisch und musisch interessierten Denker gegenüber. Heinrich von Sybel beschrieb ihn 1862 als einen „Despoten", allerdings als Despoten mit einer historischen Aufgabe, nämlich die politische Freiheit vorzubereiten.[87] Vielleicht trifft diese Charakterisierung den König nicht so schlecht.

Die frühe Biographie des Königs und die permanenten Konflikte mit seinem Vater hat die Forschung immer wieder zu Rückschlüssen auf Friedrichs Charakter und seine Politik veranlasst. Er habe als König deshalb eine Politik der Geheimnisse und des Täuschens verfolgt, weil er dies in seiner Jugend schon gegenüber seinem Vater habe praktizieren müssen. Die angebliche Homosexualität, für die es Indizien, jedoch keine eindeutigen Beweise gibt, wurde ebenfalls mit dem gestörten Verhältnis zum Vater erklärt. Interessanterweise erwähnt Friedrich II. seinen Vater in den *Denkwürdigkeiten zur Geschichte des Hauses Brandenburg* hinsichtlich seiner politischen Erfolge sehr ausführlich und positiv. Zum privaten Verhältnis findet sich lediglich ein Satz, aber mit viel Aussage. Friedrich schreibt, er habe die „häuslichen Kümmernisse dieses großen Fürsten mit Stillschweigen übergangen". Dagegen sei Friedrich Wilhelm ein arbeitsamer, sparsamer, gerechter und bedachtsamer Mann gewesen, dem die gute Verwaltung wichtig war. Seine Versprechen habe er treu gehalten, er sei „streng von Sitten" und „streng auch gegen die Sitten der anderen" gewesen. „Dem Prunk und den imposanten Äußerlichkeiten des Königtums war er feind." Sein Vater, so Friedrich, habe bis zu seinem Tod eine „bewundernswerte Seelenstärke" gehabt. „Um der Tugenden eines solchen Vaters willen" müsse man „einige Nachsicht mit den Fehlern seiner Kinder haben".[88]

Wie ein Abbild des Lebens Friedrich Wilhelms I. und wie ein Sinnbild für das Verhältnis von Vater und Sohn wirken die Einfachheit, Sparsamkeit und Enge, die im königlichen Jagdschloss Wusterhausen herrschten. Jochen Klepper schildert einen Herbsttag im Schloss, der mit seiner Stimmung die Atmosphäre noch drückender machte, in seinem 1937 erschienenen Roman *Der Vater. Roman eines Königs* sehr eindrücklich: „Nun war der große Herbst gekommen, mit unruhevoller Sonne, Sturm und Blätterfall, früher Dämmerung, abendlichem Regen und täglich wachsender Weite. Dauernd fielen Kastanien im Nebel in sanftem und gedämpftem Aufschlag ihrer blanken, braunen Holzfrucht, die ihr grünes Gehäuse zersprengte, wenn sie die Erde berührte. Letzte Vögel zwitscherten in all der Lichtlosigkeit wie fern und vergangen. [...] Wildenten schnäbelten und tauchten im klaren, tiefblauen, vom Herbstwind bewegten Teich. In einer Lichtung der fahlen, gelben Kastanien war der Himmel jetzt manchmal bleigrau, als käme ein letztes Gewitter oder schon der erste Schnee. Die Dunkelheit fiel früher aufs Land, und ihr entgegen stieg unablässig wachsend der Nebel. Die Laternen ums alte Gemäuer warfen nur sehr schwachen Schein. Und ergreifender als je im Glanz des hohen, vollen Jahres waren in dem Meer von Dunkelheit und Versunkenheit die nahen Abendglocken. Aber die im Schlosse packte Entsetzen, daß die Zeit der frühen Dämmerung nun da war, die fürchterlichen Abende zu bringen, die langen, langen Abende in quälender Enge, die ständige Begegnung erbitterter Feinde; die stetig drohende Nähe des verhaßten Schloßherrn! Der Kronprinz wollte solch stündlicher Begegnung mit dem Vater aus dem Wege gehen."[89]

Friedrich schuf also schon zu Lebzeiten aus sich selbst einen Mythos. Er tat dies vor allem als Autor, er „inszenierte sich als schreibender König".[90] Doch seine Schriften sind vor allem normative Werke, die Verhaltensweisen vorgeben sollten, und nur wenig Licht auf konkretes Regierungshandeln werfen. Somit bleiben Friedrichs Aussagen ambivalent, zwischen dem ersten Diener und dem absoluten Monarchen, zwischen dem Menschenfreund und dem Menschenverächter, zwischen dem Garanten für Frieden und dem Eroberer.

Friedrich II. brachte die Kartoffel nach Preußen

Friedrich II. brachte die Kartoffel nach Preußen und war unablässig bemüht, sein Volk in landwirtschaftlichen Belangen zu beraten, um das Land wirtschaftlich stärker zu machen. Ein Bild, das nicht nur nationalsozialistische Propagandafilme entworfen haben, in denen das vom Krieg geschwächte und um seine Ernte beraubte Volk vom König unermüdlich mit Ratschlägen versorgt wird, wie der Ertrag der Felder wieder gesteigert werden könnte. Die volkstümliche Überlieferung beschreibt ebenfalls die umfassende Fürsorge des Monarchen, dessen Ratschläge, vor allem die Kartoffel anzubauen, zum Inhalt zahlreicher Anekdoten geworden sind. Die Anekdoten, aber auch das historisierende Gemälde von Robert Warthmüller aus dem 19. Jahrhundert, das Friedrich II. zeigt, wie er die Bauern besucht und den Kartoffelanbau inspiziert, und die Kartoffeln, die auf das Grabmal Friedrichs II. in Sanssouci gelegt werden, vereinen in sich viele mythenhafte Bilder, die sich um den König und die Kartoffel ranken. Historisch nicht nachweisbar, jedoch äußerst beliebt ist die Anekdote, dass Friedrich II. die Kartoffelfelder von Soldaten bewachen ließ, um so die Kostbarkeit der neuen Frucht zu suggerieren und die skeptischen Untertanen zu überlisten. Die Soldaten sollten Diebe nicht stellen und so ging der Plan letzten Endes auf, die Kartoffel verbreitete sich.

Alle Bemühungen Friedrichs II., die Kartoffel in Preußen einzuführen, stehen im Zusammenhang mit seinen generellen Bestrebun-

gen, die Landwirtschaft zu intensivieren und neue Anbaumethoden
zu fördern. Schon wenige Jahre nach seinem Regierungsantritt erließ
der König eine Anordnung für Pommern, die als Reaktion auf den
wachsenden Getreidemangel den Anbau der Kartoffel empfahl. Die
Kartoffel könnte helfen, den Brotmangel der Bürger und Bauern zu
lindern, denn die Kartoffel wachse fast jährlich, brauche wenig Platz
und benötige nur eine „mittelmäßige Wartung". Auch der Verarbeitung der Kartoffel widmete sich eine Anordnung: Sie könne mit oder
ohne Fleisch gekocht, mit Milch oder Fett zubereitet und mit Salz ge-
gessen werden. Vor dem Kochen sollte die Kartoffel mit einem stump-
fen Besen gereinigt und hinterher die Haut abgezogen werden. Aus
der Kartoffel könne man Stärke gewinnen, aber auch Brot backen.
Während die Quellen für Pommern Erfolge im Anbau überliefern, erwiesen sich andere Provinzen als renitenter und zögerlicher. So ist
bekannt, dass der Kartoffelanbau in Schlesien nicht recht in Schwung
kam, weil man sich weigerte, die Kartoffel zu essen. Dies sei von den
Vorfahren nicht bekannt und außerdem rochen und schmeckten die
Früchte nach nichts.[91]

Brachte Friedrich II. die Kartoffel nach Preußen? Tatsächlich gab
es die Kartoffel dort schon vorher. Wir wissen, dass sie bereits 1650 im
Berliner Lustgarten kultiviert worden war. Seit 1730 wurde sie in einigen Gebieten Brandenburgs angebaut und es dürften wohl Migranten
und Reisende gewesen sein, die die Frucht mitgebracht hatten. Friedrich II. war es allerdings, der den Anbau massiv forcierte und somit
die Verbreitung steigerte. Er half, die Kartoffel auf den recht unfrucht-
baren Sandböden der Mark Brandenburg heimisch werden zu lassen,
um die Böden so urbar zu machen. Doch nicht nur der Kartoffel galt
die königliche Fürsorge, sondern auch dem Tabakanbau, der Seiden-
raupenzucht – so gab es eine Musterplantage von Maulbeerbäumen in
Oranienburg – sowie dem Hopfen- und Rübenanbau. Friedrich II.
setzte sich zudem dafür ein, den Fruchtwechsel konsequent durchzuführen, den Boden tiefer zu pflügen und mehr Futterpflanzen anzubauen.

Die Verdienste um die Landwirtschaft werden nicht dadurch ge-
schmälert, dass der Monarch sich als treusorgender Landesvater im
Kreis seiner Bauern beim Kartoffelanbau abbilden ließ und so ein

gutes Stück Öffentlichkeitsarbeit leistete. Er war damit in guter Gesellschaft beziehungsweise gern kopiertes Vorbild – nach ihm war es der Habsburger Joseph II., der sich als Monarch abbilden ließ, der den Pflug führte.

Stießen die Kartoffeln in manchen Regionen Preußens also auf einige Vorbehalte, so kursierten doch bald gute Rezepte, was man mit den Kartoffeln, zeitgenössisch auch Tartuffeln genannt, alles machen könnte. Eine frühe Enzyklopädie, das *Große vollständige Universallexicon aller Wissenschaften und Künste* von Johann Heinrich Zedler, brachte 1744 einige Ratschläge für die Zubereitung der Kartoffel: „Man pfleget sie in Wasser abzukochen, alsdenn die Haut davon abzuziehen und in Weine, oder in einer guten Fleisch- oder Hünerbrühe mit Butter, Salz, Muscatenblumen, und dergleichen nochmahls zu übersieden, oder an Rind- und Hammelfleisch zu thun, oder scheibenweise geschnitten, in Oele zu backen, oder eine Zwiebel- oder Zitronenbrühe darüber zu machen oder kalt mit Baumöle, Weineßige und weissen Pfeffer zuzurichten." Auch einen warmen „Kartoffelsalat" empfiehlt der „Zedler" und er gibt dazu folgendes Rezept weiter: „Tartuffeln mit Oel warm: Schneidet die Tartuffeln, wenn sie geputzet sind, scheibenweis; hernach thut sie auf einen Teller oder Schüssel: würtzet sie mit weissen Pfeffer, Cardamonen und Zitronenschalen ab, giesset ein wenig Fleischbrühe und Wein daran, streuet ein wenig klar geriebene Semmel darüber, setzet es auf Kohlenfeuer; schüttet drey bis vier Eßlöffel Gartzeröl dran, und drücket den Saft von zweyen Zitronen darein, so möget ihr sie anrichten."[92]

Das höfische Leben in Brandenburg-Preußen war prunklos, rational und sparsam

Die wohl am häufigsten zitierte Beurteilung des Hofes in Berlin ist die Kritik Friedrichs II. am ausschweifenden höfischen Leben seines Großvaters Friedrich I. Dieser habe „Eitelkeiten mit echter Größe" verwechselt, das „Nützliche" dem „blendenden Glanz" geopfert und in einem „verschwenderischen Prunk" gelebt. „30.000 Untertanen opferte er in den verschiedenen Kriegen des Kaisers und der Verbündeten, um sich die Königskrone zu verschaffen. Und er begehrte sie nur deshalb so heiß, weil er seinen Hang für das Zeremonienwesen befriedigen und seinen verschwenderischen Prunk durch Scheingründe rechtfertigen wollte. Er zeigte Herrscherpracht und Freigiebigkeit. Aber um welchen Preis erkaufte er sich das Vergnügen, seine geheimen Wünsche zu befriedigen!"[93]

Diese Kritik leitete viele Interpretationen, in denen der Enkel als sparsam, rational und prunklos wie eine tugendhaft-helle Leuchte vor dem Dunkel barocker Verschwendung erstrahlt. Das Zeremoniell habe er nur noch ironisch und abwertend betrachtet. Friedrich hat in einem Brief an Voltaire tatsächlich vom „eitlen Glanz frivoler und unnützer Zeremonien" gesprochen.[94] Das Bild des nach 1763 fast nur noch die Uniform seines Leibgarderegiments tragenden Monarchen, der sich abseits vom Trubel der Berliner Hauptresidenz nach Potsdam zurückzog oder sich als „roi connétable" im Krieg für das Vaterland aufopferte, scheint zu der geäußerten Ablehnung höfischen Prunks zu passen.

Doch nicht erst mit Friedrich II. beginnt einer landläufigen Meinung nach die sparsame, rationale und wenig glanzvolle Zeit des Berliner Hofes, sondern bereits Friedrich Wilhelm I. wird zugesprochen, sich vom prunkvollen Leben seines Vaters völlig abgewendet zu haben. Begründet wird diese Aussage mit dem sofortigen Stopp großer Bauvorhaben, den der König mit Herrschaftsantritt anordnete. Auch seine Liebe zum Militär und seine Ablehnung von Künsten und Wissenschaft scheinen auf wenig prunkvolle höfische Feste schließen zu lassen. Wie ein Abbild des so beschriebenen Charakters Friedrich Wilhelms I. wirkt sein wichtigstes Bauprojekt, die Garnisonstadt Potsdam – zweckdienlich, robust und sparsam finanziert, aus dem Sumpf entstanden.

Klare Klassifizierungen: Auf den prunkliebenden und verschwenderischen Friedrich I. folgte der sparsame Soldatenkönig und diesem wiederum der rationale und einfache Philosophenkönig. Doch war dies wirklich der Weg des Berliner Hofes? Oder handelt es sich um liebgewonnene Bilder, die Preußen in höfischen Angelegenheiten von anderen europäischen Höfen und deren „Blendwerk" an Zeremoniell und Repräsentation abgrenzen sollten, um preußische Tugenden ins 18. Jahrhundert zu projizieren?

Die Vermessung des Rangs

Alle Bilder, die den Hof der Hohenzollern im 18. Jahrhundert aus dem europa- und reichsweit festgefügten Netz von Verpflichtungen, Zeremoniell und Repräsentation herausnehmen, beschränken das Hofleben häufig auf ein Feuerwerk an Prunk und Inszenierung, das angeblich abgebrannt oder eben nicht abgebrannt worden sei. Doch das Hofleben war mehr als „Blendwerk". Das Zeremoniell war vielmehr ein notwendiger Ausdruck der eigenen Macht und eigenen Stellung im Gefüge frühneuzeitlicher herrschaftlicher Kommunikation als „eitler Glanz".

Der Schriftsteller Karl Ludwig von Pöllnitz überliefert eine Bege-
benheit, die sich am Hof des 1689 zum englischen König gekrönten
Wilhelms III. von Oranien-Nassau zugetragen haben soll. An seinem
Hof in Den Haag, den er als Statthalter der Niederlande führte, zeigte
er seine neue Stellung als englischer König gegenüber dem zu Besuch
weilenden brandenburgischen Kurfürsten Friedrich III., indem er ihm
lediglich einen Stuhl ohne Armlehne als Sitz anbot. Eine Armlehne als
Zeichen des Rangunterschieds, eine augenscheinlich wenig bedeutende Nuance bei einem fürstlichen Empfang – eine Nuance jedoch,
die die Bedeutung von Rang im Zeremoniell deutlich sichtbar macht.

Folgt man neueren Studien zum Zeremoniell und zum Gesandtenwesen, so wird deutlich, dass das Zeremoniell in der Frühen Neuzeit
nicht nur Schmuck, Prunk und Zurschaustellung von Status und Besitz ohne politische Bedeutung war, sondern den Rang regelte und
Hierarchien konstituierte. Schon der Staatswissenschaftlicher Julius
Bernhard von Rohr schrieb 1733 in seiner *Einleitung zur Ceremoniel-
Wissenschafft der großen Herrn*: „Die Staats-Ceremoniel-Wissenschaft
reguliret die Handlungen der grossen Herren, die sie in Ansehung ihrer selbst, ihrer Familie und ihrer Unterthanen vornehmen, und setzet
auch dem, womit sie andere Fürsten oder ihre Gesandten beehrten,
eine gewisse Ziel und Maaße."[95] Kein Monarch konnte auf ein Zeremoniell verzichten, das seinem Rang angemessen war. Es war eben
ein Ausdruck von Macht, wenn man in festlichen Einzügen voranging,
bei Tafelrunden nahe am Kaiser saß – oder eben auf einem Stuhl mit
Armlehne Platz nehmen durfte. Die europäischen Höfe führten ihre
Kriege um Macht und Vorrang nicht nur auf dem Schlachtfeld, sondern auch auf dem Parkett des Zeremoniells.

Nicht geklärte Rangfolgen konnten veritable Konflikte nach sich
ziehen. Manchmal verzichtete man offenbar auf Luxus, um solche
Konflikte zu vermeiden. 1699, so wird berichtet, saßen alle Teilneh-
mer eines Treffens von Kurfürst Friedrich III. mit dem Landgrafen von
Hessen-Kassel, dem Herzog von Braunschweig-Wolfenbüttel und dem
Herzog von Sachsen-Weißenfels-Barby in Magdeburg auf schlechten
Lehnstühlen, ohne besondere Ordnung, um einen nicht zu lösenden
Rangstreit zwischen Hessen-Kassel und Braunschweig-Wolfenbüttel
zu umgehen.

Es war mit Sicherheit nicht nur die fehlende Armlehne am Hof in Den Haag, die Kurfürst Friedrich III. bestärkt hat, die Königswürde anzustreben. Andere negative Erfahrungen kamen hinzu. Auf dem Kongress von Rijswijk 1697 beispielsweise, der den Pfälzischen Erbfolgekrieg beendete, mussten die brandenburgischen Gesandten hinter den Gesandten der Könige und des Kaisers zurücktreten. Die kurbrandenburgischen Gesandten wurden zu wichtigen Beratungen nicht hinzugezogen und ihre Forderungen fanden nur wenig Gehör. Auch bereits vollzogene Rangerhöhungen im europäischen Monarchenkreis setzten Positionslichter, die nach Brandenburg-Preußen hineinleuchteten: Wilhelm III. von Oranien wurde 1689 zum König von England gekrönt, Kurfürst Friedrich August von Sachsen erhielt 1697 die polnische Königswürde. Im Reich strebten Johann Wilhelm, Kurfürst von der Pfalz, und Max Emanuel von Bayern ebenfalls nach einer Königswürde. Ernst August von Hannover war 1692 bereits erfolgreich gewesen und hatte für Braunschweig-Lüneburg die Kurwürde erhalten. Und nach der preußischen Krönung ging 1720 auch die schwedische Krone an einen Reichsfürsten, an Friedrich von Hessen-Kassel, der mit der schwedischen Prinzessin Ulrike Eleonore verheiratet war. Diese „Welle" an Rangerhöhungen hat auch eine Rolle in den Überlegungen Kaiser Leopolds I. gespielt, die brandenburgische Krönung zu bestätigen oder abzulehnen. Ein Gutachten, das 1694 am Kaiserhof angefertigt wurde, nennt dies so: „Je mehr diese Herren an macht und ansehen zunehmen, je mehr nimbt die Kayserliche auctoritet und respect ab."[96]

Der Kampf um Ansehen und um die Vermessung des eigenen Rangs im Vergleich mit anderen europäischen Herrscherhäusern konkretisierte sich in der Frühen Neuzeit im Wettstreit um die Rangordnung. Sich hier einen möglichst guten Platz zu sichern und diesen durch ein gehöriges Maß symbolischen Kapitals abzusichern, war das Ziel. 1701 setzten die brandenburgischen Kurfürsten mit ihrer Rangerhöhung ein Zeichen. Es durfte jedoch nicht beim Zeichen bleiben, sondern der Rang musste in den folgenden Jahrzehnten gesichert, vermittelt und sollte vor allem von den anderen Monarchen anerkannt werden. Bis in die Zeit Friedrichs II. galt es, die eigene Stellung als „König" zu fixieren, denn Preußen war eben trotz aller Erfolge noch nicht gleichrangig mit Großmächten wie Frankreich, Österreich oder Großbritannien. Friedrich II. konnte das Zeremoniell zwar als „eitlen Prunk" abtun, er nahm es jedoch, wenn es um die Darstellung des Rangs ging, ganz genau. Der britische Gesandte Sir Andrew Mitchell stellte 1766 fest, man solle sich von ironischen Aussagen Friedrichs zum Zeremoniell nicht täuschen lassen, denn im Hinblick auf seine eigene Position nehme er das Zeremoniell sehr ernst. Er sei geprägt von „vanity, and a desire on every occasion to have the lead, or, at least, to seem to have it".[97]

Wichtig ist es, auf die Betonung in Friedrichs Aussage zu achten – er sprach von „verschwenderischem Prunk". Die Motive für Prunk waren also wichtig. Eine prunkvolle Inszenierung durfte nicht nur Schein sein, sondern sie musste das Sein ausdrücken und sie musste immer im Verhältnis stehen zur Bedeutung, die Militär und Verwaltung hatten. Ein deutliches Zeichen seiner Größe setzte Friedrich II. 1750 mit einem „Carrousel", das er anlässlich des Besuchs seiner Schwester Wilhelmine und deren Mannes, des Markgrafen Friedrich von Brandenburg-Bayreuth, am Hof in Berlin aufführen ließ. Es handelte sich um ein Ritterspiel, das der König nach dem Vorbild eines „Caroussels" gestaltete, das der französische König Ludwig XIV. 1662 in Paris veranstaltet hatte. Wie Ludwig XIV. ließ Friedrich das „Carrousel" öffentlich im Lustgarten aufführen. Dazu umrahmte er das Ritterspiel mit weiteren Festlichkeiten wie Theater- und Opernaufführungen, Tafeln und Feuerwerk. Die nach außen gesandte Botschaft: Friedrich II. lehnt sich an Frankreich an, stellt sich in die Tradition Ludwigs XIV. und hebt sich damit von den Reichsfürsten ab – erhöht seinen Rang also durch eine zeremonielle Inszenierung. Gleichzeitig präsentierte Friedrich preußische Macht und Schlagkraft, indem er einen starken Akzent auf die militärischen und reiterisch-ritterlichen Elemente des „Carrousels" legte.

Betrachtet man die Ausgabenseite friderizianischen Hoflebens, so bleibt auch hier von der scharfen Trennlinie, die Friedrich selbst zwischen sich und seinen Großvater zog, wenig übrig. Das Bild wird lediglich dadurch verzerrt, dass die Kassenführung Friedrichs II. äußerst unklar war und er Ausgaben vor allem für Oper und Theater auf mehrere Kassen verteilte. Unter dem Strich war er wenig sparsamer

als sein Großvater. Er feierte und repräsentierte nur auf eine etwas
andere Art und Weise. Sein Nachfolger Friedrich Wilhelm II. ordnete
die Kassen wieder und führte eine übersichtlichere Kassenführung
ein, was erst die Schulden seines Vorgängers zutage förderte. Damit
blieb der Schwarze Peter bei Friedrich Wilhelm II., was erklärt, warum ihm vorgeworfen wurde, die Ausgaben für das höfische Leben erst
einmal gesteigert zu haben.[98]

Abseits der großen Ereignisse, etwa gegenseitiger Besuche oder
allgemeiner Feierlichkeiten wie der Wahl des römisch-deutschen Königs oder der Krönung des Kaisers, war der Austausch von Gesandten
Ausdruck und Anerkennung von Rang. In Brandenburg-Preußen gehen die ersten diplomatischen Vertretungen auf den Ordensstaat und
das Herzogtum Preußen zurück. So war der Deutsche Orden beispielsweise im Vatikan vertreten. Das Gesandtenwesen Brandenburgs
expandierte dann vor allem gegen Ende des 16. Jahrhunderts; die erste Vertretung war jene am polnischen Hof, 1594 durch Kurfürst Johann Georg eingesetzt; 1604 folgte Köln und 1609 der Kaiserhof in
Wien. Der Austausch von Gesandten brachte zunächst einmal ganz
generell zum Ausdruck, dass der Kontakt zu einem anderen Hof als
wichtig angesehen wurde. Wobei der Rang des Gesandten an sich
schon Zeichen war. Entsandte man nur Agenten, Residenten oder En-
voyés, nicht jedoch Ambassadeure, so zeigte dies keine Gleichrangig-
keit. So ließ sich Frankreich noch in den 1750er-Jahren in Preußen
nicht durch Ambassadeure vertreten, weigerte sich also, Berlin den
gleichen Rang zuzusprechen wie dem Kaiser in Wien.[99]

Geschenke erhalten eine Freundschaft – und sie bilden Rang ab.
Meist waren Geschenke, die zwischen den Höfen ausgetauscht wurden, sehr landestypisch. Brandenburg-Preußen verschenkte häufig
Dinge aus Bernstein. Das berühmteste Geschenk dieser Art dürfte
wohl das Bernsteinzimmer gewesen sein. Friedrich Wilhelm I.
schenkte es 1716 dem russischen Zaren Peter dem Großen. Etwas
weniger aufwändig, jedoch keineswegs weniger prunkvoll war ein
Brettspiel aus Bernstein, das Kurfürst Friedrich III. 1700 der verwit-
weten Königin von Schweden, Hedwig Eleonora von Schleswig-Hol-
stein-Gottorf, überreichte. Der Kurfürst hatte seinen Geheimen Kam-
merherrn Ruppen beauftragt, ein entsprechendes Objekt in Danzig

aufzutreiben. Das Schachspiel trug in seiner Ausführung dem königlichen Rang der Empfängerin Rechnung. Monogramm und Wappen ergänzten das kunstvolle Stück. Doch Geschenke berücksichtigten auch die Interessen des Empfängers. So konnte man Friedrich Wilhelm I. mit „Langen Kerls" erfreuen. 1726 gab der Graf von Seckendorf dem kaiserlichen Hof eine entsprechende Empfehlung. Für unsere heutigen Vorstellungen etwas „menschlichere" Geschenke waren Utensilien zum Rauchen, etwa goldene Tabaksdosen, Pfeifenräumer und Tabakstoßer. Letztere übermittelte Kaiser Karl VI. dem preußischen König.

Aus Dänemark erhielten die brandenburgischen Herrscher regelmäßig Pferde und Falken. 1682 schenkte der brandenburgische Kurfürst der dänischen Königin eine halbe Tonne Bernstein und erhielt dafür 8 Falken. Doch auch Kunstwerke – Bilder oder Statuen – wurden gerne verschenkt. 1730 ließ Friedrich Wilhelm I. dem polnischen König, zu der Zeit in Personalunion der sächsische Kurfürst August „der Starke", eine Statue der Artemis/Diana von Ephesus aus dem Berliner Antiken-, Münz- und Medaillenkabinett zukommen.[100] Im Dresdner Zwinger sind heute noch Vasen aus chinesischem Porzellan zu sehen, die August der Starke 1717 von Friedrich Wilhelm I. erhielt. Insgesamt 151 Vasen gingen nach Dresden; der preußische König bekam dafür 600 sächsische Soldaten, die in der preußischen Armee dann ein Dragoner-Regiment bildeten.

Der Rang im Stadtbild

Zeremoniell, gegenseitige Besuche, der Austausch von Gesandten und Geschenken waren eine Art, auf die sich frühneuzeitliche Monarchen im europäischen Ranggefüge verorten konnten. Eine weitere Möglichkeit, anderen Fürsten und Gesandten die eigene Größe vor Augen zu führen, bot sich in der Ausgestaltung des Stadtbildes, durch den Bau von Residenzen oder anderen repräsentativen Gebäuden. Kein preußischer König war mit seinen Bauprogrammen besonders zurückhaltend. Für das 18. Jahrhundert sprechen Historiker gar von einer „ausgesprochenen Pluralität von Höfen" in Berlin.[101]

Friedrich III. ging schon kurz nach seinem Herrschaftsantritt im Jahr 1688 bedeutende Bauprojekte an. Das Stadtschloss in Berlin stand ebenso auf seinem Programm wie das Schloss Charlottenburg und das Zeughaus, das heute das Deutsche Historische Museum beherbergt. Mit der Planung der Friedrichstadt erreichte die Stadt neue Grenzen und konnte neue Siedler aufnehmen. Das Zentrum Berlins blieb jedoch die Residenz, wo am Schlossplatz alle Säulen territorialstaatlicher Macht vereint sein sollten: Das Militär durch einen neuen, größeren Marstall, die Religion durch den Dom und die weltliche Regierung durch das Schloss. Die neue Brücke beim Schloss, die Schlossbrücke oder Lange Brücke, sollte es in ihrer Repräsentativität mit dem Pont Neuf in Paris aufnehmen.

Es ist schon erwähnt worden, dass eine entscheidende Wende im höfischen Leben der Hohenzollern in die Zeit Friedrich Wilhelm I. gelegt wurde. Auf den ersten Blick scheint sich diese Auffassung auch zu bestätigen. Friedrich Wilhelm stoppte einige nicht vollendete Projekte seines Vaters, und er kürzte Stellen und Ausgaben am Hof. Der bedeutendste Baustopp betraf das Stadtschloss, doch auch viele Lustschlösser verkaufte oder verpachtete der neue Monarch. Die Orangerie und das Lusthaus im Lustgarten von Coelln wurden zu einem Packhof und einer Kaufmannsbörse umfunktioniert, die Akademie der Künste sowie die Sozietät der Wissenschaften aufgehoben. Doch dies scheint nur ein Paukenschlag am Beginn der Regentschaft gewesen zu sein, denn die Bauarbeiten wurden bald wieder aufgenommen. Auch für Friedrich Wilhelm I. war es keine Nebensache, wie sich die Residenz des preußischen Königs präsentierte. Er verewigte sich im Stadtbild und bewies damit, dass letztendlich kein preußischer Monarch besonders sparsam gewesen ist. Das Stadtschloss wurde weitergebaut, das Zeughaus vollendet und zahlreiche Palais geplant, die die neuen Stadtteile schmücken sollten und unter dem Einfluss französischer und österreichischer Stile einen eigenen „Berliner Barock" begründeten.

Die neuen Stadtteile der Dorotheen- und Friedrichstadt konnten bald Adelspalais vorweisen, die sich in ihrer Repräsentativität nicht verstecken mussten. Allerdings scheinen nicht alle Adeligen und Begüterten davon begeistert gewesen zu sein, sich in der als abgelegen wahrgenommenen Friedrichstadt anzusiedeln. Die Quellen überliefern, dass der Hof Listen mit den Namen von Adeligen und Reichen anfertigen ließ, von denen man erwartete, dass sie Palais bauten – einige von ihnen taten dies jedoch nur sehr ungern und erst auf königlichen Druck hin. Adelige, die baulich tätig wurden, waren beispielsweise die Brüder Kurt Christoph und Hans Bogislav von Schwerin, deren Palais Anfang der 1730er-Jahre in der Wilhelmstraße entstand. In der Gestaltung der Fassade zitierte der Baumeister Conrad Wiesend das Stadtschloss, was auch in anderen Palais der Fall war. Auf den vorspringenden dreiachsigen Risalit setzte Wiesend eine Attikabalustrade, auf der Vasen und Statuen standen – analog zum Programm der Schlossattika.[102]

Die preußischen Könige waren im 18. Jahrhundert also nicht nur Bauherren im eigenen Haus, im Schloss und den dazugehörigen Gebäuden, sondern sie wirkten auch sonst gestalterisch im Stadtbild. Immerhin befanden sich unter Friedrich II. 40 Prozent des Berliner Bodens in der Hand des Königs – Land, das genutzt werden konnte. 204 Häuser baute Friedrich II. zwischen 1769 und 1785, vor allem in der Leipziger Straße, in der Königstraße und Unter den Linden. Zum Vergleich: In Wien verfügten die Habsburger über keinen Besitz.[103]

Friedrich Wilhelm I. und sein Sohn verbanden das königliche und das bürgerliche Berlin. Sie machten höfische Plätze und Straßen sichtbarer und für die Öffentlichkeit zugänglicher. Friedrich Wilhelm I. baute die Straße Unter den Linden aus und wollte sie als für jedermann und jedefrau zugängliche Paradestraße genutzt sehen. Seinem Biographen David Faßmann zufolge stellte sich der Monarch vor, „daß alle diejenigen, so eigene Kutschen und Laquayen hätten, im Sommer, bey schönem Wetter, des Sonntags nach geendigtem Gottesdienst, damit eine Promenade in gewissen Gegenden derer Königl. Residentzien, absonderlich auf der Dorotheenstadt, unter den Linden, und auf der Friedrichstadt" machen würden.[104] Die 1647 als Verbindung zwischen Schloss und Tiergarten angelegte Lindenstraße war zunächst nur ein kurfürstlicher Privatweg gewesen, der weder wirtschaftlich noch von der Öffentlichkeit genutzt wurde. Erst nachdem Friedrich Wilhelm I. die Straße für die Öffentlichkeit freigab, führte unter anderem der Verkehr nach Hamburg hier entlang. Auch dem Lustgarten widmete sich Friedrich Wilhelm I., wobei er ihm eine militärische Nutzung verordnete. Der Monarch ließ den Lustgarten planieren, um Paraden durchführen zu können – vorher war er der königlichen Familie vorbehalten gewesen. Friedrich Wilhelm I. baute Berlin um und veränderte das Stadtbild. Es waren jedoch stets Aspekte der Nützlichkeit und der Zugänglichkeit, die ihn leiteten. Dabei stand die Präsenz des Militärs an vorderer Stelle – aus der barocken Residenz wurde eine militärisch geprägte. Die Reaktionen auf diese Veränderungen waren vielfältig. Während die fehlende Förderung von Kunst und Wissenschaft kritisch aufgenommen wurde, gab es zahlreiche Stimmen, die die neue Einfachheit und Sachlichkeit angesichts des sehr ausschweifenden Lebens Friedrichs I. begrüßten. Vor allem frühe Aufklärer wie der Gelehrte Johann Michael von Loens zeigten sich erfreut darüber, dass man auch ein „großer König" sein könne, „ohne die Majestät in dem äußerlichen Pomp und in einem langen Schweif buntfärbigter, mit Gold und Silber beschlagenen Kreaturen zu suchen". Dies sei die „hohe Schule der Ordnung und der Haushaltskunst", mit der der Monarch zum Vorbild für seine Untertanen würde: „Die Zucht macht die Leute; die preußische ist herrlich."[105]

Konzentrierte Friedrich Wilhelm I. sich in Berlin also auf das Stadtschloss und seine nähere Umgebung, so fand das Hofleben seiner Frau Sophia Dorothea in Sichtweite der Residenz, im Schloss Monbijou statt, wo die Königin ihren eigenen Hofstaat hatte. Sophia Dorothea stammte aus dem Haus Hannover, verfügte somit über verwandtschaftliche Beziehungen zur englischen Krone – ihr Vater war Georg I. von England. Das Schloss, zwischen Spree und heutiger Oranienburger Straße gelegen, gibt es nicht mehr. Es wurde im Zweiten Weltkrieg stark zerstört und in den 1950er-Jahren endgültig abgerissen.

Potsdam galt die besondere Aufmerksamkeit Friedrich Wilhelms I. – er baute die Stadt zur Garnisonstadt aus. Schon kurz nach seinem Regierungsantritt ließ er die Sümpfe trockenlegen und übernahm nach dem Vorbild Amsterdams die Bauweise, Häuser auf Holzpfählen zu errichten. Das Holländische Viertel zeugt am deutlichsten vom Einfluss des westlichen Partners. Ab 1734 gebaut, sollte es holländische Handwerker nach Preußen locken und damit Innovationen ins

Land holen, was jedoch nur ansatzweise geglückt ist. Ein Teil der Häuser wurde, nachdem weniger Holländer kamen als erhofft, an die Garnison übergeben.

Wie keine andere Residenzstadt war Potsdam militärisch geprägt. Hier verwirklichte Friedrich Wilhelm I. auch seine Idee, eine eigene kirchliche Organisation für die Garnison einzurichten. Die Garnisonkirche, die der König als Kirche für seine Soldaten errichten ließ, steht für die Verbindung von Politik, Militär und Religion und drückt dies in ihrem vom religiösen Standpunkt gesehen erst einmal gewöhnungsbedürftigen Bildprogramm aus. Auf dem Turm befanden sich als Wetterfahne neben dem königlichen Monogramm der preußische Adler, die preußische Krone sowie eine Kanonenkugel. Den Innenraum zierten militärische Elemente, wie überlebensgroße Statuen der antiken Kriegsgottheiten Mars und Bellona, sowie der brandenburgische und der preußische Adler mit den jeweiligen Herrschaftsinsignien. Die Reliefs der Statuen zeigen ebenfalls militärische Attribute: Mörserrohre, Kesselpauken, Helmbuschen mit offenen Visieren und Kanonenrohre. Dagegen fehlen biblische Darstellungen fast gänzlich. Seit 1797 spielte das Glockenspiel neben „Lobe den Herren" zur halben Stunde auch „Üb' immer Treu und Redlichkeit". Kurze Zeit später wurden die Fahnen berühmter preußischer Regimenter im Innenraum aufgestellt. Herfried Münkler hat die Garnisonkirche mit der Bundeslade des Alten Testaments verglichen, die Beistand und Hilfe für die preußischen Könige und ihre Soldaten symbolisierte.[106] Als Grablege für Friedrich Wilhelm I. und seine Nachfolger erlebte die Garnisonkirche 1806 einen magischen Moment, als Napoleon sich am Grab Friedrichs II. verneigte und sich symbolisch in dessen Erbe stellte. Während der nationalsozialistischen Epoche musste die Garnisonkirche ihre Räumlichkeiten manch vereinnahmender Inszenierung zur Verfügung stellen. 1933 ging hier beim „Tag von Potsdam" preußischer Geist auf die nationalsozialistische Führung über, und 1939 erhielt die Kirche vier neue Glocken, die Friedrich Wilhelm I., Friedrich II., Königin Luise und Paul von Hindenburg gewidmet waren.

Die Residenzen und die Residenzstadt der Hohenzollern erfuhren im 18. Jahrhundert einen stetigen Ausbau. Auch Friedrich II. hatte äußerst ambitionierte Pläne für Berlin, obwohl sein Schwerpunkt deutlich in Potsdam lag. Mit Sanssouci und dem Neuen Palais unterstrich der Monarch seine umtriebige Bautätigkeit. Für ihn stellte die Errichtung repräsentativer Bauwerke, neben seiner schriftlichen Hinterlassenschaft, ein wesentliches Mittel dar, um Macht zu demonstrieren.

Ein zentrales Bauprogramm zur Präsentation königlicher Macht und königlicher Ideen war das Forum Fridericianum in Berlin. Obwohl das Konzept nie vollständig umgesetzt wurde, ist es von der Planung und der Intention her doch äußerst aussagekräftig, um Einblicke in das Herrschafts- und Kulturverständnis des Königs zu erhalten. Das „Forum Fridericianum" war gedacht als architektonisches Zentrum Preußens, das zunächst aus dem Residenzschloss sowie aus einem Opern- und einem Ballhaus bestehen sollte. Die Pläne wurden jedoch mehrfach geändert und anstelle des Ballhauses war zwischenzeitlich auch an den Bau einer neuen Akademie der Wissenschaften gedacht. Zum letztendlich umgesetzten Programm gehörten dann die 1747 begonnene und 1773 fertig gestellte Hedwigkirche, das nach den Plänen von Knobelsdorff 1742 gebaute Opernhaus, das seit 1748 gebaute Palais des Prinzen Heinrich sowie die Königliche Bibliothek, die 1784 als Kopie des Michaelertrakts der Wiener Hofburg entstand. Warum Friedrich II. die Pläne in Berlin nicht vollständig umsetzte, ist nicht ganz klar. Es könnte sein, dass sein Engagement in Potsdam, wo er seit 1744 eine Residenz plante, eine Rolle spielte. Eventuell hat auch der morastige Boden in Spreenähe die Planungen beeinflusst. Zudem wollten einige Hauseigentümer, deren Häuser den Neubauten hätten weichen sollen, nicht verkaufen.

Das Forum Fridericianum gehörte zur „Öffentlichkeitsarbeit", an der der Monarch selbst im wahrsten Sinne des Wortes federführend beteiligt war, denn er fertigte zahlreiche Skizzen an und hatte konkrete Vorstellungen davon, wie seine Bauten aussehen sollten. Um sein Programm unter die Leute zu bringen, veröffentlichte er die Baupläne für das Forum in Zeitungen. So bezog Friedrich, wie sein Vater, die Bevölkerung bis zu einem gewissen Grad in sein Hofleben mit ein. Das Ensemble des Forums sollte sehr offen gestaltet, der Residenzplatz öffentlich zugänglich sein. Friedrich erklärte zudem nicht nur den Tiergarten zu einem öffentlichen Park, sondern öffnete auch das

Opernhaus für die Berliner Bevölkerung. Zu Karneval konnte beispielsweise jeder maskiert dorthin kommen. Die *Berliner Privilegirte
Zeitung* schrieb am 21. November 1743, dass der König selbst dem-
nächst in der Residenz eintreffen werde, um den anstehenden
„Winter=Lustbarkeiten" beizuwohnen. Die Abfolge dieser „Winter-
Lustbarkeiten" veröffentlichte die Zeitung ebenfalls: „Sonntags ist bey
Ihro Majestät, der Königin Frau Mutter, Cour; Montags Opera, Diens-
tags masquirter Ball im Opern-Hause; Mittwochs Französische Comö-
die; Donnerstags Cour bey Ihro Majestät der regierenden Königin;
Freytags Opera, und Sonnabends Assemblee und Ball in der Stadt."
Fremde und Einheimische jeglichen Standes seien eingeladen, kos-
tenlos an den „Opern, Comedien, und masquirten Bällen" teilzuneh-
men. War man dann jedoch bei den Veranstaltungen, grenzten sich
die Stände wieder ganz deutlich voneinander ab. Die *Berliner Privilegirte Zeitung* weiter: „Man hat zu dem Ende die Logen dergestalt abge-
theilet, daß die 1ste für die Dames und Cavaliers, so bey Hofe erscheinen, die 2te für den Adel, der daselbst keinen Zutritt hat, wie auch für
andere in königl. Diensten stehende Personen, die 3te für diejenigen,
so bürgerlichen Standes sind, destiniret worden." Zu den Bällen sollte
alle Adeligen, Männer wie Frauen, in „Rosenfarbenen Dominos" kommen, dem Bürgertum war es freigestellt „sich nach Gutdünken, jedoch sauber, zu masquiren". Für den Adel jedenfalls waren im Opernhaus fünf Tafeln reserviert. Stolz fügt die Zeitung hinzu: „Überhaupt
zeigen die vielen Anstalten, so durchgängig zu denen instehenden
Winter=Divertissements gemacht werden, zur Genüge, daß diesel-
ben ohnfehlbar für dieses Mahl mit grösserer Magnificence, als an ir-
gend einem andern Hofe, sollen vollbracht werden."[107]

Das Forum Fridericianum sollte nicht nur die Botschaft verbreiten,
dass hier ein großer Monarch am Werk war, der einen zentralen Platz
im europäischen Machtgefüge beanspruchte, sondern es waren auch
die Ideen wichtig, die hinter jedem Gebäude standen. Dass eine Akademie der Wissenschaften zum Ensemble des Schlossplatzes gehören
sollte, unterstreicht die Bedeutung, die Friedrich II. den Gelehrten
und den Wissenschaftlern beimaß. Die Hedwigskirche wiederum war
ein Zeichen von Friedrichs Toleranz, das sich wohl vor allem an den
schlesischen Adel richtete. Diese mehrheitlich katholischen Adeligen

mussten sich nach dem Frieden von Dresden und dem Ende des Zweiten Schlesischen Krieges nun im reformiert-lutherischen Preußen zurechtfinden. Die Namensgebung der Kirche verstärkte das Zeichen: St. Hedwig war die schlesische Landesheilige.

Der Engländer Joseph Yorkes schreibt am 31. Juli 1758: „The Town of Berlin is the most magnificent I ever saw, as well for the Breadth of the streets, their cutting each other at Right Angles, as for the Magnificence of the Buildings; this King has as much taste for Buildings as His Father, and if he lives and enjoys a long Peace, He will still embellish it considerably: the Opera house, the Roman Catholic Church, the Invalids and the Palace He has built for His Brother Prince Henry are real Monuments of His Magnificence."[108]

So offen der König seine Bauten gestaltete und so öffentlich manche Teile seines Hoflebens zu sein schienen, es gehört zu den Ambivalenzen Friedrichs II., aber auch später Friedrich Wilhelms III., dass der Kontakt mit der Öffentlichkeit an sich sehr begrenzt war. Wie bereits erwähnt, brüskierten beide Monarchen die Bevölkerung durch Abwesenheit bei repräsentativen Anlässen. Friedrich II. wählte beim Einzug 1763 nach Berlin das „Hintertörchen" und auch Friedrich Wilhelm III., der sich sehr stark im Erbe Friedrichs II. sah, weigerte sich 1798 beim Einzug in Königsberg anlässlich der Reise zur Huldigungsfeier, in einem offenen Wagen zu fahren, und kam stattdessen in einem geschlossenen. Er war zeremoniell für die Bevölkerung also nicht präsent. Der Theologe Johann Friedrich Abegg schrieb in seinem Reisetagebuch, man habe gehofft, der König würde entweder reiten oder in einem offenen Wagen fahren. Da er dies nicht tat, hätten die wenigsten ihn erkannt und „übrigens jauchzten wenige, weil man ihn nicht kannte". Die Verweigerungshaltung der beiden Könige war stets auch eine Brüskierung der einzelnen Vereine und Korporationen, die Vorbereitungen getroffen hatten, um den Monarchen beim Einzug die nötige Ehre zu erweisen.[109]

Neben dem Forum Fridericianum gab es die Via Triumphalis, die ebenfalls in der Mitte Berlins lag. Auch sie sollte königlich gesteuerte Botschaften in die Stadt hineintragen, diesmal jene Friedrich Wilhelms III. Der Sieg über Napoleon war Anlass, die Helden des Triumphs mit einer eigenen Straße zu feiern. Karl Friedrich Schinkel wird zum wesentlichen Architekten des Programms; er war seit März 1815 Geheimer Oberbaurat. Der Plan für die Via Triumphalis war anfangs ebenso umfassend wie die Pläne für das Forum Fridericianum und in ebenso reduzierter Form erfolgte die Umsetzung. Ursprünglich war der Plan, das gesamte Ensemble von einem Denkmal Friedrichs II. am westlichen Universitätsflügel über fünf Monumente, die das Kastanienwäldchen neben der Straße Unter den Linden eingrenzen sollten, bis hin zum Schlossgarten zu führen. Außer Friedrich II. sollten unter anderem Gerhard von Scharnhorst, Friedrich Wilhelm Bülow und Leopold I. von Anhalt-Dessau, der „alte Dessauer", mit Denkmälern geehrt werden.

Der erste Bau, der tatsächlich fertig gestellt wurde, war die Neue Wache, die als Wachhaus für die königliche Garde diente. Das Bildprogramm im Giebel mit der Darstellung der Victoria und die Standbilder von Scharnhorst und Bülow feierten den Sieg und die Freiheit, erinnerten aber auch an die Reformen. Die Via Triumphalis wurde dann weitergeführt zum Zeughaus, an dessen Westseite, im Kastanienwäldchen, 1816 einige in Frankreich erbeutete Kanonen aufgestellt wurden. Der Ort, so Prinz August, ein Neffe Friedrichs II., sei aufgrund der großen Öffentlichkeit ideal, denn schließlich sollten die Kanonen nicht nur eine Erinnerung sein, sondern bei ihrem Anblick sollten „die jungen Krieger, so wie die folgenden Generationen sich zu gleichen Taten und zu ähnlichen Opfern ermahnt und zur Behauptung der teuer erkauften Freiheit angefeuert fühlen".[110] Die Siegesallee zog sich weiter Richtung Schloss, wo die alte hölzerne Hundebrücke durch eine repräsentativere, von Schinkel geplante Steinbrücke ersetzt wurde. An jeder Brückenseite erinnerten Skulpturen an den „Kampf für Freyheit und Selbständigkeit", den „der König und sein Volk so glorreich bestanden" hatten – so eine Rede zur Grundsteinlegung im Mai 1822.

Berlin war schon immer eine Metropole

Während des Ersten Weltkriegs blühte das Unterhaltungsleben in Berlin. Was den Bürger und den Fronturlauber freute, ärgerte Kaiser Wilhelm II. In seinen Augen waren das bunte Treiben, die Kabaretts und die Theater angesichts der Nöte des Krieges nicht angemessen. Doch der Kaiser konnte sich mit seiner Kritik nicht durchsetzen. Er konnte lediglich sicherstellen, dass der Humor „politisch korrekt" blieb, das heißt keinen Hohenzollern traf. Der Unterhaltungskünstler Carl Braun bekam die kaiserliche Zensur zu spüren, weil er mit seiner Show, in der er Staatsmänner und Monarchen parodierte, angeblich „recht bedenkliche" Kommentare abgab. Dabei hatte Braun sich schon insofern auf die Kriegssituation eingestellt, als er auf die schauspielerische Parodie politisch wichtiger Persönlichkeiten verzichtete und diese lediglich pantomimisch darstellte. Doch auch dies bewahrte ihn nicht vor einer offiziellen Untersuchung. Nach einigen Verhandlungen kamen Behörden und Künstler schließlich zu einem Kompromiss: Das Polizeipräsidium erlaubte Braun, Personen wie Kaiser Franz Joseph, Otto von Bismarck, Ludwig II. von Bayern oder Paul von Hindenburg zu parodieren, keinesfalls jedoch Friedrich II.[111]

Dass das Leben in der Reichshauptstadt Berlin pulsierte, war eine vergleichsweise neue Entwicklung. Im Gegensatz zu Wien, Paris oder London fristete Berlin lange ein recht bescheidenes Dasein und schloss erst spät zu den anderen Metropolen auf. Noch im 16. Jahrhundert überragten Braunschweig, Magdeburg und Halberstadt die Bedeutung Berlin-Cöllns.[112] Im Altertum lebten in dem Gebiet, das heute Berlin ist, die Germanen; nach der Völkerwanderung siedelten dort die slawischen Stämme der Heveller und der Sprewanen – erstere an der mittleren Havel, letztere an der unteren Spree und der unteren Dahme. Beide Stämme betrieben vor allem Ackerbau, Viehzucht und Fischerei. Seit dem 7. Jahrhundert bauten sie fünf Burgen, die, wie im Mittelalter üblich, an günstigen Verkehrswegen lagen, auf Holzpfählen errichtet und mit Palisadenwällen geschützt waren: zwei in Spandau, eine auf dem Barnim in Blankenburg, eine in Treptow und eine in Köpenick.

Köpenick und Brandenburg waren im Mittelalter die zwei zentralen Orte. In Köpenick, dessen slawischer Name Inselort oder Ansiedlung auf einem Erdhügel bedeutet, lag die Hauptburg der Sprewanen, und in Brandenburg hatten die Heveller ihre Residenz und ihr zentrales Stammesheiligtum – hier wurde Triglaw, der dreiköpfige Gott, verehrt. Die Bedeutung Brandenburgs spiegelt sich auch darin wieder, dass Kaiser Otto der Große dort 948 einen Bischofssitz errichtete und die Stadt letztendlich namensgebend für die ganze Mark wurde. Für den Handel war die Stadt ebenfalls bedeutend, lag sie doch an der Handelsroute, die von Magdeburg bis an die Oder und nach Posen und Gnesen führte.[113]

Im 13. Jahrhundert begegnen uns dann die Urorte Berlins zum ersten Mal in den Quellen: Cölln auf der Spreeinsel 1237 und Berlin am nördlichen Spreeufer 1244. Durch den Mühlendamm, nach 1309 auch durch die „Lange Brücke", waren die Orte miteinander verbunden, wobei die gemeinsame Geschichte bald von Auseinandersetzungen, bald von Zusammenarbeit geprägt ist. Ob übrigens die volkstümliche Erklärung, der Name Berlin habe mit dem im Stadtwappen überlieferten Bären zu tun, stimmt, ist mehr als ungewiss.

Die gemeinsame Geschichte von Berlin und Cölln begann zunächst als eine recht konfliktreiche Geschichte. Obwohl sich Berlin und Cölln 1432 vereinten und alle städtischen Angelegenheiten von einem gemeinsamen Rat entscheiden ließen, verstrichen die folgenden Jahrzehnte nicht ohne Auseinandersetzungen. Fragen der Verfassung standen im Mittelpunkt, doch auch das innerstädtische Machtgefüge sorgte immer wieder für Streit. Im frühen 15. Jahrhundert lieferten

sich der Bürgermeister und der Stadtrat einen Kampf mit den Vier-
werken, zu denen die Bäcker, Tuchmacher, Fleischer und Schuhma-
cher als angesehenste Gewerke gehörten, und der „gantzen gemeyne".
Ein Machtkonflikt, den der Markgraf von Brandenburg, bei dem der
Aufstieg der Städte Berlin und Cölln nicht unbedingt auf Zustimmung
stieß, für sich nutzen konnte. In einem Vertrag erlegte er den Bürgern
1442 auf, einzelne Freiheiten wie die hohe Gerichtsbarkeit, also die
Entscheidung über Tod und Leben, abzugeben. Auch in ihren ökono-
mischen Rechten büßten die Bürger bedeutend ein. So mussten Berlin
und Cölln auf das Stapelrecht, eine wichtige Einnahmequelle, verzichten, und das gemeinsame Rathaus auf der Langen Brücke dem
Markgrafen übergeben. Das Stapelrecht verlangte, dass durch die
Stadt ziehende Kaufleute ihre Waren eine bestimmte Zeit lang anbieten mussten. Die dafür fälligen Gebühren gingen in die städtische
Kasse.

Die Bedeutung der Residenz

Von seinen Anfängen bis zu seinem Wiederaufbau sorgte das Berliner
Stadtschloss für erbitterte Auseinandersetzungen. Am Anfang stand
der Boykott der Bürger, am Ende der Boykott der Politik. Die Berliner
Residenz der mittelalterlichen Askanier lag zunächst im Hohen Haus,
in der heutigen Klosterstraße, einer der ältesten Straßen Berlins. Es
handelte sich jedoch eher um eine Verwaltungsstelle, die eine Kanzlei
und den Marstall umfasste, als um eine Burg. Der Vertrag von 1442
kostete die Berlin-Cöllner Bürger nicht nur zahlreiche Freiheiten, sondern sie wurden darin auch verpflichtet, dem Landesfürsten Bau-
grund zwischen der Stadtmauer und dem Dominikanerkloster zu
überlassen – der Anfang der neuen Residenz. Schon im nächsten Jahr
begann man auf der Insel Cölln, an der Langen Brücke über die Spree,
mit den Bauarbeiten für die Residenz, die 1451 bezogen wurde. Doch
die vertraglich festgelegte Abtretung des Gebietes im nördlichen Bereich der heutigen Spreeinsel ging nicht ohne Proteste vor sich. Mar-
kantester Widerstand war der sogenannte „Berliner Unwillen" der
späten 1440er-Jahre. Erboste Bürger, die gegen den Neubau des

Schlosses protestierten, fluteten das Baugelände, nahmen Amtsträger des Markgrafen gefangen, untersagten den Beamten generell das Betreten der Stadt und vernichteten Dokumente der kurfürstlichen Kanzlei. Denn gerade mit dem Bau der Residenz hatten die Markgrafen ein deutliches Zeichen gesetzt, um ihre Macht in Berlin-Cölln auszudehnen und in diesem Sinne war es von den Bürgern offenkundig auch verstanden worden. Letztendlich half aller Widerstand jedoch nichts – die Bürger mussten sich erneut geschlagen geben und ihre Anführer wurden zu Strafen verurteilt.

Der weitere Ausbau der Residenz verlief dann friedlicher. Im späten 15. Jahrhundert, nachdem Kurfürst Johann Cicero Berlin zur Hauptresidenz der brandenburgischen Markgrafen und Kurfürsten erklärt hatte, begannen die Arbeiten zu einem stärker auf Repräsentation angelegten Schloss. Bis zum 16. Jahrhundert wurde die alte Residenz im Renaissancestil umgebaut und stetig erweitert. Erst im späten 17. Jahrhundert, als die aufstrebenden Hohenzollern an ihr „Projekt Rangerhöhung" gingen, erhielt das Schloss durch den Architekten Andreas Schlüter einen Schub an repräsentativer Ausdrucksstärke. Der Aus- und Umbau der Residenz steht somit auch in einem umfassenderen Sinne für den Aufstieg Brandenburg-Preußens.

Das Schloss entfaltete seine Wirkung auch auf die Stadt. Der Schlossplatz beispielsweise war zu einem wichtigen Ort des städtischen Lebens geworden, auf dem sich allmählich Händler angesiedelt hatten. Die schon im Mittelalter vorhandenen Marktplätze, der Cöllner Marktplatz (der spätere Fischmarkt) und die Berliner Märkte – der Alte Markt (später Molkenmarkt) und der Neue Markt an der Marienkirche – lagen abseits des Schlosses. Auch die Haupthandelsroute durch Berlin, der spätere Mühlendamm, dessen Brücke die Städte Berlin und Cölln verbunden hatte, führte nicht direkt am Schloss vorbei.

Am Schlossplatz, der im 16. Jahrhundert noch Stechbahn genannt wurde und als Turnierplatz diente, siedelten sich verschiedenste Gewerbe an, unter anderem Buch- und Glashändler. Per kurfürstlichem Privileg durften Hans Werner (1594) und die Gebrüder Hans und Samuel Kalle (1614) ihre Buchläden eröffnen. Bei Johann Kalle erschien 1615 ein wichtiges konfessionspolitisches Buch, das Glaubensbekenntnis des zum Calvinismus konvertierten Kurfürsten Johann Sigismund, das *Chur-Brandenburg Reformation-Werck*. Im Verlauf des 17. Jahrhunderts folgten weitere Buden – unter anderem ein Geschäft des kurfürstlichen Leibschneiders, Friedrich Hamrath, der einen „Krahm-Laden" errichtete. 1689 schließlich entstanden an der Westseite der Stechbahn, vor dem Dom, neue Arkaden, die den Geschäften feste Plätze zur Verfügung stellten und dem Schlossplatz nun eine neue soziale Dimension gaben. Die Nachfrage der Hofgesellschaft regelte zunehmend das Angebot: Es siedelten sich Strumpf- und Handschuhmacher an, die aus Frankreich stammende Luxusprodukte verkauften – aber auch ein Konditor und ein „Choquelladier" lassen sich nachweisen.[114] So erlebte der Schlossplatz seine Transformation vom Turnierplatz zum Handelsplatz, der den Schlossbezirk zur Stadt hin öffnete. Mit dem Umbau des Schlosses unter Friedrich III. verlor die Stechbahn dann jedoch ihre wirtschaftliche Bedeutung; die Geschäfte wurden umgesiedelt und der Platz nahm die Stallungen und den Marstall auf. Die kurfürstliche, dann königliche Repräsentation bestimmte nun seine Funktion.

Ein zweiter Ort in Berlin erfuhr einen ebenso interessanten, wenn auch zeitlich späteren Wandel, die Neue Wache Unter den Linden. Sie wurde 1818 zunächst als Haupt- und Königswache für die Wachregimenter gebaut, diente aber auch dem Gedenken an die Gefallenen der Napoleonischen Kriege. Die Wach- und Arreststuben im Inneren des Gebäudes weisen auf seine ganz praktische, für die Betroffenen wenig komfortabel ausgerichtete Nutzung hin. Mit dem Ende der Monarchie endete auch die monarchische Geschichte der Neuen Wache. Der Architekt Heinrich Tessenow gestaltete das Gebäude 1930 zum Ehrenmal für die Gefallenen des Ersten Weltkriegs um. In der nationalsozialistischen Zeit fand an der Neuen Wache jedes Jahr der Heldengedenktag statt, an dem der Toten gedacht wurde und Hitler die Parade der Wehrmacht abnahm. 1960 errichtete die DDR dann ihr Mahnmal für die Opfer des Faschismus und Militarismus, während die wiedervereinigte Bundesrepublik die Neue Wache schließlich zur zentralen Gedenkstätte für die Opfer von Krieg und Gewaltherrschaft erklärte. Den von der DDR-Führung 1969 in der Neuen Wache installierten Glaswürfel mit einer ewigen Flamme ersetzte Helmut Kohl 1993 durch die Plastik „Mutter mit totem Sohn" von Käthe Kollwitz. Über die Aufstellung der Plastik gab es heiße Diskussionen, unter anderem wurde vorgebracht, die Pieta stehe zu sehr in der christlichen Tradition und vernachlässige ermordete Juden und andere Nicht-Christen.

Die Aufholjagd zur Metropole – Bilder einer Stadt

Die Residenz begleitete also den Aufstieg Berlins. Doch bis Berlin seinem Beinamen „Spree-Athen" auch wirklich gerecht wurde, war es ein weiter Weg. Der Name geht zurück auf den Dichter Erdmann Wircker, der Berlin 1706 in seinem sehr ambitionierten Vergleich auf eine Stufe mit antiken Vorbildern stellte, um die kulturellen Leistungen Friedrichs I. zu feiern. In der Mitte des 17. Jahrhunderts hatte der Dreißigjährige Krieg noch einmal eine starke Zerstörung gebracht; die Einwohnerzahl dürfte zu dieser Zeit um die 6.000 betragen haben. Wie rasch man vom Zentrum um das Schloss „im Grünen" war, wird daran deutlich, dass das 1699 fertiggestellte, als Sommerresidenz geplante und beim Dorf Litze gelegene Schloss Charlottenburg ein Ausflugsziel war und erst nach einer Fahrt durch Gärten, Wiesen und Felder erreicht wurde. Berlin hatte Platz, und die Gebiete rund um das Zentrum waren lange nicht von Enge, sondern von Grün und Weitläufigkeit geprägt.

Unter Kurfürst Friedrich Wilhelm begann die planmäßige Erweiterung des Zentrums, die Berlin an Bedeutung gewinnen ließ, aber auch die Repräsentativität steigerte. So fand beispielsweise die Erbhuldigung der märkischen Stände 1643 nicht mehr in Brandenburg, sondern in Berlin-Cölln statt. Der Monarch holte Innovationen in die Stadt, unter anderem durch die Verpflichtung niederländischer Ingenieure und Architekten. Jede Stadterweiterung im Zentrum verweist über den Namen des neu angelegten Stadtteils auf den jeweiligen Kurfürsten. Friedrichswerder entstand 1658 unter Kurfürst Friedrich Wilhelm, der im Westen der Residenz dafür Sümpfe trockenlegen ließ, und ab 1674 wurde die Dorotheenstadt geplant; namensgebend war Kurfürst Friedrich Wilhelms zweite Frau, Dorothea Sophie von Schles-

wig-Holstein-Sonderburg-Glücksburg. 1689 entstand die Friedrichstadt, die 1732 noch einmal erweitert wurde. Um das Zentrum grup-
pierten sich die Vorstädte. Im Norden entstanden die Spandauer und
die Georgen-Vorstadt, im Osten die Stralauer Vorstadt und im Süden
folgten die Köpenicker und die Leipziger Vorstadt. Dabei waren Doro-
theen- und Friedrichstadt planmäßig angelegte Stadtteile, was sich
auch im Straßenbild, einem rechtwinkligen Raster, zeigt.

Per Erlass vom 18. Januar 1709 schloss Friedrich I. die Städte Berlin und Cölln mit den Erweiterungen Friedrichstadt, Friedrichswerder
und Dorotheenstadt zusammen; mit Wirkung von 1. Januar 1710 galt
der Name „Königliche Haupt- und Residenzstadt Berlin". Der alte Fes-
tungsring um die Stadt wurde ab 1736 durch eine 17 km lange „Akzisemauer" ersetzt, die als Zollgrenze diente. Ihr Name weist auf die
Akzise hin, eine wichtige Steuer der Frühen Neuzeit, die als direkte
Steuer an den Stadttoren auf Verbrauchsgüter erhoben wurde. In der
Hannoverschen Straße sieht man heute noch einen Teil der Akzisemauer und auch auf Mittelstreifen der heutigen Stresemannstraße
steht am historischen Platz ein Stück in den 1980er-Jahren nachge-
baute Akzisemauer.

Folgt man Schilderungen von Reiseschriftstellern und Gesandten,
so scheint Berlin bis ins 18. Jahrhundert von Soldaten und von der
Garnison geprägt gewesen zu sein. Erst der Aufstieg des Bürgertums
brachte der Stadt um 1800 einen deutlichen Imagewandel; Salons
und Lesegesellschaften förderten eine intellektuelle und kulturell rege Atmosphäre. Der Berliner Bär emanzipierte sich allmählich vom
preußischen Adler.[115] Eine städtische Kultur wuchs, die nicht mehr
nur vom Hof geprägt war, sondern dezidiert „berlinerisch" wurde.

Die Veränderungen vollzogen sich im späten 18. Jahrhundert
recht zügig, was sich auch an der Einwohnerzahl ablesen lässt. Berlin
wuchs von ungefähr 6.000 Einwohnern zur Mitte des 17. Jahrhunderts auf bis zu 175.000 Einwohner um 1800. Zunächst waren es die
Immigranten, besonders die Hugenotten, die Bevölkerungswachstum
brachten. Sie waren Nutznießer der religiösen Toleranz, die stets im
Zusammenhang mit Berlin erwähnt wird. Nicht nur die Aufnahme
von Glaubensflüchtlingen an sich war ein Ausdruck der Toleranz, sondern auch die Erlaubnis, dass die verschiedenen Glaubensrichtungen

an zentralen und prominenten Orten Kirchen bauen durften. Der Französische Dom der Hugenotten, die Hedwigskathedrale der Katholiken und die Bethlehemskirche der Böhmischen Brüder liegen in Berlin ja nicht unbedingt an unscheinbaren und versteckten Orten, sondern mitten in der Stadt.

Die große Stadt mit ihrem schnellen und anonymen Leben, dem lauten und hektischen Verkehr und dem Menschengewimmel – ein Bild, das sich in vielen Berichten von Reiseschriftstellern findet. Auch Berlin wird um 1800 so beschrieben. Doch es war lange ein ganz natürlicher Rohstoff, der für Berlin zu stehen schien wie nichts anderes, der Sand der Mark Brandenburg. Berlin, die Stadt, die sich aus dem Sand der Mark Brandenburg emporgehoben hat. Und der Sand schien in der Stadt allgegenwärtig; bei Wind verwandelte er die Straßen in Staub- und bei Regen in Schlammwüsten. Allen Kritikern des großstädtischen Lebens, die hinter jedem Haus die Unmoral vermuteten, bot diese natürliche „Plage" die Gelegenheit, Staub und Schlamm auf die Sitten in der Stadt zu übertragen. Ebenso schmutzig wie die Straßen sei die Moral in der aufstrebenden Großstadt. Die Hektik und der als rasant wahrgenommene Aufstieg sorgten ebenfalls für Vergleiche. Von österreichischer Seite gab es die Zuschreibung, Berlin sei von Friedrich II. genauso hektisch und provisorisch konstruiert worden wie der Staat Preußen an sich. Andere Beobachter wiederum meinten, der zu rasche Aufstieg könnte dazu führen, dass zu einfach gebaut würde und die ersten Häuser bald wieder baufällig wären. Das Bevölkerungswachstum gab ebenfalls Anlass zu Warnungen. Wenn zu viele Menschen in einer kurzen Zeit integriert würden, könnte die „Originalität des Nationalcharakters" leiden und ein Leben ohne Grundsätze und Basis, ohne Moral, nach sich ziehen, so der aufgeklärte Pädagoge Friedrich Gedike in den 1780er-Jahren. Positive Auswirkungen sah dagegen der Mediziner Christoph Wilhelm von Hufeland in der Art und Weise, wie die Stadt angelegt war. Der räumlichen Großzügigkeit der Berliner Neustädte und der Breite der Straßen schrieb er eine besonders gute Luft zu; sie sei unverbraucht und die Stadt könne wesentlich besser sauber gehalten werden.[116]

Dies war die gute Berliner Luft des späten 18. Jahrhunderts, die nur wenig gemein hatte mit der Berliner Luft, die Paul Lincke 1904 in seinem Lied besang. Zum Ende des 19. Jahrhunderts hatte sich Berlin zur Metropole entwickelt, die sowohl Arbeiter als auch Intellektuelle und Künstler anzog. Das freie Lebensgefühl und das scheinbar grenzenlose Amüsement, das die Berliner Luft bei Paul Lincke bestimmte, war die eine Seite der Stadt. Die andere zeigte Spuren von Industrialisierung und Unfreiheit. Entlang der Berliner Ringbahn waren Arbeitersiedlungen entstanden, die zwar Wohnungen, nicht jedoch Wohnqualität brachten. Wie Arbeiter nicht nur untergebracht werden, sondern auch wohnen sollten, war am Beginn des Booms keiner Diskussion wert. Erst Anfang des 20. Jahrhunderts entstand in Alt-Glienicke die „Preußensiedlung", die nach dem Vorbild englischer Gartensiedlungen Arbeitern ein besseres Wohnen ermöglichen sollte. Die Siedlung wurde 2010 umfassend saniert und gibt heute immer noch Einblick in die Wohnexperimente des frühen sozialen Wohnungsbaus.

Bis in die Weimarer Republik und die NS-Zeit blieb Berlin die pulsierende Hauptstadt. Im kulturellen Bereich zeigte sich die Stadt als experimentierfreudig und offen. 1895 beispielsweise fand die erste Filmvorführung vor Publikum im Varieté Wintergarten im „Centralhotel" an der Friedrichstraße statt. Die Gebrüder Skladanowsky zeigten mit ihrem per Kurbeltechnik betriebenen Projektor „Bioskop" bewegte Bilder beziehungsweise aus mehreren Bildern zusammengeschnittene und auf zwei Spuren laufende Kurzfilme. Ab 1907 entstanden dann erste Lichtspielhäuser, in denen technisch wesentlich bessere Stummfilme mit Live-Orchesterbegleitung gezeigt wurden. Eine Frühform der visuellen Unterhaltung konnte Berlin bereits seit Mitte der 1820er-Jahre aufbieten. In der Georgenstraße befand sich das erste fest installierte Diorama. Es handelte sich um ein riesiges Rundpanorama, das durch wechselnde Beleuchtungen nicht nur unterschiedliche Tagesstimmungen produzieren konnte, sondern auch einen plastischen Eindruck des gezeigten Bildes vermittelte. Der Besucher stand in der Mitte und ließ sich hineinnehmen in das Leben verschiedener Städte und Orte; vor allem wurden Szenen aus Berlin gezeigt, aber auch aus der ganzen Welt, so dass sich Berlin als modern und interessiert an der Welt präsentieren konnte.

Dass das Leben auch während des Ersten Weltkriegs blühte, und welche Folgen dies hatte, ist am Beispiel des Unterhaltungskünstlers

Carl Braun bereits deutlich geworden. Der Unmut Kaiser Wilhelms II. traf vor allem den Berliner Bürgermeister Wermuth, den er aufforderte, das „unpassende Treiben in Cafés und auf dem Kurfürstendamm und Umgegend" einzuschränken. Angesichts der vielen Verwundeten, Witwen und Waisen sei das nächtliche Leben in den Varietés, den Theatern und in den Singspielhallen zu bunt – der Krieg sei eine „Prüfung Gottes" und müsste mit „sittlichem Ernst und demütig" ertragen werden. Das Nachtleben blieb in den Kriegsjahren jedoch lebendig und es kamen viele Fronturlauber, die sich in Berlin vergnügten und versuchten, den Einsatz im Feld hinter sich zu lassen.[117]

Die Berliner verstanden es sogar, aus dem Vergnügen Propaganda zu machen. Man verkaufte das bunte Treiben und den Humor während der Kriegsjahre einfach als patriotisch, gesund und kriegsunterstützend und die Reaktionen in der ausländischen Presse zeigen, dass die Botschaft aufgenommen wurde. Kurzfristige Einschränkungen im vergnüglichen Treiben interpretierte diese sogar als Zeichen der Schwäche und des Ausnahmezustands. Die propagandistische Umdeutung des Vergnügens erwies sich zudem als Katalysator, um den Berliner an sich und seinen Humor zu definieren. Die „Berliner Schnauze", eigentlich verbunden mit Respektlosigkeit, Kritiklust und Schnoddrigkeit, wurde nun zum Ausdruck von Durchhaltewillen.[118] Der dem Berliner zugeschriebene Witz sollte die Soldaten im Feld motivieren. Die *Berliner Witzparade*, ein kleinformatiges Büchlein, das die Soldaten im Marschgepäck mitnehmen konnten, verbreitete typische Berliner Witze, half jedoch mit seiner Kategorisierung auch, den „typischen Berliner" zu konstruieren.

Es war ein längerer Prozess, aus der Stadt der Einwanderer ein „gemeinsames Berlin" zu formen und den Berlinern einen gemeinsamen Charakter zuzuschreiben. Die ersten zwei Jahrzehnte des 20. Jahrhunderts lieferten dem entscheidenden Vorschub. Schon um die Jahrhundertwende versuchte der Schriftsteller und Journalist Hans Ostwald, ein eigenes „Berlinertum" zu beschreiben. Über Humor und den „Berliner Witz" sollten die Charaktereigenschaften *des* Berliners und seine Volkskultur herausgefiltert werden. 1927 fand das Bild des Berliners in Ostwalds Buch *Der Urberliner* seine Popularisierung und der „Charakter des Berliners" wurde zum Klischeebild, wie es sich bis heute erhalten hat. *Der* Berliner war sehr derb, teilweise aggressiv, schnoddrig und schlagfertig im Wort, was eben als „Berliner Schnauze" sprichwörtlich wurde. Das „Großmaul" neigte zu Respektlosigkeit und kritisierte seine Umgebung gerne. Der Idealtypus des Berliners war für Hans Ostwald der Droschkenkutscher von der Friedrichstraße; das weibliche Pendant war die Hökerin aus der Markthalle.[119]

Der Droschkenkutscher und die Hökerin stehen beispielhaft dafür, wie aus den kleinen Orten Berlin und Cölln, die auf dem Sand der Mark Brandenburg erbaut wurden, eine Metropole entstand, die ihre Bewohner formte und von diesen auch geformt wurde. Seinen bedeutendsten Schub an territorialer Ausdehnung erlebte Berlin 1920, als viele umliegende Städte und Kreise eingemeindet wurden. Das Groß-Berlin-Gesetz machte Lichtenberg, Schöneberg, Wilmersdorf, Charlottenburg, Neukölln, Spandau sowie Köpenick und 59 umliegende Landgemeinden und 27 Gutsbezirke zu „Berlin".

Preußische Untertanen waren gehorsam, diensteifrig und treu ... bis in den Tod

Treue bis in den Tod – doch warum und wofür? Aus Kadavergehorsam in den Tod getrieben, aus blindem Gehorsam einem Führer folgend oder im Widerstand sich aufopfernd, seinem Gewissen folgend für eine Idee zu sterben, um andere zu befreien – ein breites Spektrum, das die „Treue bis in den Tod" eröffnen kann. „Meine Ehre heißt Treue" – mit diesem Spruch verpflichtete die SS ihre Mitglieder und koppelte Treue an das hohe Gut der Ehre. Deutschland würde in „Nibelungentreue" zu Österreich-Ungarn stehen, darauf verwies Reichskanzler Bernhard von Bülow 1909, als der südliche Nachbar wegen der Annexion Bosnien-Herzegowinas in Europa unter Druck geriet.

Ehre, Treue und Gehorsam gehen in der Geschichte Preußens immer wieder eine Verflechtung ein, die bisweilen nicht leicht zu lösen ist und zu fatalen Vereinnahmungen führen konnte. Gerade der Ehrbegriff, der so häufig als Legitimation für das Handeln herhalten muss, erweist sich als äußerst vielschichtig und ideologisch instrumentalisierbar. Über den Hauptmann von Köpenick, der die Disziplin, den Gehorsam und den nichts hinterfragenden Respekt preußischer Untertanen vor Uniformen ausnutzte, um seinen Schabernack mit Beamten, Soldaten und einfachen Bürgern zu treiben, lacht man. Über den Gehorsam, der im entscheidenden Moment keinen Widerstand leistet, regt sich Entrüstung. Ist gerade ein preußischer Untertan prädestiniert, blinden Gehorsam zu leisten oder wäre es nicht gerade preußisch, seinem Gewissen zu folgen und einer unrechten Herrschaft Widerstand leisten?

Es ist weniger die preußische Geschichte an sich, die diese Frage stellen lässt, sondern eher die Verengung der deutschen Geschichte auf die Jahre 1933–45. Ohne diese Jahre hätte jene Frage nicht die Brisanz bekommen, die sie heute hat. Eine Antwort auf die Frage nach dem Verhältnis von Gehorsam, Widerstand und preußischem Untertanengeist ist nicht leicht, doch sie richtet den Blick besonders auf die preußischen Untertanen. Die Vielfalt der brandenburgisch-preußischen Gesellschaft über die Jahrhunderte zeigt, wie wenig stereotyp der „preußische Untertan" war und welch unterschiedlichen Interessen die Männer und Frauen der „preußischen Lande" verpflichtet waren.

Diese Vielfalt reichte von den Bauern in Ostelbien, die von ihren Gutsherrn abhängig waren, bis hin zu den Bürgern der mit vielen Privilegien ausgestatteten Stadt Danzig. Die wirtschaftlich erfolgreichen Seidenproduzenten im rheinischen Krefeld standen neben neu angesiedelten Kolonisten im urbar gemachten Oderbruch, die Fischer in Vorpommern neben der Marktfrau in Stettin. Die breite Basis der preußischen Untertanen bildeten die Unterschichten, die vor allem im ländlichen Bereich im Verlauf des 18. Jahrhunderts enorm wuchsen. Unterbäuerliche Schichten, die über kein eigenes Land verfügten und sich als Tagelöhner oder Dienstmägde verdingen mussten, hatten ihr Brot hart zu verdienen und unterlagen in vielen Lebenssituationen einschränkenden obrigkeitlichen Regelungen. Fahrende oder Vaganten ohne feste Bleibe waren auf den Straßen vertreten. Im 19. Jahrhundert mussten die Städte dann mit einer Masse an Zuwanderern zurechtkommen, die sich vom industriellen Aufbruch des 19. Jahrhunderts Chancen erhofft hatten, jedoch im neuen sozialen Elend der Stadt landeten. Als „Preußen" dürften sich die meisten von ihnen wohl erst seit dem frühen 19. Jahrhundert gefühlt haben, vorher hätten sie ihre regionale Herkunft als Identität angegeben.

Von der festen Fügung der Gesellschaft

Bilder vom Untertanen lieferte im 18. Jahrhundert Daniel Chodowiecki. Er porträtiert in seinen kleinformatigen Kupferstichen und Radierungen, die in Kalendern und „Taschenbüchern" erschienen, vor allem das aufstrebende Bürgertum. Allerdings gab Chodowiecki nicht nur bürgerliche Welt wieder, sondern er gab auch bürgerliche Werte vor, denn jede Darstellung der idealen bürgerlichen Familie hatte ihre normierende Nebenwirkung. Beispielhaft seien die Bilder „Geschmack" und „Geschmacklosigkeit" genannt. „Geschmack" hatte ein dezent gekleidetes und zurückhaltend wirkendes Paar, das moderate Perücken trägt und gelassen unter einem Baum, in einem etwas verwilderten, vermutlich bewusst verwildert gelassenen Garten steht. „Geschmacklosigkeit" dagegen bewies ein übertrieben und aufgekratzt erscheinendes Paar. Die Frau trägt einen stark hochgerafften, vermutlich mit zahlreichen Unterröcken oder einem Hüftpolster verbreiterten Rock, der Garten ist akkurat gestaltet, die Bäume exakt nebeneinander gesetzt.[120]

Chodowieckis steht mit seinen Darstellungen an einem Wendepunkt der Gesellschaft. Bis ins 18. Jahrhundert war diese sehr ländlich geprägt, erst dann nahm der Einfluss des Bürgertums zu. Insbesondere die gezielte Wirtschaftsförderung Friedrich Wilhelms I. hatte eine breitere Bürgerschicht entstehen lassen; die Städte gewannen an Bedeutung. Vorher hatten drei von vier Untertanen auf dem Land gelebt. Die ländliche Gesellschaft Preußens wird meist mit der ostelbischen Gutsherrschaft gleichgesetzt, die als besonders rigoros, streng und freiheitsberaubend gilt. Tatsächlich gehörte östlich der Elbe die Hälfte des Landes dem Adel, während der Rest als Königliche Domänen in den Händen der Hohenzollern lag beziehungsweise von freien Bauern bewohnt wurde. Als ländliche Oberschicht machten die Gutsherren jedoch nur einen geringen Prozentsatz der ländlichen Bevölkerung aus, auf die gesamten brandenburgisch-preußischen Gebiete bezogen stellte der Adel 1 % der Bevölkerung.[121]

Die rechtliche Situation der Bauern gestaltete sich in Brandenburg-Preußen sehr unterschiedlich. Es gab Vollbauern oder „Hufenbauern", die über Grundbesitz verfügten und zudem eine festgelegte

Arbeitsleistung auf den Feldern des Gutsherrn erbringen mussten. Je weiter man nach Osten kam, umso intensiver wurde die Form der Untertänigkeit, bis hin zur Leibeigenschaft. Die unterbäuerliche Schicht bildeten die Kossäten, die nicht über Grund und Boden verfügten, sondern lediglich auf dem Gutshof wohnten und arbeiteten, sowie Bauern, die kleinere handwerkliche Tätigkeiten ausübten, und Besitzlose, die sich bei der Herrschaft verdingten. Die Bauern waren an die Scholle gebunden, das heißt sie durften nicht reisen. „Stadtluft macht frei" – dies war das mittelalterliche Gegenstück zur Schollenbindung. Leibeigene, die in die Stadt flüchteten, erhielten „nach Jahr und Tag" Freiheit und konnten Stadtbewohner, jedoch nicht Bürger, werden.

Die von den Bauern zu erfüllenden Guts- oder Frondienste umfassten in Brandenburg zwei bis drei Tage pro Woche, im Herzogtum Preußen einen Tag bis fünf Tage pro Woche. Zu den Diensten gehörten Spann- und Handdienste, also der Einsatz von Zugtieren und die Arbeit mit den eigenen Händen. Zudem gab es den Gesindezwangsdienst, der den Bauern auferlegte, ihre Kinder ebenfalls für den Gutsherrn arbeiten zu lassen. Für die Gutsherrschaft Stavenow in der Prignitz ist bekannt, dass 42 Vollbauern und 23 Kossäten sowie weitere Angestellte für Feld und Tiere, aber auch Tagelöhner zur Herrschaft gehörten. Die Angestellten erhielten freie Kost und Logis, wurden also in Naturalien bezahlt und durften einen eigenen Garten anlegen und eigene Tiere halten.[122]

Im Gegensatz zum harten Leben der ärmeren Bauern verfügten die Grundherren über zahlreiche Privilegien, die häufig noch aus der Zeit der Ostwanderung stammten, als die mitgezogenen Adeligen von den Fürsten belohnt werden mussten. Es war also ein Geschäft auf Gegenseitigkeit – die Landesfürsten stützten sich auf die Adeligen als loyale Klientel und vergaben im Gegenzug Privilegien. Der Adel, der generell keine Steuern und Zölle zahlen musste, hatte das Recht, von den Bauern Geldrenten und Dienste zu fordern, die Gerichtsbarkeit über seine untertänigen Bauern selbst auszuüben und diese in „Leibeigenschaft" wohnen zu lassen. Die Gutsherren waren auch insofern Regenten mit politisch-sozialen Gestaltungsmöglichkeiten, als sie in „Policeyordnungen" normative Regeln für ihren Gutsbezirk festlegen konnten. Das Geschäft auf Gegenseitigkeit funktionierte noch in der

Frühen Neuzeit. 1653 beispielsweise machte der Große Kurfürst Friedrich Wilhelm dem Adel im Kurmärkischen Rezess Zugeständnisse und erhielt dafür dessen Zustimmung zu Kontributionen, die dem Aufbau eines Stehenden Heeres dienen sollten.

Bis zum 18. Jahrhundert nahmen die armen Schichten auf dem Land zu. Es ist leicht vorstellbar, dass die Versorgung einer breiten Schicht von Armen die frühneuzeitliche Gesellschaft vor größere Aufgaben stellte. Im Mittelalter war Betteln für die Armen die einzige Möglichkeit gewesen, zu etwas Geld und Nahrung zu kommen. Erst im Verlauf der Frühen Neuzeit wurde die Fürsorge institutionalisiert. Seit der Reformation gab es in protestantischen Gebieten zweckgebundene Kassen oder „gemeine Kästen", die aus den Mitteln der Gemeinden gefüllt wurden. In katholischen Gebieten dagegen waren Arme noch länger darauf angewiesen, sich einen bescheidenen Lebensunterhalt durch Betteln und Almosen zu verdienen. Allerdings hatte auch die institutionalisierte Armenfürsorge durchaus ihre Grenzen, wie der Fall von Elisabeth Petsch, der „alten Schmiedin" aus dem brandenburgischen Schweinitz zeigt. Sie wurde im offenkundig kalten Januar 1728 in Kossin, im Fläming, fern ihres Wohnortes aufgegriffen und von den dortigen Bauern über Nacht im Backhaus zum Aufwärmen untergebracht. Diese Erstversorgung zeigte jedoch keine Wirkung, so dass die Bauern am kommenden Tag vor die Aufgabe gestellt waren, die sterbende Frau zu „entsorgen". Einen Ausweg sahen sie darin, die Frau einfach vor der Nachbargemeinde abzulegen. Ein Versuch, der allerdings seine juristischen Folgen hatte: Die Bauern wurden wegen unterlassener Hilfeleistung und wegen ihres Versäumnisses, die Nachbargemeinde zu informieren, mit Gefängnis bestraft.[123]

Ende des 18. Jahrhunderts geriet einige Bewegung in die ländliche Gesellschaft. Zwar bestätigte noch das Allgemeine Landrecht von 1794 ausdrücklich die Besitzverhältnisse und konservierte so bestehende Strukturen, doch von „unten" gerieten die adeligen Grundbesitzer immer mehr unter Druck. Einerseits gab es zunehmend freie Bauern. Obwohl die endgültige Bauernbefreiung erst 1810 erfolgte, hatte bereits Friedrich Wilhelm I. seinen Domänenbauern 1719 die persönliche Freiheit garantiert, um die Wirtschaftlichkeit der königlichen Domänen zu verbessern. 1777 gewährte Friedrich II. den Bauern auf den königlichen Domänen das Eigentum an den von ihnen bewirtschafteten Höfen. Außerdem nahmen Maßnahmen zum Schutz der Bauern zu; das „Bauernlegen", das heißt die Enteignung von Bauernland durch die Gutsherren, war nicht mehr erlaubt. Auch die Patrimonialgerichtsbarkeit wurde eingeschränkt.[124] Andererseits geriet der Adel als Stand unter Druck. Nobilitierte, neu hinzugezogene Adelige, die Preußen als Vertriebene erreichten, und Bürgerliche, die sich Landbesitz verschafften, stießen in die etablierte Gesellschaft hinein.

Wie ein Fels in der Brandung von Veränderung und Modernisierung erscheinen bis ins 20. Jahrhundert die ostelbischen Gutsherren.[125] Schon die Zeitgenossen des 19. Jahrhunderts entwarfen äußerst polemisch ausgestaltete Bilder der Junker, die mit Starrsinn, Demokratiefeindlichkeit, Militarismus und Chauvinismus in Verbindung gebracht wurden. Überrollt von den neuen Entwicklungen hätten sie an überkommenen Traditionen festgehalten, so wie dies beispielsweise die sozialdemokratische Satirezeitschrift *Der wahre Jakob* 1903 darstellt: Ein Junker, der „Gemüthsmensch" Freiherr von Quitzow, auf einem Pferd sitzend, die Arbeit seiner Bauern auf dem Feld überwachend und vor Hitze stöhnend: „Es ist furchtbar, was die Leute dieses Jahr unter der Sonnenglut zu leiden haben – morgen fahre ich ins Seebad."[126]

Diese Bilder verbreitete später auch die DDR-Geschichtsforschung, die die Gutsherren als rücksichtslose Eindringlinge in eine bestehende bäuerliche Welt beschreibt und häufig einen sehr geradlinigen Weg in die Ausbeutung konstruiert. Im Mittelalter habe der Adel ein herrschaftliches Leben auf seinen Rittersitzen geführt. Durch eine erhöhte Getreideproduktion, die mehr Gewinn versprach, hätte er immer mehr Land benötigt. Der Adel habe sich das Land von den Bauern genommen, diese von ihren Stellen vertrieben und sich Arbeitskräfte verschafft, indem er die Bauern zu mehr Arbeit zwang und die Kinder zu Zwangsgesindediensten verpflichtete. So etwa Günter Vogler und Klaus Vetter in ihrer Monographie über Preußen aus dem Jahr 1974. Diese Entwicklung, die die beiden DDR-Historiker als „Herausbildung der die Bauern in die Knechtschaft des Adels zwingenden ostelbischen Gutsherrschaft" bezeichneten, wird von der Forschung mittlerweile etwas anders gesehen. Aus den peitschenschwingenden Zuchtherren sind heutzutage frühmoderne Unternehmer geworden, die ihre landwirtschaftlichen Betriebe ökonomisch vorbildlich führten.[127] Von den ländlichen Regionen zu den Städten. Regionen starker Städte lagen im Nordosten und im Westen Preußens. In Königlich Preußen verfügten Städte wie Danzig, Elbing und Thorn über viele Privilegien und eine sehr eigenständige Verwaltung. Sie waren von der polnischen Krone in vielen Bereichen unabhängig. Unter anderem hatten sie ihre Macht durch die Mitgliedschaft in der Hanse gesteigert, die den Handel in der Ostseeregion bestimmte. Gerade die Loslösung vom Deutschen Orden und Hinwendung zum polnischen König, wie Danzig und Elbing sie 1454 vollzogen, hatte den Städten viele Vorteile gebracht. Zwar büßten die Städte einige Privilegien im 17. Jahrhundert ein, als die kurfürstliche Macht stärker wurde. Doch die Forschung ist mittlerweile davon überzeugt, dass der absolutistische Fürst längst nicht so absolutistisch herrschte wie früher angenommen. Die Mittelgewalten, also Städte mit ihren Gremien, der Adel und landständische Institutionen, behielten Macht, vor allem weil sie diejenigen waren, die Herrschaft nach unten, zu den Untertanen vermitteln konnten. Der Fürst war einfach auf sie angewiesen. Ein Feld allerdings, auf dem die Städte, aber auch die Landstände, eine Abnahme ihrer Macht spürten, war die Steuereintreibung. So wurden neue Steuern, etwa die Akzise, also jene landesfürstliche Steuer, die vor allem auf Verbrauchsgüter gezahlt wurde, häufig direkt von landesfürstlichen Beamten eingetrieben.

Die Städte waren wirtschaftlich durch Handel und Handwerk geprägt. Wie auf den Gutsherrschaften sorgten auch in den Städten Ordnungen für ein geregeltes Zusammenleben der Bewohner. „Policeyordnungen" gaben der Gesellschaft die Normen vor, und so war auch das Handwerk einem regulierten und reglementierten Leben unterworfen. Bis ins frühe 19. Jahrhundert unterlagen alle Handwerker dem Zunftzwang, das heißt außerhalb der Zünfte durfte niemand ein Handwerk ausüben. Die Zünfte kontrollierten damit den Zugang zum Gewerbe, sie beaufsichtigten jedoch auch die Ordnung innerhalb der Gewerbe. So war die Ausbildung klar geregelt. Man fing als Lehrbursche an und wurde nach drei Jahre Lehre zum Gesellen. Als solcher durfte man jedoch immer noch keine Arbeiten auf eigene Rechnung ausführen, sondern nur auf die Rechnung des Meisters. Ein Geselle sollte drei Jahre auf Wanderschaft gehen, um verschiedene Arbeitsweisen kennenzulernen und das eigene Wissen zu erweitern. Ansonsten hatte er keine Chancen darauf, Meister zu werden. In Preußen waren die Zünfte weitgehend beschränkt auf die Städte und die Flecken, allerdings konnte der Landesfürst eine Zunft per Privileg auch auf dem Land ins Leben rufen. Juden durften laut General-Judenreglement von 1750 nicht in die Zünfte aufgenommen werden.

Das Ende der Zünfte kam mit den allgemeinen Reformen des frühen 19. Jahrhunderts. Durch das Edikt zur Gewerbefreiheit aus dem Jahr 1810 erloschen alle Privilegien von Zünften und Einzelpersonen. Wer ein Gewerbe betreiben wollte, benötigte nur noch einen Gewerbeschein, der durch die Zahlung einer jährlichen Gewerbesteuer erneuert wurde. Auch die Freizügigkeit steigerten die Reformen. Jeder hatte nun das Recht dort zu wohnen, wo er wollte, ohne die Obrigkeiten um Erlaubnis fragen zu müssen – und auch das Heiraten ohne Erlaubnis der Heimatgemeinde war nach 1810 möglich.

Die Untertanen in Brandenburg-Preußen waren also Teil einer festgefügten, nach Schichten hierarchisch organisierten und durch Ordnungen regulierten Gesellschaft. Der Aufstieg nach oben wurde ab dem 18. Jahrhundert zwar immer eher möglich, blieb jedoch weiterhin schwierig. Allerdings eröffnete die Professionalisierung bestimmter Berufszweige, unter anderem im Beamtenwesen oder im rechtlichen Bereich, neue Möglichkeiten, da nun Ausbildung mehr galt als Herkunft. Immer aktiver zeigte sich die Gesellschaft auch, wenn man den Blick auf die Lösungsmöglichkeiten gesellschaftlicher Konflikte, auf Protest und Widerstand, richtet.

Widerstand ist möglich

„Junkerland in Bauernhand" – ein scharf konstruierter und zugespitzter Gegensatz, der zum propagandistischen Slogan für die Bodenreform und die Enteignungen in der sowjetischen Besatzungszone nach 1945 wurde. In der Frühen Neuzeit kam zwar kein Junkerland in Bauernhand, aber nur mit Unterdrückung ging es keineswegs. Ebenso wie andere Regionen war Brandenburg-Preußen in der Frühen Neuzeit mit einer wachsenden Bereitschaft der Untertanen konfrontiert, Widerstand zu leisten. Befeuert wurde diese Bereitschaft durch entsprechende Institutionen auf Reichsebene, die Widerstand leistenden Untertanen ein rechtliches Forum boten – durch das Reichskammergericht in Speyer beziehungsweise in Wetzlar und den Reichshofrat in Wien. Beide Gerichte waren Appellationsgerichte, an die Untertanen sich wenden konnten, wenn sie mit der Entscheidung der Gerichte in den unteren Instanzen nicht einverstanden waren. Für die Mark Brandenburg haben Untersuchungen herausgefunden, dass ländlicher Widerstand sich vor allem gegen steigende Arbeitsleistung und die Vergrößerung gutsherrlicher Schäfereien auf Kosten von Bauernland richtete. Auch Versuche von Gutsherren, Rechte der Bauern auf den Verkauf von Gemeindebesitz, beispielsweise von Holz aus dem Gemeindeforst, zu bestreiten, riefen Proteste hervor.

Die Neuansiedlung von Kolonisten führte ebenfalls zu Widerstandsaktionen. Als Friedrich II. in den 1750er-Jahren versuchte, in der Prignitz Wüstungen zu besiedeln, stieß er auf zahlreiche Proteste der dortigen Bauern, die das wüste Land zwischenzeitlich für sich selbst genutzt hatten. Nur mit militärischer Hilfe konnten beispielsweise in der Herrschaft Stavenow Bauern der Dörfer Freyenstein, Pirow und Neu Krüssow, die gegen die Neuansiedlung rebellierten, zur Räson gebracht werden. Auch mit den Kolonisten selbst kam es immer wieder zu Konflikten. 1759 beschwerte sich der Amtmann des Vorwerks von Hoppenrade, das heute zu Garz bei Havelberg gehört, über einige Kolonisten in der ehemaligen Wüstung Hoppenrade. Sie würden sich „nicht in ihren gehörigen Schrancken" halten, die Häuser ruinieren und die Äcker und Wiesen verderben. Tatsächlich hatten die Siedler ihre Häuser eigenständig umgebaut und baufällige Gebäude nicht so repariert, wie die Grundherren dies verlangten. Der Fall scheint in der Gegend für einiges Aufsehen gesorgt zu haben, denn sogar der örtliche Prediger nahm sich der Angelegenheit in seiner sonntäglichen Predigt an. Er ermahnte die Kolonisten mit dem siebten Gebot – „Du sollst nicht stehlen" –, was wiederum aufseiten der Kolonisten für Verärgerung sorgte. Sie wiesen den Prediger zurecht, sie seien keine Diebe und Spitzbuben und würden ihm für seine Anschuldigungen „schon die Peruque zurecht setzen". Auch der Amtmann zog die Wut der Kolonisten auf sich; ihm ließen sie ausrichten, sie seien ihm als Untertanen des Domkapitels von Havelberg zwar Gehorsam schuldig, sie seien jedoch nicht so untertänig, dass sie mit Gewalt wider ihren Willen arbeiten müssten.[128]

Hintergrund vieler Konflikte waren wohl Versuche der Grundherren, die neuen Siedler stärker zu belasten als die übrige Bevölkerung. So beschwerten sich Kolonisten der Feldmark Dargardt, die ebenfalls zur Herrschaft Stavenow gehörte, dass sie zu viele Dienste für die Grundherren leisten mussten. Zwar drohte der eingeschaltete Landrat den „Rebellen", sie würden wieder in ihre vorherige Herrschaft nach Mecklenburg zurückgeschickt, wenn sie ihre „Meüterey" nicht beendeten. Doch er empfahl den Herrschaftsinhabern, der Familie von Kleist, auch, die Angelegenheit von einer obrigkeitlichen Kommission untersuchen zu lassen, denn es sei bekannt, dass die Siedler in Dargardt „ungemein hoch gesetztet", das heißt hoch belastet seien. Tatsächlich erließ von Kleist den Siedlern schließlich wenigstens das Abliefern des Sommerkorns.[129]

Wenn eine große Gruppe kam, wie die Hugenotten, so sorgte allein die Masse für das Gefühl einer Bedrohung. Es sind zahlreiche Fälle überliefert, in denen Hugenotten von Handwerkern, die die Konkurrenz fürchteten, angegriffen wurden. Auch im ländlichen Raum kam es zu Protesten. Hier erhoben einheimische Bauern ihre Stimme, die das brach liegende Land, das nun den Hugenotten zur Verfügung gestellt wurde, vorher als Weideland verwendet hatten. Eine Form des Protests gegen die Hugenotten äußerte sich darin, das Vieh immer wieder auf Felder zu treiben, die von Hugenotten bereits bestellt worden waren. Die historische Forschung ist sich nicht ganz einig, ob die Konflikte Zeichen von Neid und Konkurrenzdruck waren oder ob sich darin nicht eher ein Protest von lokaler Seite gegen die zunehmend zentralistischer ausgerichtete Politik des Königs zeigte. In letzterem Fall wären die Hugenotten „stellvertretende Opfer" für eine königliche Politik, die als Schwächung der kommunalen Kräfte wahrgenommen wurde.

Eine Widerstandsaktion aus dem städtischen Bereich ist für das Jahr 1730 aus Berlin überliefert. Dieses Mal waren es Handwerksgesellen, die in einer Art frühem Streik die Arbeit verweigerten. Es war unter den Gesellen Brauch, nach einem reichlich durchzechten Sonntag den Montag blau zu machen. Und genau dieser Brauch geriet 1730 in Konflikt mit einem Arbeitsauftrag Friedrich Wilhelms I. Dieser erließ nämlich eine Anordnung, dass für den Wiederaufbau der abgebrannten Petrikirche am Montag gearbeitet werden sollte. Die Gesellen legten daraufhin die Arbeit nieder, woraufhin der Kommandant den Auftrag erhielt, die Rädelsführer hinzurichten. Tatsächlich vollstreckte der Kommandant die Todesstrafe an einem Rothaarigen gleichsam „vorsorglich", ohne nachgewiesene Schuld.[130]

Der wohl bekannteste Widerstand, der von wirtschaftlichen Motiven getragen wurde, dürfte der Weberaufstand in Schlesien im Jahr 1844 sein. Sinkende Nachfrage und eine wachsende internationale Konkurrenz führten zu einer Krise der in Schlesien sehr starken Leinen- und Baumwollindustrie. Die Arbeiter wurden zu Verlierern der Modernisierung; sie wurden Opfer der Industrialisierung, die der traditionellen Produktionsweise keine Chance mehr ließ. Die Webstühle verloren gegen die Tuchfabrik. Niedrige Löhne verschärften die Situation der Arbeiter, so dass sich der Unmut in gewaltsamen Protesten gegen die Unternehmer entlud. Es gab Tote, Verletzte und zahlreiche Festnahmen. Die Proteste zogen ein gewaltiges öffentliches Echo nach sich; Heinrich Heine griff die Ereignisse schon ein Jahr später auf, um mit seinem Gedicht „Die schlesischen Weber" die Zeitgenossen aufzurütteln.

Ging es bei den geschilderten Konflikten um Gegenwehr, die Bauern und Handwerker leisteten, um gegen steigende Abhängigkeiten oder die Streichung von Privilegien zu protestieren, so finden sich auch im konfessionellen Bereich Unmutsäußerungen und Versuche, Gegenwehr zu leisten. Die Proteste in Berlin anlässlich der Konversion Kurfürst Johann Sigismunds sind bereits erwähnt worden. Im 19. Jahrhundert riefen dann die Kirchenunion und die Angleichung beider protestantischer Kirchen unter Friedrich Wilhelm III. einigen Widerstand hervor. Die Folgen waren weitreichend, im wahrsten Sinne des Wortes – sie führten zur Gründung der ersten deutschen Siedlung in Australien. 1838, also genau in der Zeit, als Preußen verfolgte Zillertaler Protestanten aufnahm, wanderten Einwohner des Dorfes Klemzig nach Australien aus, weil sie ihren altlutherischen Glauben nicht aufgeben wollten. Sie gründeten dort das Dorf Klemzig, heute Teil von Adelaide. Insgesamt ungefähr 800 Einwohner verließen in diesen Jahren Brandenburg um ihres Glaubens willen.

Auf katholischer Seite regte sich im 19. Jahrhundert konfessionell motivierter Widerstand im Rheinland, wo die katholischen Bischöfe Diskussionen über die Mischehe aufgriffen, um ihren generellen Unmut über die preußische Herrschaft zu äußern. Eine Kabinettsorder von 1825 besagte, dass Kinder in gemischten Ehen nach der Konfession des Vaters erzogen werden müssten. Die katholische Kirche unter dem Kölner Erzbischof Clemens August Droste-Vischering, die eine katholische Erziehung verlangte, verbat sich diese weltliche Regel als staatliche Einmischung in kirchliche Angelegenheiten. Der Konflikt eskalierte und Droste-Vischering wurde zu zwei Jahren Gefangenschaft auf der Festung Minden verurteilt.

Die Junker im Widerstand

Waren die ostelbischen Junker mit ihren Traditionen und konservativen Gesellschaftsvorstellungen im 19. Jahrhundert Gegenstand der liberalen und sozialdemokratischen Publizistik und Polemik, so geraten sie im 20. Jahrhundert mit ihrer Auslegung von Tradition in ein positiveres Licht, als sie Widerstand gegen den Nationalsozialismus leisteten. Die Namen der Hauptakteure des Attentats auf Adolf Hitler vom 20. Juli 1944 lesen sich allein wie ein eigenes Kapitel preußischer Geschichte: Henning von Tresckow, Ewald-Heinrich von Kleist und Fritz-Dietlof von der Schulenburg. Claus von Stauffenberg dagegen stammte aus einem bayerisch-schwäbischen Geschlecht.

Pläne für ein Attentat auf Hitler gab es schon länger, Oppositionsgruppen alter Eliten bestanden seit der Röhmkrise 1934. Allerdings verhinderten unerwartete Absagen von Treffen oder Änderungen im Reiseplan Hitlers einen Erfolg. Auch die „Operation Walküre", bei der Adolf Hitler am 20. Juli 1944 im Führerhauptquartier „Wolfsschanze" in Ostpreußen durch eine von Stauffenberg gezündete Bombe getötet werden sollte, erreichte ihr Ziel nicht. Hitler wurde lediglich leicht verletzt, die Verschwörung wurde aufgedeckt und ihre Hauptakteure hingerichtet. Die Attentäter des 20. Juli 1944 gehörten zu einer nur sehr lose organisierten Widerstandsgruppe. Sie war bewusst unorganisiert, um eine Entdeckung zu erschweren; einige der Protagonisten kannten sich untereinander überhaupt nicht. Diese hatten wiederum Kontakt zu anderen Widerstandsgruppen, etwa dem „Kreisauer Kreis" um Helmuth James von Moltke.

Begibt man sich auf die Suche nach den Motiven und Begründungen für den Widerstand, so sind Preußen, seine Geschichte, seine Tugenden und sein Geist sehr häufig Argument. Genau in die Mitte preußischer Tugendhaftigkeit, in die Frage nach dem Ausgleich von Gehorsam und Verantwortung gegenüber dem Gewissen, führt die viel zitierte Rede, die Henning von Tresckow 1943 in der Potsdamer Garnisonkirchen anlässlich der Konfirmation seiner Söhne hielt. Zwar verweist er darin zunächst auf die „große Verpflichtung", die das Preußentum in sich trage, die „Verpflichtung zur Wahrheit, zur innerlichen und äußerlichen Disziplin, zur Pflichterfüllung bis zum letzten". Doch „wahres Preußentum" erschöpfe sich nicht darin, sondern der Pflichterfüllung sei stets die Freiheit an die Seite gestellt. Es sei eine „Synthese" zwischen „selbstverständlicher Unterordnung und richtig verstandenem Herrentum, zwischen Stolz auf das Eigene und Verständnis für das Andere, zwischen Härte und Mitleid". Fritz-Dietlof von der Schulenburg legte seine Motivation ähnlich fest: Vorbild könne nur sein, „wer alles zuerst von sich fordert und wer sich härtester Zucht unterwirft". Seine Vorstellungen für die Zeit nach einem erfolgreichen Sturz der nationalsozialistischen Regierung orientierten sich ebenfalls an der preußischen Vergangenheit. Ihm schwebte ein konservativ-autoritärer und aristokratisch-altpreußisch organisierter Staat vor, der die Bürgerrechte achtete.[131]

In der Legitimation des Widerstands gegen die nationalsozialistische Herrschaft erstand Preußen mit seiner Geschichte und seiner Verfasstheit wieder als Idealbild auf, wurde bis zu einem gewissen Grad zum Mythos. Für Hitler wiederum brachte die Tatsache, dass viele bekannte preußische Adelsfamilien mit mindestens einem Vertreter im Widerstand auftauchten, den Konflikt mit sich, den Widerstand als „permanenten Verrat […,] einer verfluchten kleinen Clique" brandmarken zu müssen, ohne irgendeine preußische Verbindung erwähnen zu dürfen, da er auf diesen Traditionsstrang seine eigene Legitimation zurückführte.[132]

Preußische Werte hochgehalten und das alte Preußen noch einmal repräsentiert zu haben attestierte den Männern des Widerstands vom 20. Juli auch jene Forschung des 20. Jahrhunderts, die immer wieder nach dem Geist Preußens suchte. So sah Marion Gräfin Dönhoff in ihnen den preußischen Widerstandsgeist, der die Idee des Staates und die Macht des Gewissens höher bewertete und höher hielt als die Treue zum Herrscher. Christian Graf von Krockow stellte 1992 fest, dass ein *bedingungsloser* Gehorsam habe erst Adolf Hitler geschworen werden müssen – preußisch sei dagegen jener Spruch auf dem Grabstein des friderizischen Generals Johann Friedrich Adolf von der Marwitz in Friedersdorf: „Wählte Ungnade, wo Gehorsam nicht Ehre brachte." Das Attentat vom 20. Juli 1944 sei „eine letzte, ehrenvolle und tragische Verzweiflungstat aus preußischem Erbe". Und für Hans-Joachim Schoeps war das „alte Preußen" am 20. Juli 1944 das letzte Mal „sichtbar".[133]

Königin Luise und Friedrich Wilhelm III. waren ein bürgerliches Vorzeigepaar

1793 erlebte Berlin eine Doppelhochzeit, die die Stadt mit zahlreichen Feierlichkeiten überzog – Bällen, Konzerten, Banketten, aber auch Armenspeisungen. Die Prinzessinnen Luise und Friederike von Mecklenburg-Strelitz heirateten den Kronprinzen Friedrich Wilhelm und dessen Bruder Ludwig. Der zeitgenössischen Presse zufolge betrug die Zahl der am Empfang mitwirkenden beziehungsweise zuschauenden Berliner 150.000; fast ganz Berlin war auf der Straße. Nicht weniger publikumswirksam war der 27. Juli 1810. An diesem Tag zog Luise erneut zahlreiche Menschen auf die Straßen, diesmal jedoch, um den Tod der Königin zu beweinen. Vom mecklenburgischen Schloss Hohenzieritz bei Neustrelitz, wo die Königin verstorben war, wurde ihr Leichnam in einem festlichen Trauerzug nach Berlin überführt. Es fehlte nicht an Feierlichkeit: Beim Brandenburger Tor sang ein Chor, getragene Marschmusik erklang und Glockenklang begleitete den Zug durch die Straßen, die von Menschen gesäumt waren. Die Königin wurde drei Tage lang im Stadtschloss aufgebahrt, damit die Bevölkerung Abschied nehmen konnte. Der Ansturm war enorm, es kam zu Rangeleien. Auch Wilhelm von Humboldt war bei den Feierlichkeiten anwesend und schrieb an seine Frau, diese hätten ihn „sehr erschüttert". Allerdings fand er die Feiern „etwas peinlich", denn die Königin sei „wirklich und aufrichtig geliebt worden, und eine Zeremonie dieser Art" habe „immer etwas Schauspielartiges".

Die 1776 geborene Luise von Mecklenburg-Strelitz starb früh, mit nur 34 Jahren. Doch so tragisch dies klingen mag: Der Tod, der die junge Frau aus ihrem scheinbar sehr glücklichen Familien- und Eheleben riss, erwies sich letztlich als Glück für die preußische Monarchie. Ohne ihn hätte sich vermutlich nie ein solcher Kult um Luise entwickeln können, wie dies geschehen ist. Nicht nur zu Lebzeiten, sondern vor allem nach ihrem Tod gehörte Luise zum häufigsten Sujet der preußischen Bildpolitik. Ihr Bild ließ sich in viele politische Botschaften verpacken. Und ihr Mythos lebt bis heute fort, wie eine Interpretation von Günter de Bruyn zeigt, die einige Zutaten jener überschäumenden und alles vereinnahmenden Verehrung der Königin nennt und so selbst den Mythos wieder neu kreiert: „Schönheit und Anmut mußten selten gewesen sein auf preußischen Thronen; bürgerliche Tugenden mußten öffentliche Wertschätzung genießen; ein früher Tod mußte die Königin in der Erinnerung jung erhalten, Preußen die schlimmste Niederlage seiner Geschichte erleiden, und die Periode seiner Demütigungen mußte siegreich zu Ende gehen."[134]

Die Königin und der König als Bürger

1793, als Berlin die Doppelhochzeit feierte, war für die Monarchien Europas eigentlich ein Jahr des Schreckens. Es war das Jahr, als in Frankreich König Ludwig XVI. und Marie Antoinette hingerichtet wurden. Was 1789 als Kampf für Menschenrechte und für mehr Partizipation der Bürger begonnen hatte, radikalisierte sich unter der Federführung der Jakobiner und artete schließlich zu einer Schreckensherrschaft aus. Dem König wurde der Prozess gemacht und die „Terreur" verriet Freiheitsideale im Namen der Freiheit. Angesichts des Hasses, den das Volk in Frankreich seinem König entgegenbrachte, erscheint das Bild, das der preußische König zu dieser Zeit von sich entwarf, als perfekte Gegeninszenierung. Die Doppelhochzeit 1793 war nicht nur der große Tag der Brautpaare, sondern bereitete auch die Bühne für König Friedrich Wilhelm II. Er präsentierte sich als

volksnaher und menschlicher König, dem die Untertanen ihre über-
strömende Liebe entgegenbrachten. Im wahrsten Sinne des Wortes,
denn als der König am Hochzeitstag des Prinzen Ludwig der vor dem
Schloss wartenden Menge die Paradekammern öffnete, strömte das
Volk hinein und für die Angehörigen des Hofes blieb kaum Platz. Die
Presse nahm die Botschaft auf und trug die Liebe des Volkes zum König und des Königs zu seinem Volk in die Öffentlichkeit.[135]
Friedrich Wilhelm II. war mit seiner Botschaft am Puls der Zeit, die
Menschenrechte und eine größere Partizipation der Bevölkerung forderte und das Gottesgnadentum zunehmend infrage stellte. Auch sein
Sohn und seine Enkel stellten sich später als volksnah, bürgerlich und
die Standesgrenzen verwischend dar, um Herrschaft und Macht so
ein wenig besser sichern zu können. Zwar brach die „klassische" Zeit
der Bürgerkönige erst nach der Julirevolution 1830 in Frankreich an,
doch hatten die Aufklärer bereits entsprechende Ideale vorgegeben.[136]
Wie sehr die Könige der „Mode" folgten, sich als Bürgerliche darzu-
stellen und wie viel mehr Schein als Sein dies manchmal war, verdeutlicht ein recht frühes Beispiel aus Österreich. Es gibt ein Bild, das die
kaiserliche Familie um Maria Theresia und Franz Stephan in vertrau-
ter privater Umgebung anlässlich einer Nikolausbescherung zeigt.
Der Kaiser präsentiert sich im Morgenrock, die Kinder spielen mit
Puppe und Reitpferd und die ganze Familie gruppiert sich in gut bürgerlicher Manier in der guten Stube am Kamin. Festgehalten hat die
Szene im Jahr 1762 die Tochter von Maria Theresia, Marie Christine.
Begibt man sich jedoch auf die Suche nach Vorbildern für diese Darstellung, so eröffnet sich schnell eine ganz andere Entstehungsge-
schichte. Marie Christine malte nämlich keineswegs die eigene Familie, sondern sie kopierte ihre Familie in ein 1761 entstandenes Bild des
Niederländers Cornelis Trost, das genau die gleiche Szene zeigte und
dem vornehmen Amsterdamer Bürger Dionis Muilman gewidmet war.
Der preußische Idealtypus des Königs als Hausvater und treuer
Ehemann mit Familiensinn war Friedrich Wilhelm III.; Luise erfüllte
alle Ideale des weiblichen Gegenparts. Es ist nicht überliefert, dass er
eine Mätresse hatte. Im Gegenteil, er ging gezielt und äußerst hart
gegen die Mätresse seines Vaters, die zur Gräfin Lichtenau geadelte
Wilhelmine Enke, vor. Wegen Hochverrats und Unterschlagung ließ

der König die Gräfin gefangen nehmen, er verbannte sie und beschlagnahmte ihre Güter. Gleich zu Beginn der Herrschaft Friedrich Wilhelms III. erschien ein Gedicht des Berliner Dichters Karl Alexander Herklots, das die königliche Botschaft aufnahm. Es stilisiert den Monarchen zum nüchternen, bürgerlichen und prinzipienfesten Monarchen, zum „Bürger auf dem Throne": „Nicht dem Purpur, nicht der Krone / räumt Er eitlen Vorzug ein. / Er ist ein Bürger auf dem Throne / und sein Stolz ist's Mensch zu sein. / Zu dem Fleh'n bedrängter Brüder / neigt er liebreich gern sein Ohr; / wer die Hoffnung schon verlor, / o! dem giebt sein Blick sie wieder! [...,] Er zerriß der Selbstsucht Netze, / auf das Wohl des Volks bedacht, / Er verehret die Gesetze / auch als Schranken eigner Macht. / Er entfernt der Heuchler Schaaren, / und verachtet Schmeichlerton; / denn Er winkt zu Seinem Thron / nur den biedern Mann, den wahren."[137]

Die Einbeziehung des Volkes so symbolisch wie möglich und nur so viel wie nötig gehörte zur Politik der Monarchen. Dazu diente auch das Nationalfest, eine aus Frankreich übernommene Tradition, in der das ganze Volk repräsentiert sein sollte, nicht mehr nur die Stände. Damit gab das Nationalfest den Königen noch einmal eine andere Legitimation; es verband die Macht der Könige, die nicht infrage gestellt wurde, mit der Legitimation durch das Volk. Schon die Aufklärer hatten dem Zeremoniell und dem höfischen Fest die Aufgabe zugesprochen, die Untertanen darüber zu national-patriotischen Bürgern zu erziehen. Auf Rousseau ging die Theorie zurück, das Herz der Bürger sollte über Feste, Theater und Spiele erreicht werden. Auch die Huldigung Friedrich Wilhelms III. hätte 1798 eigentlich als Nationalfest inszeniert werden sollen; in letzter Minute entschied man sich jedoch für einen traditionellen Ablauf.[138]

Doch bei aller Stilisierung und Darstellung als bürgerlicher König: Friedrich Wilhelm III. scheute, ebenso wie Friedrich II. im Zeremoniell die Interaktion mit der Bevölkerung. Das von sich selbst entworfene Bild war das eine, die politische Umsetzung das andere. Nach Friedrich Wilhelm III. übernahm sein Sohn, Friedrich Wilhelm IV., die Inszenierung als Bürgerkönig. Auf dem bekannten Bild von Franz Krüger (1846), das ihn in seinem Arbeitszimmer zeigt, präsentiert sich ein recht entspannt wirkender Friedrich Wilhelm IV. dem Betrachter.

Der Monarch trägt einen einfachen Uniformrock, während er an seinem Schreibtisch lehnt und in der einen Hand die Brille, in der anderen ein Aktenstück hält. Auf dem Bild sind keinerlei Herrschaftsabzeichen wie Orden oder andere Standesattribute zu sehen; auch gibt es keinen Hinweis auf die Familie und die Tradition. Die an den Wänden hängenden Bilder zeigen Landschaften, die Büsten auf dem Sims klassische Gestalten. Es wäre zu erwarten gewesen, dass wenigstens eine Büste Friedrichs II. prominent positioniert wäre – doch auch diese fehlt. Ein arbeitender Bürger, ein „bürgerlicher Monarch", auf den ersten Blick in keiner Tradition stehend.

Es muss nicht eigens erwähnt werden, dass Friedrich Wilhelm IV. keineswegs als Bürger lebte und in seiner Herrschaftsauffassung monarchische Traditionen sehr wohl eine Rolle spielten. Die Darstellung holt den Monarchen auf die Ebene des mittlerweile recht starken Bürgertums herunter und auch sie entpuppt sich als Propaganda, wenn man einen zweiten Blick auf das Gemälde wirft. Die Gestaltung des Arbeitszimmers, die gotische Decke, die Gemälde und die klassischen Büsten weisen nämlich auf das wahre, konservativ-romantische Herrschaftsverständnis Friedrich Wilhelms IV. hin. Und dieses stellte das Gottesgnadentum in keiner Weise in Frage.[139]

Luise-Memoria als politischer Zweck

Die bürgerlichen Könige des 19. Jahrhunderts hatten alle eine ideale Bürgerin an ihrer Seite, die über den Tod hinaus die Ideale vorgab. Luise begleitete ihre Söhne, Friedrich Wilhelm IV., aber auch den ersten deutschen Kaiser, Wilhelm I., mit allen Zuschreibungen, die sie in ihrer Person aufnehmen konnte. Man stellte die Monarchin als volkstümlich dar und man sagte ihr nach, sie hätte den Adel nie gegenüber dem Bürgertum bevorzugt. Ihre Fürsorge war ein beliebtes Motiv – das häufigste Bild von Luise, das sich auf Postkarten, Porzellantassen und anderen Devotionalien fand, war jenes von Hugo Händler, das die Königin im Kreis einer armen Familie zeigt. Doch die Figur der Königin Luise vereinte in der postumen Memoria des 19. und 20. Jahrhunderts auch Ideale wie Schönheit, Natürlichkeit, Menschlichkeit,

Mut, Kampfgeist, Glück und Aufopferung sowie die bürgerlichen Vorstellungen von Familie, Eheglück und Mütterlichkeit.

Ende des 19. Jahrhunderts fragte die *Berliner Illustrierte Zeitung* ihre Leser nach der bedeutendsten Frau weltweit der letzten 100 Jahre. Die Antwort fiel klar aus: Königin Luise. Seit ihrem Tod im Jahr 1810 war die preußische Königin zu *der* Identifikationsfigur Preußens geworden, mehr noch als Friedrich II. Jener, frankophil ausgerichtet, im Familienleben wenig vorbildhaft und konfessionell sehr unbestimmt, diese mit ihrem Versuch Preußen im Angesicht der napoleonischen Bedrohung zu retten, die Familienideale des bürgerlichen 19. Jahrhunderts und alle damit verbundenen Normen idealtypisch erfüllend. Luise passte zur Einigung Deutschlands, die wesentliche Elemente ihrer Identität aus der Abgrenzung zu Frankreich zog. Sie konnte ihre Wirkung als Identifikationsfigur sogar noch in den 1950er-Jahren entfalten, als Ruth Leuwerik das Publikum des Nachkriegskinos erfreute. Die auf relativ emanzipierte Frauenrollen festgelegte Schauspielerin schien perfekt auf die „emanzipierte" Luise zu passen, die sich im Film mit den pädagogischen Worten „Sie sollen nicht weinen, sie sollen lernen" auf dem Sterbebett von ihrer Familie verabschiedet. Und auch für ihre nach 1945 in einem geteilten Land lebenden Nachfahren hat die Königin einen Rat: „Die Teilung ist das schlimmste, was einem Volk widerfahren kann" – so Luise zum russischen Zaren Alexander, der im Film von Bernhard Wicki verkörpert wurde.

Die echte Luise war einen ebenso „schönen" Tod gestorben wie ihr Alter Ego im Film von 1957. Die Familie um sich herum, eine Familie, die seit Jahren durch Liebe, Partnerschaft und Vertrauen zusammengehalten wurde und ihre letzten Worte banden sie an die höhere Macht: „Herr Jesus, mach es kurz!" – so die Überlieferung. Die Romantik und ein Zeitalter, das das Bürgerliche in den Vordergrund stellte, nahm diese idealen Bilder der Todesstunde bereitwillig auf. Der Mythos und der Kult um Königin Luise setzten bald nach ihrem Tod ein. Die Memoria verteilte sich auf die Gedenkstätten – das Mausoleum in Charlottenburg und das Sterbezimmer in Hohenzieritz –, und Denkmäler; sie fand ihren Ausdruck in neu gegründeten Orden sowie in Vereinen und Mythen, die sich im Zuge der deutschen Einigung, des nationalen Gedankens und der Reichsgründung bildeten.[140]

Seine Nahrung erhielt der Mythos durch die Notwendigkeit, in Preußen Reformen durchzuführen, durch den deutschen Nationalismus und seine antifranzösische Haltung sowie durch die Ideale des Bürgertums. Das Todesjahr Luises lag mitten in einer schweren Zeit für Preußen. Nach der Niederlage bei Jena und Auerstedt 1806 waren die Defizite des preußischen Militärs und die Antiquiertheit manch gesellschaftlicher Struktur deutlich zutage getreten. Ende Oktober des Jahres zog Napoleon in Berlin ein. Nicht nur dies war an sich ein Trauma, sondern Napoleon ließ zudem die von Johann Gottfried Schadow geschaffene Quadriga vom Brandenburger Tor nach Paris überführen. Der Hof um Friedrich Wilhelm III. war nach Königsberg geflohen, und im Juli 1807 musste Preußen im Frieden von Tilsit auf Gebiete westlich der Elbe, unter anderem Magdeburg, verzichten. Hieraus wurde das Königreich Westfalen, das Napoleon der Verwaltung seines Bruders Jérôme unterstellte. Weitere Auflagen fügten weiteren Schmerz zu: Danzig wurde Freie Stadt und Preußen musste hohe Kontributionen an Frankreich zahlen.

Luise hatte in Tilsit noch mit Napoleon verhandelt, was insofern heikel war, als es nicht so aussehen durfte, dass man Friedrich Wilhelm III. weniger Verhandlungsgeschick zutraute als seiner Frau. Doch es war nicht unbedingt weiblicher Charme, der hier gezielt eingesetzt werden sollte, um Preußen zu retten, wie in verklärenden Darstellungen des Treffens gerne behauptet. Luises Aufgabe war es wohl, Napoleon zu präzisen Aussagen über seine Forderungen an Preußen zu bringen.[141] Auch wenn das Treffen, bezüglich der eben erwähnten Erwartungen, keineswegs ein Misserfolg war, bedeutete der kurz darauf geschlossene Frieden von Tilsit doch einen harten Schlag für Preußen. Umso mehr erklärt sich, dass Luise zur Mitleidenden für das Volk stilisiert wurde. Die Legende besagt, dass ebenso wie Preußen 1807 einen schmachvollen Frieden hinnehmen musste, auch Luise es nicht schaffte, Napoleon bei der persönlichen Begegnung in Tilsit zu Zugeständnissen zu bringen – Preußen und seine Königin waren von Napoleon gleichermaßen gedemütigt worden.

Im Winter 1809/10 kehrt das königliche Paar nach Berlin zurück und in den folgenden Jahren gingen die Reformer um Karl vom und zum Stein, Karl August von Hardenberg und Gerhard von Scharnhorst ans Werk, Preußen zu modernisieren. Luise selbst hatte sich immer wieder für Reformen stark gemacht. So ging sie in der stilisierten Memoria eine Symbiose von Erneuerung und Erinnerung an das Alte ein, das mit seinen Idealen in der Person Friedrichs II. zusammengefasst war. Legendär und viel zitiert ist der angebliche Brief der Königin an ihren Vater vom April 1808, der meist als ihr politisches Bekenntnis und Programm gelesen wird. Er wurde 1845 vom Hofprediger Friedrich Rulemann Eylert, einem begnadeten Luise-Apologeten, publiziert, seine Authentizität ist jedoch nicht gesichert. Luise beschwor in diesem Brief den „Geist" Friedrichs II. und mahnte, ihre eigene Zeit habe sich auf den „Lorbeeren Friedrichs des Großen", der als „Herr seines Jahrhunderts" eine „neue Zeit" geschaffen hätte, ausgeruht.[142]

Reformen, Hoffnungen auf eine bessere Zukunft und der Kampf für eine preußische Unabhängigkeit – politische Ziele, bei denen sich Luise als Ikone vorantragen ließ. Vor diesem Hintergrund wurde ihr Tod zum Opfertod, ihr Bemühen um einen Ausgleich mit Napoleon zu Durchhaltewillen und Opferbereitschaft. Als Text für die Predigten zu ihrem Tod wurde Jes. 55, 8 und 9 vorgegeben: „Denn meine Gedanken sind nicht eure Gedanken, und eure Wege sind nicht meine Wege, spricht der HERR, sondern so viel der Himmel höher ist als die Erde, so sind auch meine Wege höher als eure Wege und meine Gedanken als eure Gedanken." Viele Prediger schlossen an diesen Text Worte über die Hoffnung auf bessere Zeiten an. Luise wurde zur „romantischen Durchhalte-Amazone".[143] Sie wurde zur Allegorie für ein wieder aufstehendes Preußen oder wie Friedrich Christian Wiegands, Pfarrer in einer märkischen Gemeinde, dies formuliert hat: „Wenn Gott eine Lehre für ein ganzes Volk durch den Gewalttod von Tausenden, ja durch den bürgerlichen Tod ganzer Länder erkaufen läßt, warum sollte nicht, zur Lehre für eben das Volk, das milde sanfte Todesopfer einer jugendlichen, im Glauben sterbenden Landesmutter von Gott mit Weisheit gewählt werden?" Der Psalm „Die mit Tränen säen, werden mit Freuden ernten.", der angeblich der Lieblingspsalm der Königin war, wurde bald zum Leitspruch des Luisenkults.

Es ist wohl nicht nur Legende, dass Luise die Menschen bereits zu Lebzeiten faszinierte und von vielen verehrt wurde. Zu denen, die die Königin einer Göttin gleich aufs Podest stellten, gehörte der Dichter

Jean Paul. Ihren Tod verarbeitete er in einem Gedicht, das die Monarchin in ihrer Schönheit und bewundernswerten Ausstrahlung pries: „Einst wird die ferne Zeit kommen, die uns um die Freude über das Große und Schöne, das wir besaßen, beneidet; denn sie hat die Schmerzen vergessen, unter denen wir es scheiden sahen. Ach, die Wolken sind uns jetzt größer als die Sonne, denn sie sind uns näher." Und in der letzten Strophe heißt es: „Ehe Sie geboren wurde, trat Ihr Genius vor das Schicksal und sagte: ‚Ich habe vielerlei Kränze für das Kind, den Blumenkranz der Schönheit, den Myrtenkranz der Ehe, die Krone eines Königs, den Lorbeer und Eichenkranz deutscher Vaterlandsliebe, auch eine Dornenkrone: welche von allen darf ich dem Kinde geben?' ‚Gieb sie ihm alle, deine Kränze und Kronen, sagte das Schicksal, aber es bleibt noch ein Kranz zurück, der alle übrigen belohnt.' Am Tage, wo der Todtenkranz auf dem erhabnen Haupte stand, erschien der Genius wieder und nur seine Thränen fragen. Da antwortete eine Stimme: blick' auf! – Und der Gott der Christen erschien."[144]

Jean Paul stand nicht alleine – ob Novalis oder Johann Wolfgang von Goethe: Luise wurde gefeiert als „Herrlichste" oder „himmlische Erscheinung". Aber auch – nachträgliche – kritische Stimmen fehlten nicht. Theodor Fontane stellte fest, Luise hätte mehr „von der Phrasenhaftigkeit ihrer Verherrlicher zu leiden gehabt" als „von der Verleumdung ihrer Feinde".

Die Beliebtheit Königin Luises dürfte auch damit zusammenhängen, dass sie im Zeremoniell und in der Repräsentation wesentlich präsenter war als ihr Mann. Sie übernahm den Kontakt mit der Bevölkerung. Dies zeigte sich bereits während der Huldigungsreise 1798, die das Paar nach Königsberg führte. Friedrich Wilhelm III., der, wie bereits erwähnt, zeremoniellen Pflichten, sofern sie die Repräsentation gegenüber der Bevölkerung umfassten, nicht besonders gewogen war, überließ seiner Frau den Vortritt. Luise zog vor dem König in die Städte ein und nahm die Huldigung der Bevölkerung entgegen, ging die Ehrenspaliere ab und empfing die lokalen Adeligen. Friedrich Wilhelm III. dagegen kam meist erst abends an und absolvierte ein reduziertes Programm.[145]

Nach ihrem Tod stieg Luise bald zum „Schutzgeist" Preußens und Deutschlands auf. Der Tod fokussierte Luises politisches Leben auf ihre Versuche, das deutsche Vaterland zu retten. Und der Tod ließ sie erscheinen als Märtyrerin, die an gebrochenem Herzen und Schmerz über die Zustände in Deutschland starb. Die Nachrufe brachten sie ein in die nationale preußische und deutsche Erinnerungskultur, in der ihr Tod wie ein Zeichen erscheint, das für Deutschland und Preußen in eine siegreiche Zukunft weist – die Niederlage Napoleons 1815 war dann eine Zwangsläufigkeit, die dem Wirken des „Schutzgeists" zugeschrieben werden konnte. In den Worten ihrer Hofdame Karoline von Berg, die auch einen literarischen Salon führte, und 1814 eine Biographie über die Königin veröffentlichte, klang dies so: „Jedes große Gefühl für das Vaterland, für deutsche Freiheit und Unabhängigkeit" sei gebunden an das „Andenken dieser geliebten Königin" und „gleichsam durch sie geheiligt". Die „Liebe der Preußen zu ihrer Königin" und der „Glaube an ihre Tugenden" seien so groß, dass alles, was nach ihrem Tod an Bedeutendem, Erhabenem und Großem geschehe, „an ihren Segen" anknüpfe und auf sie zurückgeführt werden könne.[146]

Ein Problem für diese Memoria stellten allerdings Luises letzte geschriebene Worte dar. Mehreren Überlieferungen zufolge fand ihr Vater nach Luises Tod einen Zettel, auf dem ausgerechnet in Französisch stand: „Mon cher père, Je suis bien heureuse aujourd'hui, comme Votre fille, et comme l'épouse du meilleur des époux!"[147] Karoline von Berg zitiert ebenfalls den Zettel und kommentiert: „Dem deutschen Sinne widerstrebt es, daß die edle deutsche Frau und Fürstin ihre heiligsten Gefühle in einer fremden, – und nicht in der kräftigen, tiefgemüthlichen Sprache ihres Volks niederschrieb. Doch der alte, jetzt allmählich verschwindende Wahn hatte auch noch auf ihre Erziehung gewirkt, und die lange Gewohnheit der Jugend beherrschte sie noch im reifern Alter. Gewiß ist es, daß sie im Geist und in der Wahrheit eine Deutsche war."[148]

Die Interpretation von Luises Leben als hellem Geist gegen die französische Dunkelheit spielt bei Karoline von Berg eine große Rolle. Das Jahr 1805, als der Dritte Koalitionskrieg begann, der für Preußen bei Jena und Auerstedt schließlich als „Waterloo" endete, kündigte sich, so die ehemalige Hofdame, bereits mit aufziehenden „Gewittern" an. Mit seinen „heftigen Stürmen" erschütterte es bald das Leben der Königin und das Leben des Staates. Die „französische Macht" vernichtete zunächst das königliche, dann das menschliche Leben Luises – die Märtyrerin ist geboren. Karoline von Berg sieht „finstere Mächte" heraufziehen, die sich anschickten, den Thron der Welt zu besteigen und denen der „Würgengel" den Weg bahnte. Diesem Würgengel stellte sich der wahre Engel entgegen, der in seinem Wesen so ganz anders war. Luise – „der Engel wurde sie genannt von Allen, deren Herzen sie am nächsten war" – war „dem Gewöhnlichen im Leben so ungleich", sie war „veredelt" und „beglückt", schon im Leben „verklärt". Ihre „Klarheit des Geistes" und die „Wahrheit ihres Charakters" konnten dem „Reich der Finsternis" nicht gefallen. Luise wird zum Opfer, das sterben musste, damit sich das Gute wieder durchsetzen konnte – die Unabhängigkeit Preußens und die Einheit Deutschlands. Erst nach ihrem Tod würde sie, einer Auferstandenen gleich, „von ihren Höhen" alles sehen, „die Tugenden ihres Volks und das Erstehen ihrer Nation und die Glorie ihres Hauses".[149]

Mit dieser antifranzösischen Vereinnahmung wurde Luise bis zum Ende des 19. Jahrhunderts zur Führerin der antinapoleonischen Bewegung stilisiert, zu einer Kämpferin für das Deutsche, zum Symbol des unbeugsamen Nationalstolzes. Je mehr jedoch Luise zur Führerin wurde, umso mehr verblasste Friedrich Wilhelm III. Das Bild, das die Historiographie von ihm zeichnete, stellte ihn als schüchternen, farblosen, in sich gekehrten Monarchen dar, der nur zögernd oder gar nicht Entscheidungen traf. Ein Weichling und liebender Ehemann, so noch gespielt von Dieter Borsche 1957 an der Seite der „starken" Ruth Leuwerik. Die neuere Forschung hat dieses Bild mittlerweile etwas korrigiert. Thomas Stamm-Kuhlmann entwarf in seiner Biographie über Friedrich Wilhelm III. das Bild des Monarchen als „Melancholiker auf dem Thron": akkurat in der Pflichterfüllung, ordnungsliebend, aber ohne Inspiration. Er handelte, wenn nötig, trieb Politik jedoch nicht initiativ voran.[150]

Die antifranzösische Note, die der Luise-Memoria anheftete, sorgte dafür, dass die Königin immer dann eine besondere Renaissance erlebte, wenn Frankreich der erklärte Gegner Deutschlands war. 1871, nach dem Sieg über Frankreich, wurde der Luisenkult zum Staatskult. Luise vermittelte auch im Deutsch-Französischen Krieg den Mut zum

Durchhalten und die Hoffnung auf den Sieg. Ihr Sohn, Kaiser Wilhelm I., verwies häufig auf seine Mutter und über sie hinaus auf die „tapferen" Veteranen der Befreiungskriege: „Von Generation zu Generation wird sich das Bild meiner Mutter vererben, wie ihre Tugenden, ihr festes Vertrauen auf Gottes Gerechtigkeit, ihre Liebe zum preußischen und deutschen Volke stets unter allen Wechselfällen gleich leuchtend dastanden – wenn sie auch die Erfüllung des Gehofften nicht erleben sollte."[151]

Beispielhaft für die Instrumentalisierung steht das Bild *Apotheose des Kaisertums*, ein Wandgemälde in der Kaiserpfalz Goslar, das Hermann Wislicenus um 1880 malte. Es zeigt Kaiser Wilhelm I., der umgeben von historischen Persönlichkeiten der Geschichte des Heiligen Römischen Reichs deutscher Nation die Kaiserkrone in Empfang nimmt. Seine Mutter Luise schwebt über ihm. Getragen von den Wolken, madonnengleich hält sie die Kaiserkrone. Auch ein Bild von Wilhelm Camphausen mit dem Titel *Vergeltung*, das auf Tilsit 1807 und Sedan 1870 anspielt und 1910 im *Hohenzollernjahrbuch* veröffentlicht wurde, stellte entsprechende Verbindungslinien her. Es zeigt auf der linken Seite Königin Luise als Bittstellerin vor Napoleon, der in lässig, leicht überheblicher Pose am Tisch lehnt. Auf der rechten Seite ist der Sieger von Sedan, Wilhelm I., dargestellt mit dem Verlierer Napoleon III. Nun steht der Kaiser aufrecht und stolz vor dem Franzosen, der dem Betrachter den Rücken kehrt und leicht gebeugt steht. Die Botschaft ist klar – 1870 als Rache für Tilsit.

Das Bild Königin Luises changierte unter Kaiser Wilhelm I. zwischen der leidenden Frau und der stolzen Monarchin. Während Gustav Karl Ludwig Richter Luise 1879 in einem Bildchen, das zahlreiche Reproduktionen erlebte, majestätisch, mit Hermelin-Mantel porträtierte, zeigten andere Darstellungen die leidende und duldende Monarchin. Zu ihrem 100. Geburtstag predigte der Königliche Hofprediger Rudolf Kögel anlässlich der offiziellen Feier der königlichen Familie in Berlin über Psalm 126, in dem es am Ende heißt „Die mit Tränen säen, werden mit Freuden ernten": „[W]ir haben, du theure Königin, nicht vergessen, wie du mit Thränen gepflanzt und gepflegt, wie du auf deinen Sohn vererbt hast, was wir geerntet, wie du erhofft und erfleht [...]."[152]

Das 1880 enthüllte Standbild von Erdmann Enke im Berliner Tiergarten zeigte die Monarchin ebenfalls als in sich gekehrte, nach unten blickende Frau mit Attributen des Leidens: eine Rose, die Napoleon ihr als Geschenk angeboten haben soll, und Perlen, die Luise offenbar selbst mit Tränen in Verbindung gebracht hat. Der Sockel des Denkmals bestand aus Szenen aus dem Soldatenleben der Befreiungskriege. Mit einer großen Feier und angeblich 100.000 Schaulustigen wurde die Enthüllung des Denkmals in Anwesenheit der königlichen Familie gefeiert. Der zu Beginn gesungene Choral passte erneut zum festgelegten Bild – „Siehe, wir preisen selig, die erduldet haben, denn ob der Leib gleich stirbt, so wird doch die Seele leben" von Felix Mendelssohn Bartholdy.[153]

Es war zunächst Friedrich Wilhelm III. gewesen, der die Memoria seiner Frau als äußerst gelungenes Beispiel einer monarchisch-bürgerlichen Öffentlichkeitsarbeit vorangetrieben hatte. Am ersten Todestag der Königin, 1811, rief er die Luisenstiftung ins Leben, eine Bildungsanstalt für Erzieherinnen. Im Gedenken an Luise standen auch die Luisenbräute, Mädchen aus armen Familien, die von der Luisenstiftung zu ihrer Hochzeit mit einer Aussteuer ausgestattet wurden. Zu Luises Todesstunde traten die Bräute im schwarzen Kleid vor den Altar der Potsdamer Garnisonkirche und lieferten damit das Versprechen und den Anspruch, eine ebenso tugendhafte Ehefrau zu werden, wie Luise dies gewesen sei. Die Tradition wurde bis 1945 fortgeführt; 2012 lebte 93-jährig noch die letzte Luisenbraut.[154]

Im März 1813 stiftete Friedrich Wilhelm III. dann den Orden vom Eisernen Kreuz, einen von Schinkel entworfenen Orden für Verdienste im Krieg. Die eigentliche Stiftungsurkunde hatte der Monarch mit der Begründung auf den 10. März zurückdatiert, dass ihm an diesem Tag „sein reinstes, bestes, unvergeßliches Erdenglück" geboren worden sei. Der Luisenorden, den der König ebenfalls stiftete, wurde dagegen der höchste preußische Damenorden für Verdienste um das Vaterland. Meist waren es Hilfsleistungen für Soldaten, die ausgezeichnet wurden. Die Zahl der Ordensdamen war auf 100 begrenzt.

Doch alle Verehrung, alle Stilisierung und alle Bilder, die von Königin Luise entworfen wurden, sollten nicht vergessen lassen: Die lebende Luise sorgte in ihrer höfischen Umgebung durchaus für Auseinandersetzungen und Kritik. Am Hof hatte man sie als leichtsinnig, kokett und vergnügungssüchtig getadelt, und Friedrich Wilhelm III. selbst hatte die von Johann Gottfried Schadow entworfene „Prinzessinnengruppe", die Luise mit ihrer Schwester Friederike zeigte, wegen zu koketter und freizügiger, wenig hoheitsvoller Haltung der Königin abgelehnt. Schadow hatte die „Prinzessinnengruppe" in Gips- beziehungsweise Marmorausführung 1795 und 1797 in der Ausstellung der Berliner Kunstakademie gezeigt. Das Denkmal, dessen Marmorausführung heute in der „Alten Nationalgalerie" in Berlin steht, ist vor allem deshalb interessant, weil es ein Accessoire enthielt, das Luise später immer wieder zugeordnet und über diese Zuordnung zu einem modischen Vorbild wurde. Sie trug nämlich ein um den Kopf und den Hals gebundenes Tuch, das wohl eigentlich eine Schwellung verdecken sollte, die sich an Luise Hals befand. Schon 1796 übernahm das *Journal des Luxus und der Moden* das Halstuch und auch andere Maler statteten Luise auf ihren Porträts mit dem Tuch aus. Im 19. Jahrhundert existierte kaum ein Bild der Königin ohne dieses Accessoire.

Ein zweites Accessoire wird Königin Luise immer wieder zugeordnet – die Kornblume. Als Symbol für Luise und ihre Natürlichkeit gewann die Kornblume wohl erst unter Kaiser Wilhelm I. an Bedeutung. Er erklärte sie in Erinnerung an seine Mutter zur „preußischen Blume" und bezog sich auf ein Kindheitserlebnis. Während der Flucht nach Ostpreußen 1806 brach das Rad der Kutsche, in der Luise und ihre Kinder saßen. Um die Zeit bis zur Weiterfahrt zu überbrücken, flocht Luise ihren Kindern Blumenkränze. Nach dem Ersten Weltkrieg wurde die Kornblume zum Symbol des Luisenbundes, einer monarchistischen Frauenorganisation. Sie gab 1933 ein Liederbuch für Kinder heraus, das sie „Das Kornblümchen" betitelte.

Was bleibt von der Königin Luise, wenn man alle Mythen, die sie umstrahlen, abzieht? Bleibt lediglich ein „gerupftes Huhn", dessen Federn man im 19. Jahrhundert verteilte, um sich auf wohlige Kissen bürgerlicher und nationaler Ideen zu betten? Es bleibt sicherlich die Begeisterung der Bevölkerung für Luise, die schon zu Lebzeiten bestand. Es bleibt auch ihr Interesse für die Gestaltung von Politik und ihr Gespür, dass Preußen dringend Reformen benötigte. Sie war wohl die „Macherin", während Friedrich Wilhelm III. immer etwas zögerlich wirkt. Vielleicht bleiben jedoch auch die vielen Erwartungen, die an Luise gestellt wurden, die sie aufgrund ihres frühen Todes nicht erfüllen konnte.

Preußen hatte ein militaristisches und eroberungslüsternes Wesen

Von Georg Heinrich Berenhorst, einem der Adjutanten Friedrichs II. im Siebenjährigen Krieg, stammt die Aussage, die preußische Monarchie sei „nicht ein Land, das eine Armee, sondern eine Armee, die ein Land hat, in welchem sie gleichsam nur einquartiert steht".[155] Militärisch war auch die Begründung, die der Alliierte Kontrollrat im Gesetz Nr. 46 vom 25. Februar 1947 für die Auflösung Preußens fand. Der Staat Preußen sei „seit jeher Träger des Militarismus und der Reaktion in Deutschland gewesen". Weil der Kontrollrat, so heißt es weiter, ein „Interesse an der Aufrechterhaltung des Friedens und der Sicherheit der Völker" habe und die „weitere Wiederherstellung des politischen Lebens in Deutschland auf demokratischer Grundlage" sichern wolle, müsse Preußen aufgelöst werden.

Zwei Meinungen, zwischen denen ungefähr 200 Jahre liegen, die Preußen jedoch auf ein nahezu überzeitliches Charakteristikum festlegen: die von der Armee geprägte Gesellschaft, die als militärisch oder eben auch als militaristisch ausgerichtet bezeichnet werden kann. Der Alliierte Kontrollrat verbindet diese Prägung mit Sanktionen: Weil Preußen militaristisch, reaktionär und kein Garant für Frieden und Sicherheit, sondern antidemokratisch sei, werde es aufgelöst. Attribute und Zuschreibungen, die sich schnell in der öffentlichen Meinung Nachkriegsdeutschlands festsetzten.

In der Beurteilung, wie militärisch oder militaristisch Preußen ab wann war, gilt es zunächst, auf die Begriffe zu achten. „Militaristisch" ist nicht „militärisch". „Militarismus" ist vor allem ein Kampfbegriff, der sich seit den 1860er-Jahren etablierte und eine Gesellschaft beschreibt, in der das Militär ein „unangemessenes Übergewicht" bekommt beziehungsweise die Streitkräfte für die innere Politik zweckentfremdet werden.[156] Dass beide Begriffe manchmal deckungsgleich und in polemischer Weise verwendet werden, macht die Einschätzung der historischen Situation nicht einfacher. In der polemischen Deutung beginnt die Militarisierung Preußens mit Friedrich Wilhelm I., in der „wohlwollenderen" Interpretation beginnt mit ihm lediglich die Umgestaltung des militärischen Systems. Ihren volkstümlich-stilisierten Höhepunkt findet die militärische Durchdringung der Gesellschaft in klischeehaften, die soldatische Zier romantisierenden Berichten über das Militär in den Straßen Berlins im 19. Jahrhundert. Von den militärischen Aktionen her gesehen zieht sich der Bogen vom Einfall Friedrichs II. in Schlesien, der der Welt das militaristische und eroberungslüsterne Wesen Preußens mit Nachdruck vor Augen geführt habe, bis zur kriegstreiberischen Hochrüstung unter Wilhelm II., die in die erste Katastrophe des 20. Jahrhunderts mündete.

Auch die antideutsche Propaganda der Amerikaner griff diese Traditionslinie auf. Der Film *Here is Germany*, für den Ernst Lubitsch und Gottfried Reinhardt, der in Berlin geborene und in den USA lebende Sohn des Regisseurs Max Reinhardt, das Drehbuch schrieben, sollte die Amerikaner noch 1945 auf die Gefahren hinweisen, die im Wesen Deutschlands lagen. Der Film zog zwei Traditionslinien der deutschen Geschichte. Eine Linie führte von Friedrich II. über Bismarck und Wilhelm II. bis zu Hitler. Eine zweite führte von den Hunnen über Preußen bis zu den Nationalsozialisten. Die Botschaft ist klar: Stets war die deutsche Gesellschaft, sei sie nun „deutsch", „preußisch" oder mittelalterlich, durch eine militaristische und aggressive Einstellung geprägt.

Der Film transportiert seine antideutsche Polemik nicht nur über diese zwei konstruierten Traditionslinien, sondern auch über eine abenteuerliche, mehr als fragwürdige Interpretation der Geschichte des Alten Reichs. Bis in die Frühe Neuzeit sei dieses mittelalterlich geblieben. Denn es war weiterhin gebildet aus einem unzusammenhängenden und uneinheitlichen Konglomerat von Einzelstaaten, die von autokratischen Fürsten ohne Legitimation durch das Volk geführt wurden – ohne Verfassung, ohne Parlament, ohne Freiheitsrechte.

Grundtenor ist, dass die Fürsten im Alten Reich immer noch autokratisch und aggressiv geherrscht hätten, als die USA schon eine Verfassung erlassen und die Franzosen ihre Revolution im Namen der Freiheit durchgeführt hatten; England konnte sowieso auf eine jahrhundertelange Tradition des Parlamentarismus verweisen.

Beispielhaft für die Territorien des Alten Reiches greift der Film die Geschichte des aggressivsten Staates heraus, nämlich Preußens. Dabei bilden Ausschnitte aus NS-Filmen das Bildmaterial für die Darstellung der Geschichte. Unterdrückung der Bevölkerung und außenpolitische Aggression – das war Preußen. Habe bereits Friedrich II. ganz Europa mit Krieg überzogen, so hätten preußische Militaristen seine Ideen nach seinem Tod weiterverfolgt. Auch die Freiheitsbewegungen des 19. Jahrhunderts hätten in Deutschland keine Chance gehabt. Alle Freiheitsliebenden hätten Repressionen und Tod erleiden müssen, so dass ihnen schließlich nur noch die Auswanderung blieb: 2 Millionen seien nach Amerika gekommen – sie waren, so die Aussage, die Lebendigen, während die Zurückgebliebenen weiterhin blind den Königen folgten. Sie bildeten die völlig vom Militär geprägte Gesellschaft, der das Flottenprogramm und der Eifer der Industriellen die Richtung vorgaben. Deutsche Studenten hätten nicht Fußball gespielt, sondern sich duelliert.

Der Charakter Deutschlands in dieser Zeit konkretisiert sich für die Autoren von *Here is Germany* in der „Hunnenrede", die Wilhelm II. im Juli 1900 bei der Verabschiedung deutscher Truppen nach China in Bremerhaven hielt. Mit den Worten „Pardon wird nicht gegeben, Gefangene werden nicht gemacht!" forderte Wilhelm II. die Soldaten zur Niederschlagung des Boxeraufstandes auf. Willkommene Worte, die der Film dankbar aufgriff. Aber auch die Propaganda anderer Staaten, beispielsweise Englands, verwendete die „Hunnenrede" immer wieder gegen Deutschland. Soweit die sehr geradlinige, propagandistisch vereinfachte und historisch äußerst fragwürdige Interpretation der deutschen Geschichte aus der Sicht amerikanischer Kriegspropaganda. In äußerst überspitzter Form zeigt sie, wie einer Gesellschaft *zuerst* ein Stempel aufgedrückt wird und *dann* daraus Traditionslinien konstruiert werden.

Doch wie militärisch oder militaristisch war Preußen wirklich? Einer Berechnung von Heinrich von Sybel aus dem 19. Jahrhundert zufolge hat Preußen verglichen mit anderen Mächten wenige Kriege geführt. Nähme man alle Kriege zwischen 1701 und 1933, so sei Frankreich mit 28 %, England mit 23 %, Russland mit 21 % und Preußen beziehungsweise Deutschland mit 8% involviert gewesen.[157] So schwierig solche Berechnungen sind, denn schließlich hatten Frankreich und England auch kolonialen Besitz, so können sie doch gewisse Tendenzen aufzeigen.

Ein vorbildliches militärisches System

Um sich militärischen Traditionen in Preußen zu nähern, ist es sinnvoll, den Blick auf Friedrich Wilhelm I. zu richten. Seine Reformen prägten die Armee bis 1807, und sie waren auch für andere Länder beispielgebend. Er war der erste Monarch, der selbst Uniform trug und sich damit in äußerst deutlicher Art und Weise von seinem Vater abhob, der noch den Hermelinmantel und eine aufwändige Allongeperücke getragen hatte. Friedrich Wilhelm I. dagegen trug einen schlichten Zopf. Das Regiment der „Langen Kerls" steht wie kein anderes für die militärische Begeisterung des als „Soldatenkönig" bekannten Monarchen. Doch trotz dieser Begeisterung Friedrich Wilhelms I. für das Militär, für Uniformen und Exerzieren und Drill: Große Kriege hat der König nicht geführt.

Auf Friedrich Wilhelm I. ging das 1733 eingeführte Kantonsystem zurück, das Preußen in Rekrutierungsbezirke, Kantone genannt, unterteilte, die wiederum bestimmten Regimentern zugeordnet waren. Alle männlichen Mitglieder der einzelnen Haushalte wurden in die Kantonrolle eingetragen („enrolliert") und konnten bei entsprechendem Bedarf ab dem 20. Lebensjahr eingezogen werden. Vorteil des Kantonsystems war, dass der militärische Dienst und die Arbeit in der Landwirtschaft sich besser vereinbaren ließen, denn eingezogen wurde nur im Bedarfsfall. Zudem erwies sich das System als äußerst flexibel, um nach verlustreichen Schlachten sehr rasch neue Soldaten zu rekrutieren und an die Front zu bringen. Schon die Zeitgenossen beschrieben die Vorteile des preußischen Systems, etwa Maria Theresia, die 1757 feststellte, Preußen könne aufgrund der Verankerung des Militärs in der Gesellschaft jede sich bietende Gelegenheit nutzen, seinen Nachbarn einen tödlichen Schlag zu versetzen, so lange diese sich noch zum Krieg rüsten.[158] Auf das System Friedrich Wilhelms I. konnte dann Friedrich II. zurückgreifen, wobei er es, wie die Propaganda Glauben machen wollte, in äußerst aggressiver und zerstörerischer Weise ausnutzte. Der am Anfang des Kapitels zitierte Satz von Georg Heinrich Berenhorst stellt eine milde Form aller negativen Zuschreibungen zum friderizianischen Militär(-staat) dar. Friedrich selbst trug schnell den Stempel des Aggressors, wozu ihm seine Einfälle 1740 in Schlesien und 1756 in Sachsen verhalfen.

Doch obwohl das Militär sehr tief in der Bevölkerung verankert scheint: Studien haben festgestellt, dass nur etwa sieben bis zehn Prozent der kantonspflichtigen Bevölkerung tatsächlich eingesetzt wurden. Diese Quote blieb lange konstant. Erst in den beiden Weltkriegen des 20. Jahrhundert wurde sie übertroffen.[159] Die geringe Quote der Eingezogenen erklärt sich unter anderem dadurch, dass nur ein Teil der preußischen Armee wirklich aus Preußen bestand. Für das Jahr 1786 ist bekannt, dass von den 195.000 Mann nur 81.000 aus Preußen stammten. Alle anderen Soldaten waren aus dem Ausland Angeworbene. Zudem gab es zahlreiche Möglichkeiten, dem militärischen Dienst zu entgehen – Hoferben und einzige Söhne waren ebenso von vornherein befreit wie Männer, die besonders klein waren oder die gesundheitliche Probleme nachweisen konnten. Die städtische Bevölkerung musste ebenfalls keinen Militärdienst leisten. Auch Desertionen waren an der Tagesordnung. Besonders in grenznahen Gebieten wichen die enrollierten jungen Männer ins nahe Ausland aus, wenn die Rekrutierung drohte; anschließend kehrten sie wieder nach Hause zurück.

Als berühmt-berüchtigt wurden in der Vergangenheit die preußischen Werber geschildert, die in Preußen und im Ausland unterwegs waren, um Soldaten zu rekrutieren. Obwohl die neuere Forschung ein etwas milderes Bild zeichnet, gibt es teilweise sehr grausame Berichte über Werbungen. Anfang der 1720er-Jahre zogen preußische Werber beispielsweise durch mennonitische Dörfer in der Tilsitischen Niederung und versuchten junge Männer zu rekrutieren, die aufgrund ihrer Glaubensüberzeugung, Kriegs- und Waffendienst zu verweigern, eigentlich vom Dienst im Militär ausgenommen waren. Der mennonitische Bericht beschreibt, wie die Werber Lehrer und alte Leute „unbarmhertzig" schlugen, sie „bey den Bärthen" rissen und einigen sogar den Bart ausrissen. Anderen Männern wurde der Bart mit der Schere abgeschnitten, manche wurden geschlagen, dass sie „4 tage betlägerig" waren. Einige der „stärksten und größten" Männer behandelten die Werber so „grausam", dass sie ihnen die Tabakspfeifen in den Mund steckten, die Lippen zuhielten und dann den Rauch hineinbliesen. „Hernach nahmen sie ain federpose [= Federkiel, v. S.] mit Schnaupf-Toback" und bliesen „ihnen in die Nase, daß ihnen daß Blut auß Nase und Mund stürtzete".[160] Folterähnliche Methoden, die hier beschrieben werden, jedoch keineswegs nur im preußischen Militär vorkamen.

Die preußischen Werber waren in den verschiedenen Regionen Europas auch deshalb gefürchtet, weil sie Landessöhne für eine fremde Armee abwarben. So wurde beispielsweise 1779 in Tirol eine Belohnung von 100 Dukaten ausgesetzt, wenn preußische Werber entdeckt und handfest gemacht würden. Aus dem gleichen Jahr ist der Fall von drei Deserteuren aus einem Tiroler Regiment bekannt, die an der Grenze zu Bayern von Tirolern an bayerische Bauern übergeben wurden, um bei preußischen Truppen ihren Dienst zu tun – für die Bauern bedeutete diese „Flüchtlingshilfe" vermutlich ein gutes Zubrot.[161]

So schlagkräftig und vorbildhaft das preußische Militär wahrgenommen wurde, so zeigten sich im alltäglichen Miteinander die Probleme, Unzufriedenheiten und Missstände. Allein die Tatsache, dass ein Heer nicht nur aus ausgebildeten Soldaten bestand, sondern aus einem fast ebenso großen Tross, zu dem unter anderem Frauen, Kinder, Barbiere, Händler und Marketenderinnen, aber auch Prostituierte gehörten, erzeugte einigen Regelungs- und Handlungsbedarf. Ordnungen gaben Aufgaben und Grenzen vor. Die Zeit Friedrich Wilhelms I. brachte durch das verstärkte kirchliche Engagement einen Schub an geistlicher und pädagogischer Betreuung. Die schulische

Ausbildung der Soldatenkinder wurde ebenso verbessert wie die soziale Fürsorge. Über das ganze 18. Jahrhundert hinweg gab es immer mehr Leistungen gerade für Witwen und Waisen gefallener Soldaten. Der Wandel vom herumziehenden Söldnerheer zum Stehenden Heer, das in Garnisonstädten stationiert war, wirkte sich auf das Familienleben der Soldaten und die Versorgung der Soldatenfamilien positiv aus. Allerdings bedeutete es auch, dass die gesamte Familie helfen musste, den knappen Soldatensold aufzubessern. Die Wirtschaft der Garnisonstädte nahm die neuen Arbeitskräfte, die sich in Gestalt der Soldatenfrauen und -kinder boten, gerne an.

Doch das Militär kämpfte auch mit Stereotypen, etwa jenem, ein Sammelbecken für zweifelhafte, unehrenhafte, eventuell sogar kriminelle und gewaltbereite Soldknechte zu sein. Die pauschale Verurteilung von Marketenderinnen als Prostituierte verbesserte das Image ebenfalls nicht. Besonders städtische Bürger blickten auf das Militär herab. Sie waren von den Rekrutierungen ausgenommen und betrachteten die Armee als „verschanzten Stand", dem sie alles Schlechte zuschrieben, und sie wachten selbst eifersüchtig über ihre eigenen Privilegien. So ganz aus der Luft gegriffen waren diese Vorurteile allerdings nicht. Die Quellen überliefern Fälle, in denen Frauen ihre alkoholkranken und das Familieneinkommen versaufenden Männer den preußischen Werbeoffizieren „andienten" oder Eltern ihre Söhne, die nichts lernen wollten, beim Militär ablieferten.[162]

Die Motive, aus denen jemand sich als Soldat verdingte, waren vielfältig, und manchmal wirklich äußerst zweifelhaft. So ist aus dem späten 17. Jahrhundert überliefert, dass der militärische Dienst offenbar als Chance gesehen wurde, vor der eigenen Familie und den damit verbundenen Pflichten oder vor juristischen Prozessen zu fliehen oder einfach eine andere Frau zu heiraten. 1665 wurde deshalb eine Verordnung zur Mehrfachheirat von Soldaten erlassen. Da im Fall der Heirat eines Soldaten nur schwer nachzuprüfen war, ob dieser nicht bereits irgendwo mit einer Frau verheiratet war, verlangte die neue Regelung, dass die Ehe von Soldaten an drei Sonntagen von der Kanzel aus verkündet werden musste. Man wollte so wohl eine größere Öffentlichkeit schaffen, um mögliche Fälle von Polygamie zu vermeiden. Letztendlich gab die Regelung den Frauen, die das Gesicht frühneuzeitlicher Heere ebenso prägten wie die Soldaten, ein Mehr an Sicherheit, wenn sie im Tross mitzogen.[163]

Nicht nur „Menschenmaterial" war für eine schlagkräftige Truppe nötig, sondern auch die Versorgung mit Tieren, die die Mobilität steigerte. Auf Friedrich Wilhelm I. gehen erste Anläufe zurück, die Pferdezucht zu verbessern, um mehr und bessere Pferde zu haben – aus einem 1713 erlassenen Edikt entstand im Nordosten Preußens, in Trakehnen, ein großes Gestüt, das selbst immer wieder zum Mythos wurde. Allerdings konnte Trakehnen bis ins späte 18. Jahrhundert die an das Gestüt gestellten Erwartungen nicht erfüllen. Nur wenige Pferde waren für das Militär geeignet, und so versorgte man stattdessen vor allem den königlichen Hof. Auch unter Friedrich II. kam die Zucht nicht in Gang. Erst 1786, als das Gestüt nach dem Tod Friedrichs II. in den Besitz des Preußischen Staates überging und als „Königliches Hauptgestüt" firmierte, professionalisierte sich die Pferdezucht, unter anderem durch eine Unterteilung der Zucht in leichtere Reitpferde und schwerere Zugpferde. Die siebenendige Elchschaufel als Brandzeichen Trakehnens wurde den Pferden seit 1787 aufs Fell gedrückt. Einen weiteren Schritt nach vorne nahm das Gestüt nach dem Ende der Napoleonischen Kriege, als man durch das Einkreuzen von arabischen und englischen Vollblütern die typischen Trakehner schuf. Es wurden nur die mittelmäßigen Tiere verkauft, die besten blieben in Trakehnen, um so die Qualität aufrecht zu erhalten. Um 1900 gehörten die Trakehner im Militär und im Rennsport zu den beliebtesten Pferden. 1945 wurden 60 Junghengste und 84 weitere Hengste nach Niedersachsen und Schleswig-Holstein gebracht; etwa 500 weitere Trakehner waren mit den Flüchtlingstrecks Richtung Westen gekommen: ein Restbestand, mit dem die Zucht der Rasse nach dem Krieg in Westdeutschland neu aufgebaut werden konnte.

Das Erwachen kam für Preußen und seine militärische Organisation mit der Niederlage bei Jena und Auerstedt 1806. Es war nicht nur die Niederlage an sich, die für einen Aufschrei sorgte, sondern auch die Art und Weise, wie sie zustande gekommen war. Viele Soldaten waren desertiert, und die Offiziere hatten sich als strategisch unflexibel erwiesen. Die Reformen, die anschließend unter Federführung Gerhard von Scharnhorsts und August Neidhardt von Gneisenaus durchgeführt wurden, brachten grundlegende Veränderungen. Das bekannteste Ergebnis dürfte die Einführung einer allgemeinen Wehrpflicht sein, die eine breitere Akzeptanz des Militärs in der Gesellschaft mit sich bringen sollte. Die gesamte Bevölkerung sollte für das Militär gewonnen, die „Identität von Staatsbürger und Vaterlandsverteidiger" zusammengeführt werden. Karl August von Hardenberg formulierte 1807: „Jedes alte Vorurteil muß der Betrachtung weichen, daß alle Bürger *eines* Staats sind und gleiche Ansprüche haben. Je weniger man den Soldaten von dem Bürger trennt, je mehr man bei beiden das *wahre* point d'honneur erweckt, desto mehr werden Patriotismus und schöne ehrenvolle Taten die Nation verherrlichen und alle sich nur als Glieder einer Familie lieben und behandeln."[164] Kriegsminister Hermann von Boyen wiederum sah die preußische Armee als „Schule der Nation". Militärischer Drill und Erziehung seien zwar wichtig und notwendig, doch darüber hinaus sollte der Soldat staatsbürgerliche Pflichten lernen und emotional an Staat und Nation gebunden werden. Idealerweise sollte diese Erziehung weitere Kreise ziehen und nach unten wirken, also in den Provinzen die Bindung an den Staat stärken.

Weitere Ergebnisse der Reformen waren die Vorgaben, weniger Exemtionen zu erlauben, das Offizierscorps für Nichtadelige zu öffnen, keine Ausländer mehr zu werben und die drakonischen Strafen abzuschaffen – dazu gehörten Stockprügel, aber auch die vermutlich bekannteste und am häufigsten gebrauchte Strafe, das Spießruten- oder Gassenlaufen. Wieder eingefangene Deserteure mussten, so schildert dies der in den 1750er-Jahren in der preußischen Armee dienende Schweizer Ulrich Bräker, durch eine Gasse aus 200 Mann hindurchlaufen, mit nacktem Oberkörper, gemartert von den Rutenschlägen der Männer – „achtmal die lange Gasse auf und ab Spießruten laufen", bis sie atemlos zusammenbrachen. In den folgenden Tagen ging es weiter, die Kleider wurden den Deserteuren „vom zerhackten Rücken heruntergerissen und wieder [wurde, v. S.] frisch drauflosgehauen", bis „Fetzen geronnenen Bluts ihnen über die Hosen hinabhingen". Ein mehr als 30-maliges Spießrutenlaufen hieß übrigens „auf Tod und Leben laufen". Die Strafe war keine preußische Erfindung, sondern stammte von Gustav II. Adolf von Schweden und fand in vielen Armeen Anwendung.[165]

Verschiedene Spielarten des Militarismus

Ebenso wie der Wind der Veränderungen im 19. Jahrhundert nicht gleichmäßig wehte, sondern Ideen von Erneuerung und Bewahrung, von Gleichheit und ständischer Gliederung durcheinanderwirbelte, dabei bald der einen, bald der anderen Richtung Auftrieb gab, war das Militär Spielball von Alt und Neu. Wiesen die Reformen und ihre Ideen nach vorne, so kam der Rückschlag mit der Reaktion, die nach 1819 einsetzte. Reformen wurden zurückgefahren und alte Ideen reaktiviert. Das Militär verlor seine Funktion in der Erneuerung der Gesellschaft und wurde in den nächsten Jahrzehnten zum Hort der alten Eliten, des grundbesitzenden Adels und der Monarchie, die versuchten, die eigene Macht und Versorgung zu sichern. Zwar stand das Offizierscorps theoretisch Bürgerlichen offen, praktisch blieben aber viele Positionen und Regimenter, etwa die Kavallerie und die Garde, dem Adel vorbehalten. Je höher der Rang, umso höher wurde die Adelsquote. Diese Exklusivität führte unter den Offizieren zu einem eigenen Selbstverständnis, das durch ein verbindendes Ehrgefühl geprägt war. Man sah sich als Diener des Königs, dem allein alle Loyalität galt. Äußeres Zeichen der Adeligen im Militär war der Degen, den nur sie tragen durften.[166]

Es waren vor allem zwei Bilder, mit denen das Militär im 19. Jahrhundert in der Öffentlichkeit präsent war. Einerseits als Hort der alten Eliten und andererseits als Gruppe farbenprächtiger und folkloristischer Uniformträger. Den „schmucken" Soldaten schlug zunehmend die Sympathie der Bevölkerung entgegen, die sich in einer romantisierenden Attitüde an den Soldaten und ihren Uniformen, wie sich bei Paraden, Märschen und Festen sowie in Vereinen zeigte, erfreute. Die Forschung hat für letztere Entwicklung den Begriff des „Folkloremilitarismus" eingeführt, um gesellschaftliche Einflüsse des Militärs abseits des eigentlich als Kampfbegriff verwendeten „Militarismus" zu beschreiben.

Tatsächlich prägten Uniformen die preußische Gesellschaft seit dem frühen 18. Jahrhundert. Laut obrigkeitlicher Erlasse mussten enrollierte Untertanen eine rote Halsbinde oder einen Püschel am Hut tragen. Jeder Soldat, ob Offizier oder einfacher Soldat, hatte im

Dienst und außerhalb des Dienstes in Uniform zu gehen; und nicht nur die Uniform war Ausrüstung des Soldaten, sondern die gesamte „Montur", das heißt auch alle anderen Sachen, die ein Soldat bei sich führte – Pferd, Sattel, Zeug und Gewehr. Seit 1724 wurde die Montur sogar jährlich neu ausgegeben. Dies führte dazu, dass alte Uniformen zu Alltagskleidung umgearbeitet und entweder verkauft oder von anderen Familienmitgliedern abgetragen wurden. Diese Praxis lässt die Präsenz von Uniformen im Straßenbild der Städte und Dörfer in einem etwas anderen Licht erscheinen – Sparsamkeit war das Gebot und weniger die militaristische Ausrichtung einer ganzen Gesellschaft.[167] Im Vergleich zu Frankreich, der Habsburgermonarchie oder anderen europäischen Staaten war Preußen, was das Stadtbild anging, keineswegs besonders militaristisch.

Berlin versuchte im 19. Jahrhundert sogar ganz gezielt, dem Image einer vom Militär geprägten Stadt entgegenzuarbeiten. Man betonte die zivile Seite der Stadt, stellte den Berliner als fleißig und diszipliniert dar und verwies auf die kulturelle Vielfalt. Das Berlinbild, das verschiedene Medien wie Dioramen oder auch Darstellungen auf KPM-Porzellan verbreiteten, zeigte eine Stadt, die verschiedene Bevölkerungselemente integrierte: das höfische und militärische Leben ebenso wie das bürgerliche und das industrielle Leben.[168]

Vom Folkloremilitarismus zu unterscheiden, wenn auch nicht zu trennen, ist der militaristische Staat, der die Rüstungsmaschinerie in Gang warf und in Europa ein Wettrüsten startete, das Politik und Industrie gemeinsam befeuerten. Eine wichtige Familie im Deutschen Bund war die Familie Krupp, die mit ihren Stahlwerken schon um die Mitte des 19. Jahrhunderts durch den forcierten Eisenbahnbau weltweit lukrative Aufträge an Land ziehen konnte. Produkte aus Gussstahl wie Gussstahlachsen oder Radbandagen sorgten für hohe Verkaufszahlen, die sich seit den 1850er-Jahren auch allmählich auf den Rüstungssektor ausdehnten. Krupp hatte die ersten Gussstahlkanonen präsentiert, und der spätere Kaiser Wilhelm I. wurde zum prominenten Förderer des Unternehmens aus Essen. Allerdings war es nicht Preußen, das die ersten Kanonen abnahm, sondern Bayern, Braunschweig, Hannover, Ägypten und Frankreich.[169] Über den Erfolg im Ausland kamen die militärischen Produkte aus Gussstahl allmählich nach Preußen; erst ein Millionenauftrag aus Russland führte in den 1860er-Jahren auch in Preußen zu vermehrten Bestellungen.

Krupp-Produkte kamen im Deutsch-Österreichischen Krieg 1866 und im Deutsch-Französischen Krieg 1870/71 zum Einsatz, auch wenn die preußischen Hinterlader, die für die Siege verantwortlich gemacht werden, hauptsächlich noch aus Bronze waren. 1871 merkte Alfred Krupp gegenüber Kaiser Wilhelm I. an, man lebe jetzt „in der Stahlzeit": „Das Eisenbahnwesen, Deutschlands Größe, Frankreichs Sturz, fällt in die Stahlzeit. Die Bronzezeit ist dahin, sie hat aufgehört das Material des Krieges zu sein".[170] General Konstantin Bernhard von Voigts-Rhetz, der einen wesentlichen Anteil an den Erfolgen Preußens im Deutsch-Österreichischen Krieg hatte, hob im Juli 1866, nach der Schlacht bei Königgrätz, in einem Schreiben an Alfred Krupp die Bedeutung der Kanonen hervor: „Sie wußten, daß wir das hochmütige Österreich niedergeworfen hatten, und Sie hatten ein besonderes Interesse, außer Ihrem Patriotismus – denn Sie haben ja am wirksamsten geholfen durch Ihre Kanonen. Lange, heiße Stunden haben sich diese Ihre Kinder mit ihren österreichischen Cousinen unterhalten, es war ein Tirailleurfeuer mit gezogenen Kanonen, höchst merkwürdig und interessant, aber auch sehr verderblich."[171] Über Kanonen hinaus entwickelte Krupp Stahlprodukte im zivilen und militärischen Bereich und scheute keine Investitionen, die für ständige Innovationen nötig waren. Das Unternehmen wurde Teil eines weltweiten wie nationalen Kampfes um die Vorherrschaft in der Rüstungsproduktion und -innovation.

Die Symbiose zwischen den Hohenzollern und Krupp war unter Kaiser Wilhelm II. besonders eng. Wilhelm II. war begeistert von den Errungenschaften der Rüstungsindustrie und einen Partner fand er in Friedrich Alfred Krupp, der die Geschäfte nach dem Tod seines Vaters 1887 übernahm. Der Kaiser bewohnte eine eigene Etage in der Villa Hügel in Essen, jener legendären Villa, die Alfred Krupp 1870 begonnen hatte zu bauen. Die Villa sollte aus Eisen und Stahl errichtet werden und vor allem repräsentativen Zwecken und erst in zweiter Linie dem Wohnkomfort dienen. Wilhelm II. hielt auch zu Friedrich Alfred Krupp, als Gerüchte in Umlauf kamen, Krupp führe auf Capri ein zu ausschweifendes Leben, zu dem auch homosexuelle Kontakte und Or-

gien gehörten. Gerüchte, die von der sozialdemokratischen Presse
aufgegriffen wurden und bis zu Krupps Tod, kurz nach Bekanntwer-
den der Gerüchte in Deutschland, im November 1902, nicht aufge-
klärt wurden. Kaiser Wilhelm II. erwies Krupp die letzte Ehre und
folgte dem Trauerzug durch die Straßen von Essen.

Das Flottenprogramm, das durch den Flottengründungsplan von
1873 forciert wurde, sicherte Krupp eine wichtige Vorreiterfunktion,
vor allem durch die Produktion von Schiffsartillerie und gepanzerten
Geschütztürmen. 1896 kaufte Krupp die Germaniawerft in Kiel, die in
den folgenden Jahren massiv ausgebaut und zum Zentrum der deutschen Kriegsschiffproduktion wurde. Die ersten U-Boote wurden hier
gebaut. Regelmäßige Flottenparaden und Manöver setzten die deutsche Produktion in Szene und demonstrierten die Macht auf dem
Wasser. Die 1898 und 1900 erlassenen Flottengesetze und der auf den
Staatssekretär im Reichsmarineamt Alfred von Tirpitz zurückgehende
Tirpitz-Plan brachten weiteren Schwung in den Ausbau der deutschen
Marine. Ziel war es, sich als Großmacht im maritimen und internationalen Feld zu positionieren; der hauptsächliche Gegner war Großbritannien, das seit den späten 1880er-Jahren seine eigene Flotte massiv
verstärkt hatte.

Ein Werber für die Marine wurde Kaiser Wilhelm II., der häufig
deren Uniform trug und die Marine immer wieder in die Politik und in
das Hofleben einbezog; unter anderem begleitete ihn die Marine bei
seinen Besuchen in St. Petersburg und auf seinen Nordland-Reisen
nach Skandinavien.[172] Der Kaiser erwies sich als begnadeter Stratege,
was seine eigene Öffentlichkeitsarbeit anging. Er wusste die neuen
Medien – Film und Ton – für sich zu nutzen. So erreichte der Monarch
mit seinen Botschaften und seinem Bild, das ihn stets in anderen Uniformen zeigte, eine sich erweiternde Öffentlichkeit. Er präsentierte
sich immer mehr als „Deutscher", sah sich als „Reichsmonarch" und
strebte ein Kaisertum mit imperialen Dimensionen an. Die Reichsgründung und der Tag von Sedan waren wichtige Erinnerungsorte,
die die neue Nation, die nun die „deutsche" wurde, zusammen-
schweißte.

Die allgemeine Schulpflicht brachte Bildung für Alle

Die allgemeine Schulpflicht, Reformen im Unterrichtswesen, aufgeklärter Unterricht und moderne Universitäten – Preußen wird häufig
als bildungsbürgerliches Eldorado gesehen. Wesentliche neue Impulse für das Erziehungs- und Bildungswesen brachte die Aufklärung.
Eines der Ziele war, die Gesellschaft durch eine gut ausgebildete Jugend umzugestalten – Erziehung zum besten Nutzen der Gesellschaft.
Die Diskussion über Erziehung und Bildung verbreitete sich und
wurde stärker über die publizistischen Organe geführt; allmählich
etablierte sich die „Pädagogik" als eigene Disziplin. Die pädagogische
Reformbewegung war vor allem verbunden mit Namen wie Jean-
Jacques Rousseau, Johann Heinrich Pestalozzi, Johann Gottlieb Fichte, Immanuel Kant und Johann Gottfried Herder. Besonders Rousse-
aus Bildungsroman *Emile ou de l'éducation* (erschienen 1762) wurde
prägend für die neue Entwicklung. Der Philosoph verpackte in die
fiktive Biographie grundlegende Ideen zur Lenkung der kindlichen
Erziehung und beschäftigte sich dabei mit den Auswirkungen guter
und schlechter Erziehung für das Kind, aber auch für Staat und Gesellschaft.

Die Bildung im 18. Jahrhundert sollte die Gesellschaft verändern;
sie zielte auf eine Nivellierung der starren ständischen Grenzen. Der
Aufstieg nach oben war durch Bildung und durch die Professionalisierung bestimmter Berufe, die Bildung voraussetzten, möglich geworden. Die Folge dieser Entwicklung war, dass man mehr gut ausgebil-

dete Menschen brauchte und dies öffnete die Tür für neue Wege und Chancen. Beispielhaft war die Reformschule „Philantropinum", die Johann Georg Basedow 1774 in Dessau gründete. Sie stand allen Kinder offen, ob arm oder reich, adelig oder bäuerlich – eine Idee, die in einer ständischen Gesellschaft erst einmal gedacht sein wollte. Auf Basedow geht auch eines der vielen Erziehungsbücher zurück, die im 18. Jahrhundert erschienen. Sein *Elementarwerk für die Jugend und ihre Freunde* behandelte grundlegende Fragen der Erziehung und legte für den Unterricht einen starken Akzent auf die Verbindung von „Sachkenntnis", als Unterricht durch Anschauung, und „Sprachkunde", der Ausbildung in der Muttersprache und in Fremdsprachen. Das Buch wurde ergänzt durch Kupfertafeln von Daniel Chodowiecki und verband somit Text und Bild in einer „modernen" und idealtypischen Art und Weise. Als Methode, Kindern Begriffe beizubringen, empfiehlt Basedow beispielsweise, ein Kind einen Gegenstand tasten zu lassen und ihm dabei den Namen des Gegenstands ständig vorzusagen. Bei abstrakten Begriffe und Namen sollte man Kindern zunächst die Oberbegriffe lehren und dann erst die Unterbegriffe: „Man weis den Unterschied unter eigenthümlichen Namen, als Friedrich und Berlin, und unter gemeinen Namen, als König und Stadt. Gemeiner, als König, ist der Name Fürst; gemeiner als Fürst ist der Name Mensch, gemeiner, als Mensch, ist der zusammengesetzte Name ein – lebendig – Wesen. Eine ganze Art von Dingen begreift alle einzelne Dinge, denen wegen einer merkwürdigen Aehnlichkeit ein Name gemein ist." Um das Lernen zu vereinfachen, schlägt Basedow vor, Namen in einem Ratespiel zu verstecken.[173]

Dass Bildung wichtig ist, stand für die Aufklärer außer Frage. Nicht ganz dieser Meinung waren viele Eltern, die ihre Kinder in der Landwirtschaft oder in anderen gewerblichen oder häuslichen Tätigkeiten brauchten. Noch für das 18. Jahrhundert gilt: Der Schulbesuch störte die Arbeitsabläufe, so dass Norm und Praxis lange zwei ganz verschiedene Bereiche blieben. Sowohl das *General-Edikt* Friedrich Wilhelms I. von 1717 als auch das *General-Land-Schul-Reglement* Friedrichs II. von 1763 kritisierten den säumigen Schulbesuch der Kinder und forderten die Eltern auf, ihre Kinder regelmäßiger in die Schule zu schicken. Das Schulwesen und die Erziehung der Jugend, so Friedrich II. 1763, seien besonders auf dem Land „in äussersten Verfall gerathen". Um diesen Missstand zu beheben, „erinnerte" das Reglement alle Eltern und Erziehungsberechtigten, insbesondere auch jene auf den Gutsherrschaften, deren Kinder aufgrund des Gesindezwangs Dienste leisten mussten, „ihrer Pflicht" nachzukommen, die Kinder in die Schule zu schicken – mindestens vom 5. bis zum 13. oder 14. Lebensjahr, „bis sie nicht nur das Nöthigste vom Christenthum gefasset haben und fertig lesen und schreiben, sondern auch von demjenigen Red und Antwort geben können, was ihnen nach den von Unsern Consistoriis verordneten und approbirten Lehrbüchern beygebracht werden soll".[174]

Die Interpretationen gehen auseinander in der Frage, ob damit die allgemeine Schulpflicht eingeführt wurde oder ob Friedrich nur Aufforderungen früherer Schulordnungen wiederholte. Fakt ist, dass die Umsetzung auch nach 1763 keineswegs funktionierte.[175] Die Arbeiten in der Landwirtschaft, der genannte Gesindezwang, der auch Kinder betraf, weite Wege und das zu zahlende Schulgeld waren Faktoren, die einen Schulbesuch erschwerten oder unmöglich machten. Gerade im Fall der Mädchen sahen viele Eltern keinen Sinn darin, eine Schulausbildung zu bezahlen. Welchen Hürden Frauen im 18. Jahrhundert begegneten, die eine bessere Ausbildung erhalten oder gar studieren und promovieren wollten, bezeugen die Anstrengungen der in Quedlinburg geborenen Ärztin Dorothea Christiane Erxleben, die 1754 als erste Frau in Deutschland promoviert wurde. Nach einem harten Kampf, in dem sie sich allen Vorurteilen widersetzen musste, Frauen seien nicht fähig zum Studium, schaffte sie es schließlich, an der Universität Halle zugelassen zu werden und die Universität mit dem medizinischen Doktorexamen zu verlassen.

Ihren Kampf hatte sie 1742 in der Schrift *Gründliche Untersuchung der Ursachen, die das weibliche Geschlecht vom Studiren* abhalten zusammengefasst, die ihr Vater, der Arzt Christian Polycarp Leporin, publizierte. Dorothea Erxleben, die ihre Gedanken unter ihrem Mädchennamen Dorothea Christiane Leporin veröffentlichte, verurteilt alle Versuche, das weibliche Geschlecht vom Studieren auszuschließen als eine „Bemühung", die „zur Verachtung der Gelehrsamkeit gedeyhen muß". Denn die Gelehrsamkeit sei „ein Schatz", der nicht nur einer gewissen Anzahl von Menschen vorbehalten sei, sondern es stehe „einem jeglichen ohne Unterscheid frey dieselbe zu suchen, ohne daß dadurch andere gehindert würden ein gleiches zu thun". Man könne dem weiblichen Geschlecht nicht die Fähigkeit zum Studieren absprechen: „ich behaupte nur daß es höchst unbillig sey, fast alle und jede unsers Geschlechts, ohne auf die Kräffte so wohl ihres Gemüths, als ihres Leibes zu sehen, schlechterdings häußlichen Geschäfften widmen, und denen allermeisten derselben nicht mahl verstatten wollen, ihren Verstand nur so weit zu excoliren [= ausbilden, v. S.], daß sie denselben auch nur im gemeinen Leben recht zu gebrauchten wüsten." Erxlebens Argumentation baut auf der Gottesebenbildlichkeit des Menschen auf. Der Mensch, Mann wie Frau, ist nach dem Ebenbild Gottes geschaffen. Wenn man den Frauen die Fähigkeit zur Gelehrsamkeit und damit die „Kräfte der Seele" abspricht, so folge daraus, dass das weibliche Geschlecht nicht nach dem Ebenbild Gottes gemacht sei. Wer so argumentiert, gebrauche nicht seinen Verstand und sei eigentlich gar nicht würdig, Mensch genannt zu werden: „Ich lasse mich aber wohl bedächtlich nicht mit denen ein, die das weibliche Geschlecht so gar aus der Zahl der Menschen ausschließen; denn diese verdienen nicht daß man sich ihrenthalben bemühe, bis sie selbst durch den Gebrauch der Vernunft werden bewiesen haben, daß sie sich des Nahmens derer Menschen nicht unwürdig machen."[176]

Doch langsam, aber stetig gewannen die Ideen, Bildung sei allen möglich und Bildung müsse für alle zugänglich sein, an Boden. Besonders die Reformen des frühen 19. Jahrhunderts und der zunehmende Einfluss des Bürgertums brachen einen Schub. Die Reformen der Jahre nach 1806 sind im Bildungsbereich mit dem Namen Wilhelm von Humboldt verbunden. Ziel war es, Menschen gemäß dem Ideal der Aufklärung zur Mündigkeit zu erziehen; Humboldt wollte eine ganzheitliche Erziehung aller Kinder. In der Bildung sah er den „wahren Zweck des Menschen"; eine lebenslange und allumfassende Bildung sollte die Kräfte des Einzelnen zur Entfaltung bringen. Humboldts Unterrichtskonzept sah vor, die Schüler in Geschichte, Sprachen, Philosophie, Mathematik, Gymnastik und Kunst zu unterrichten. Entsprechend der von Immanuel Kant formulierten Definition

von Aufklärung, die der „Ausgang des Menschen aus seiner selbstver-
schuldeten Unmündigkeit" sei, ergriffen immer mehr Menschen die
Chance auf Ausbildung und Bildung.

Doch die Bildungsreformer blieben nicht bei den Kindern und Jugendlichen stehen. Ein Ziel der Bildungsbewegung, deren treibende
Kraft das aufstrebende Bürgertum war, sah eine möglichst umfassende „Volksbildung" vor. Die Gesellschaft sollte nicht mehr durch Herkunft und Standesordnung geprägt sein, sondern durch das Individuum, das durch Bildung gelernt hatte, seine Vernunft zu gebrauchen.
Diese bildungsbürgerlichen Anliegen des 19. Jahrhunderts gaben der
Erwachsenenbildung Schwung, zumal Bildung auch helfen sollte, die
entstehenden Nationen zu fördern und zu festigen. Nationales kultu-
relles Erbe sollte erfahrbar und erlebbar werden, um die Aneignung
nationaler Identität zu steigern. Es entstanden regionale und nationale Geschichtsvereine, die eigene Museen gründeten, um Kunst und
Kultur einer breiteren Öffentlichkeit zugänglich zu machen. Vorher
war Kunst und deren Präsentation auf den Adel und dessen Kunst-
und Wunderkammern beschränkt gewesen. In Berlin baute Karl
Friedrich Schinkel 1830 das Alte Museum, damals „Neues Museum",
das erste seiner Art in Berlin. Auffällig ist seine Lage – direkt gegenüber dem Schloss, an der Grenze zum Lustgarten. Man holte Bildung
direkt in die Mitte der Stadt, in das Zentrum der Herrschaft hinein.

Geschichtsvereine wiederum widmeten sich der Pflege der Traditionen und der Vermittlung der regionalen und nationalen Vergangenheit. In Ostpreußen wurde 1844 beispielsweise die „Alterthums-
gesellschaft Prussia" gegründet, 1865 in Berlin der „Verein für die Geschichte Berlins". 1884 trat die „Landesgeschichtliche Vereinigung für
die Mark Brandenburg" ins Leben, angeregt durch Fontanes „Wanderungen durch die Mark Brandenburg". Fontane wurde erstes Ehren-
mitglied des Vereins. Identitäten wuchsen über die Vereine und Muse-
en. So identifizierte sich der Berliner Verein sehr stark mit der preußischen Geschichte und mit dem Herrscherhaus und sah in diesem Erbe
die Geschichte Berlins, die es hochzuhalten galt. Der Vorsitzende des
Vereins, Ernst Friedel, schrieb 1891 in einer „Denkschrift", der Verein
sollte „durchweht und getragen" werden „von dem Geist patriotischer
Begeisterung für unser teures Herrscherhaus und wahrer Liebe zu un-

serer guten Stadt Berlin".[177] Allerding wandten sich die Geschichtsvereine vor allem an ein gehobenes Bürgertum und behielten deshalb recht lange einen sehr exklusiven Charakter. Man versuchte, den Zugang durch den Mitgliedsbeitrag zu regulieren, der in Berlin ein bis vier Taler betrug, was nicht wenig war. Auch Abendessen und Ausflüge mussten selbst finanziert werden. Damit stehen die Vereine beispielhaft für die zwar verbreiterte Basis von Bildung, doch ein Hauch von Exklusivität haftete ihr immer noch an. Bis wirklich alle Kinder zur Schule gingen, Frauen keine Exotinnen mehr in der Universität waren und auch ein Arbeiterkind Karriere machen konnte, dauerte es mindestens noch bis zum Anfang des 20. Jahrhunderts.

Preußen hat Österreich aus dem Reich gedrängt

1850 schrieb Kronprinz Wilhelm, der spätere Kaiser Wilhelm I.: „Preußens geschichtliche Entwicklung deutet darauf hin, daß es berufen ist, einst an die Spitze Deutschlands zu treten."[178] Ein stolzer Ausspruch mit nationalteleologischem Anspruch, der sich 16 Jahre später erfüllte. In der Schlacht bei Königgrätz Anfang Juli 1866 verlor Österreich gegen Preußen, der „Deutsche Krieg" war beendet und die Vorherrschaft im Deutschen Bund entschieden. Österreich war seit 1815 zweite Spitzenmacht im Deutschen Bund gewesen und vereinte 1866 jene Staaten auf seiner Seite, die einer Führung Preußens stets kritisch gegenübergestanden hatten: Bayern, Württemberg, Sachsen, Baden, Hannover, Kurhessen und Nassau, aber auch die Freie Reichsstadt Frankfurt kämpften an der Seite Österreichs für ein geeintes Deutschland unter Einschluss Österreichs. Die Niederlage 1866 hatte für Österreich zwar keine Gebietsverluste zur Folge, doch die deutsche Einigung fand nun ohne die Großmacht im Südosten statt. Österreichische Verbündete wie Hannover, Kurhessen, Nassau und Frankfurt wurden dagegen von Preußen annektiert.

Die deutsche Einigung, die Entstehung einer deutschen Nation, sorgte im 19. Jahrhundert für Konfrontationen, eine Revolution (1848) und zwei große Kriege (1866 und 1870/71). Eingebettet in Prozesse nationaler Festigung, die auch andere Staaten durchliefen, machten sich Intellektuelle aus verschiedenen Territorien des Alten Reichs bereits seit dem späten 18. Jahrhundert Gedanken, auf welcher Basis alles Deutsche zusammengeführt werden könnte – Sprache und Kultur waren zunächst wichtige Kriterien. Die Erhebung „Deutschlands" gegen das revolutionäre Frankreich und der Sieg über Napoleon gaben dem nationalen Denken in Deutschland dann einen entscheidenden Schub. Die Nationsbildung erfasste immer breitere Massen, was nicht ohne Polarisierung und Radikalisierung blieb.

Doch die national Begeisterten stießen schnell an Grenzen, die die alten Kräfte, vor allem die Monarchen, setzten, um die überlieferten Ordnungskriterien wie das Gottesgnadentum und die ständische Gliederung hochzuhalten. Die Gleichheit aller Menschen auf der Grundlage einer Verfassung und die Partizipation aller Staatsbürger, die die Macht der Monarchen über gewählte Parlamente kontrolliert und beschränkt hätte, waren „moderne" Ideen, die nicht geduldet werden konnten – die monarchischen Obrigkeiten antworteten mit Zensur, Verfolgung und Kontrolle.

Orte, um sich zu organisieren, fanden national Gesinnte in Burschenschaften sowie Gesang- und Turnvereinen. Der als „Turnvater Jahn" bekannte und noch heute als Namensgeber von Turnhallen präsente Friedrich Ludwig Jahn rief 1811 den ersten Turnverein ins Leben, der nicht der Leibesertüchtigung um ihrer selbst willen dienen sollte, sondern der paramilitärischen Vorbereitung der Jugend. Auf dem ersten öffentlichen Turnplatz in der Berliner Hasenheide übte die Jugend, um sich auf den Kampf im Namen der deutschen Freiheit vorzubereiten. Standesgrenzen sollte es nicht mehr geben: Jahn entwarf einen Einheitsturnanzug für alle, und die Turner duzten sich untereinander. Nach den Karlsbader Beschlüssen, die als Antwort der Reaktion 1819 im Deutschen Bund wirksam wurden, verschärfte sich auch in Preußen die Zensur. Turnvereine wurden verboten, Turnplätze geschlossen und Friedrich Ludwig Jahn musste für fünf Jahre ins Gefängnis.

Allen Repressalien zum Trotz nahm die Nationalbewegung jedoch weiter an Fahrt auf. Eine von vielen sensiblen Fragen, die sie begleiteten, war jene nach der Vorherrschaft im Deutschen Bund. Österreich oder Preußen? Zwei Großmächte mit ihren Stärken und jeweiligen Interessen, aber auch mit ihren nicht-deutschen Gebieten, die unter dem Dach der deutschen Nation gesammelt werden sollten. Besonders die Habsburgermonarchie hatte im Osten und Süden viele nicht-deutschsprachige Untertanen. Polemiken, die sich ein geeintes Deutschland nur unter preußischer Führung, ohne Österreich, vorstellen konnten, bot die ethnische Vielfalt der Habsburgermonarchie willkommene Argumente.

Seit 1848 diskutierten die Politiker zwei Lösungen der deutschen Frage, die kleindeutsche und die großdeutsche. Sie bargen den Zündstoff für die Zukunft Deutschlands. Sollte es auf ein großes Deutschland unter österreichischer Führung oder auf ein kleines Deutschland unter preußischer Vorherrschaft ohne Österreich hinauslaufen? Das Rennen um Einfluss und Macht war eröffnet. Die heiß geführten Debatten griffen mit ihren Argumenten teilweise weit in die Geschichte zurück – vom Mittelalter bis zu Friedrich II. ließen sich genügend Vorbilder des „wahren Deutschland" finden. Und jede der beiden Mächte – Preußen und Österreich – war der Auffassung, das deutsche Erbe besser bewahrt zu haben.

Die politische Debatte wurde befeuert durch Forschungen von Historikern, die kleindeutsche oder großdeutsche Ideen legitimierten. Sie intensivierte sich Ende der 1850er- und Anfang der 1860er-Jahre, die für Preußen wie für Österreich mit einer Zäsur verbunden waren. Im Herbst 1858 begann die „neue Ära" in Preußen. Mit der Ernennung des späteren Kaisers Wilhelm I. zum Prinzregenten und mit der Berufung des gemäßigt-liberalen Ministerpräsidenten Karl Anton von Hohenzollern-Sigmaringen waren Hoffnungen aufgekommen, die Zeit der Reaktion und der konservativen Politik könnte ein Ende haben. In Österreich gewannen nur ein Jahr später ebenfalls liberalere Strömungen an Einfluss, nachdem Kaiser Franz Joseph I. nach schweren militärischen Niederlagen in Italien zu Zugeständnissen bereit war. Mit Anton von Schmerling stand auch in Österreich ein liberaler Politiker der Regierung vor.

Die erste Debatte über das historisch „wahre Deutschland" lieferten sich die zwei Historiker Julius von Ficker und Heinrich von Sybel, von denen einer in Innsbruck saß, der andere in München beziehungsweise in Bonn. Julius von Ficker, aus Paderborn stammend, wurde 1852 nach Innsbruck berufen, um dort Reichs- und Rechtsgeschichte zu lehren. Er vertrat in der Auseinandersetzung eine österreichzentrierte Position, die das österreichische Kaisertum im Erbe der mittelalterlichen Kaiser sah und damit auch im Erbe ihrer „deutschen" Politik. Heinrich von Sybel dagegen stammte aus Düsseldorf und war seit 1856 Professor für Geschichte in München; 1861 wechselte er nach Bonn. Seiner Auffassung zufolge schufen die mittelalterlichen Kaiser keineswegs die deutsche Nation, sondern verfolgten geistlich-theokratische Ideen, die auf die Errichtung einer Weltmonarchie zielten.

Ging es im Kern der Debatte um die historische Spezialfrage, wie man die mittelalterliche Kaiserpolitik interpretieren sollte, so sind für die politische Debatte des 19. Jahrhunderts vor allem die Rückschlüsse interessant, die die Kontrahenten aus der Geschichte zogen, um Preußen oder Österreich als Vormacht in einem geeinten Deutschland zu legitimieren. Da, wie bereits erwähnt, Österreich Ende der 1850er-Jahre über seine norditalienischen Besitzungen direkt in das Risorgimento, in die nationale Einigung Italiens, involviert war, erhielt das Engagement der mittelalterlichen Kaiser in Italien eine immens aktuelle Bedeutung. „Deutsch" wurde die Sache insofern, als eine Diskussion darüber entstand, ob es die „deutsche" Pflicht Preußens sei, Österreich zu Hilfe zu kommen. Preußen tat dies nicht; das Risorgimento erreichte schließlich nach drei Kriegen 1870 sein Ziel und Österreich hatte seine Besitzungen sukzessive verloren: 1859 mussten die Habsburger ihre Herrschaft in der Lombardei beenden und 1860 schloss sich die Toskana nach einer Volksabstimmung dem Königreich Sardinien-Piemont an.

Als die österreichische Herrschaft in Italien unter Druck geriet und die Frage entstand, ob es für Preußen eine „deutsche" Pflicht sei, Österreich zu helfen, schaute man also in die Geschichte, wie es dort um die „deutsche" Politik in Italien bestellt war. Die mittelalterlichen Kaiser der Ottonen und der Staufer hatten sich sehr weitreichend in Italien engagiert – Otto I. (912–973) eroberte 961 das Königreich Italien und ließ sich unter Rückgriff auf die Kaiseridee Karls des Großen in Rom zum Kaiser krönen. Er begründete damit eine gut 200-jährige Präsenz deutscher Könige in Italien, die 1268 mit der Hinrichtung des letzten Staufers, Konradin, durch den König von Sizilien, Karl von Anjou, endete.

Julius von Ficker nun vertrat 1862 die Meinung, Italien sei von größter Wichtigkeit für die kulturelle Entwicklung Deutschlands gewesen. Durch die Herrschaft in Italien hätten die deutschen Kaiser an Macht gewonnen, die südlichen deutschen Länder gegen Frankreich abgesichert sowie Handel und Finanzen einen Gewinn beschert. Vor dem Hintergrund dieses erfolgreichen mittelalterlichen Engagements sei es unverantwortlich gewesen, dass der Deutsche Bund beziehungsweise Preußen die Habsburgermonarchie in Italien im Stich ließen und keine militärische Hilfe leisteten. Heinrich von Sybel dagegen beurteilte die mittelalterliche Italienpolitik wesentlich zurückhaltender und warf den deutschen Kaisern vor, in Italien nie richtig Fuß gefasst zu haben. Zudem hätte das Engagement in Italien von der Konzentration auf die „nationale Aufgabe" abgelenkt. Italien also als Bremse für die Ausbildung der deutschen Nation schon unter den Ottonen. Deshalb gesteht Sybel der mittelalterlichen Italienpolitik der Kaiser nur eine sehr geringe Bedeutung für die aktuelle deutsche Frage zu, wie er 1859 in der Festrede anlässlich des Geburtstags von König Maximilian II. von Bayern feststellte. Die Kaiser hätten keineswegs die Einheit der Nation vor Augen gehabt. Schon Karl der Große habe jeglichen nationalen Charakter der von ihm unterworfenen germanischen Stämme niedergedrückt und auch Otto der Große habe eine theokratisch verfasste Weltmonarchie dem nationalen deutschen Königtum vorgezogen. Aus diesem Grund habe er sich auch 961 in Rom zum Kaiser krönen lassen.[179]

Eine zweite Lehre, die die Protagonisten aus der Geschichte zogen, betraf die Verfassungsstruktur eines geeinten Deutschland – föderal unter Berücksichtigung verschiedener Sonderinteressen oder zentralistisch auf Preußen hin orientiert. Während Sybel den preußisch dominierten Nationalstaat vor Augen hatte, forderte Ficker eine deutsche Einigung auf der Basis der politischen Agenda Österreichs, wie er sie sah, nämlich Sonderinteressen zu berücksichtigen und dadurch verschiedenste Ethnien zu integrieren. Dieses föderalistisch ausgerichtete Element erkennt Ficker auch in der Italienpolitik der mittelalterlichen Kaiser. So hätten sie regionale, historisch gewachsene Eigenständigkeiten akzeptiert und keineswegs den Einheitsstaat geschaffen. Sybel entgegnete, die Politik der mittelalterlichen Kaiser sei auf eine Weltherrschaft ausgerichtet gewesen und um dieses Ziel nicht zu gefährden, hätten Eigenheiten akzeptiert werden müssen.[180] Nahezu folgerichtig ergab sich die jeweilige territoriale Ausdehnung des geeinten Deutschland. Während Heinrich von Sybel für eine deutsche Einigung ohne Österreich plädierte, meinte Ficker, eine Einigung sei schwer und nur zwischen Österreich und den Drittstaaten, also ohne Preußen, problemlos denkbar. Tatsächlich führte Österreich im Deutschen Bund das Präsidium und konnte Preußen gemeinsam mit den Drittstaaten überstimmen, zumal Österreichs Stimme bei Stimmengleichheit den Ausschlag gab. Somit mussten sich aus preußischer Sicht zunächst einmal die Strukturen des Deutschen Bundes ändern, damit die Macht vergrößert werden könnte.

Preußen war bei Julius von Ficker ein Land, das seine eigenen Interessen verfolgte und dies auch noch „rücksichtslos", auf Kosten des Reichsverbandes. Schließlich hätte Preußen neue Territorien stets nur innerhalb des Reiches erobert. Trotz aller Eroberungen sei Preußen jedoch „unfertig" und „unausgewachsen", ein in sich nicht geschlossenes Territorium. Diese auf sich selbst gerichtete Politik, die andere Interessen, vor allem das Gesamtinteresse, nicht berücksichtige, entspreche nicht der traditionellen Politik des Mittelalters. Österreich dagegen ist für Ficker das Land der Vielfalt, das Rücksicht nimmt auf das historisch Gewachsene und eine Politik verfolgt, die Macht erhält und nicht erweitert. Österreich ziele auf die Behauptung und Verteidigung des Kaisertums, Preußen sei ein nach Vergrößerung strebendes „Fürstentum" – die territoriale Bezeichnung dürfte hier nicht ohne Polemik gewählt worden sein. Weil Österreich den Charakter des alten Kaiserstaates also am meisten bewahrt habe, sei es prädestiniert, die führende Macht in Deutschland zu sein.

Ganz anders sieht Heinrich von Sybel die österreichische Position in Deutschland. Österreich stehe eigentlich schon seit dem 14. Jahrhundert außerhalb des Reichs. 1358/59 hatte sich der österreichische Herzog Rudolf IV. mit dem von ihm gefälschten „privilegium maius" selbst zum Erzherzog ernannt. Außerdem legte er die Unteilbarkeit der habsburgischen Länder fest und deren eigenständige, vom Kaiser unabhängige Gerichtsbarkeit. Das „privilegium maius", das von den Reichsständen anerkannt wurde, bildete seitdem die Grundlage habsburgischer Macht. Doch genau die Privilegien, die das Herzogtum Österreich sich selbst gab, wandte Heinrich von Sybel nun gegen Österreich und warf dem Land vor, seit dieser Zeit nicht in wichtige Reichsinstitutionen integriert gewesen zu sein und eine „völlig unabhängige und gesonderte Stellung neben dem Reich" eingenommen zu haben. Folglich könne Österreich nun auch nicht beanspruchen, eine führende Position in der deutschen Einigung einzunehmen. Ganz im Gegenteil, das politische System Österreichs qualifiziere das Land nicht einmal, irgendwelche Leitlinien vorzugeben. Während Preußen sich im Zuge der Befreiungskriege modernisiert und durch die Französische Revolution neue Ideen der menschlichen Freiheit übernommen habe, sei Österreich stehengeblieben. Im Land würden zwar deutsche Interessen eine Rolle spielen, doch viel stärker müssten die Interessen anderer Ethnien, etwa der Ungarn, der Italiener oder slawischer Völker, aber auch der Dynastie und der Kirche berücksichtigt werden – alles, so Sybel, eine „Fremdherrschaft". Die Habsburgermonarchie sei im Mittelalter stehengeblieben, was auch ihre Italienpolitik beweise. Von Österreich seien nie Impulse zur Modernisierung ausgegangen, denn alles, was in Deutschland Lebenskraft und Zukunft habe, habe sich außerhalb der Reichsverfassung und der Politik der Kaiser entwickelt. Preußen dagegen habe sich wegentwickelt von Hierarchie, Ständen und feudalem Staat; das öffentliche Wohl und die Freiheit des individuellen Geistes seien dort handlungsleitend geworden.[181]

Doch nicht nur das mittelalterliche Reich lieferte der Argumentation des 19. Jahrhunderts Stoff, sondern erneut auch die Person Friedrichs II. Ausgangspunkt für die Debatten war die Reichspolitik, für die Friedrich am Anfang seiner Regentschaft relativ wenig Interesse gezeigt hatte. Allerdings war er stets bestrebt, seinen Einfluss durch eine gezielte Klientelpolitik zu stärken. Sein Schwerpunkt lag in Nordwestdeutschland, wo er nach 1744 mit Ostfriesland einen Stützpunkt hatte, und in Franken, wo in Bayreuth und Ansbach Nebenlinien der Hohenzollern regierten, die jedoch nicht immer preußenaffin waren, sondern zeitweise zu Österreich neigten. Ein wenig änderte sich Friedrichs Interesse am Reich nach dem Siebenjährigen Krieg, als er nach seinen Siegen über Frankreich und Russland von einer deutschpatriotischen Welle getragen wurde. Auch die Politik des österreichischen Erzherzogs, des 1764 zum römisch-deutschen Kaiser gewählten Joseph II., die auf eine Stärkung der österreichischen Position aus war, zog Friedrich stärker in die Reichspolitik hinein. Joseph II. stieß mit seinen Aktionen bei den anderen Fürsten und auch bei Friedrich II. auf harten Widerstand. Letzterer nutzte diese Ablehnung, um das Vakuum durch preußische Präsenz zu füllen. Höhepunkt war wohl der Anspruch auf Bayern, den Joseph II. nach dem Aussterben der bayerischen Linie der Wittelsbacher 1777 geltend machte. Joseph vereinbarte mit dem potentiellen Nachfolger, Karl Theodor aus der pfälzischen Linie der Wittelsbacher, einen Tausch: Teile Bayerns an Österreich und die österreichischen Niederlande für Karl Theodor. Josephs Pläne hätten die Strukturen im Reich grundlegend verändert und ein großes, geschlossenes habsburgisches Territorium geschaffen. Im Namen der „teutschen Libertät" und mit dem Argument, die alte Reichsverfassung zu erhalten, gingen die Fürsten daher gegen Joseph II. vor. Unter der Führung Friedrichs II. gründeten sie 1785 den Fürstenbund, der zunächst aus Preußen, Sachsen und Hannover bestand und ein Gegengewicht zu Österreich schuf – später kamen 14 weitere Fürsten hinzu.[182]

Die Reichspolitik Friedrichs II. und deren Auswirkungen auf Österreich griff auch der Historiker Onno Klopp auf. Schon Klopps Biographie steht beispielhaft für die preußisch-österreichische Geschichte des 19. Jahrhunderts. In Ostfriesland geboren, ging er nach Hannover, unterstützte König Georg V. in seiner anti-preußischen und österreichfreundlichen Politik und emigrierte, als sich 1866 die Niederlage Österreichs abzeichnete, nach Wien. 1860 hatte Klopp sein Buch *Der König Friedrich II. von Preußen und seine Politik* veröffentlicht, in dem er Friedrich II. massiv kritisierte. Dieser habe mit seiner Politik den preußisch-österreichischen Gegensatz des 19. Jahrhunderts erst entstehen lassen; seine Politik sei die Vorstufe zur Verdrängung Österreichs aus dem Deutschen Bund gewesen. Friedrich habe Österreich vernichten wollen. Doch nicht nur Österreich hätte Friedrich vernichten wollen, sondern er habe, so Klopp, auch massiv gegen das Reich gearbeitet. Eigentlich hätten die Hohenzollern 1701 versprochen, die neue Krone nur auf Preußen zu beziehen und das Rechtsverhältnis zum Reich nicht zu ändern. Doch Friedrich II. stellte, so Klopp weiter, diese Versicherung komplett in Frage. Mit Gewalt, List und Mitteln aller Art habe er eigene Interessen verfolgt, nach dem Grundprinzip Preußens: „Gier der Eroberung durch lang vorbereitete, und dann schnell und energisch durchgeführte Aggressive, nach innen diesem Principe entsprechend der militärische Absolutismus, nach beiden Seiten hin verdeckt durch Falschheit und Unwahrheit".[183]

Friedrich habe einen Krieg um Schlesien provoziert, eine ganze Kette weiterer Kriege entzündet und Partikularismen wachsen lassen. Dabei, so Klopp, zerstörte er gewachsene Strukturen des Reichs und hob alte Übereinkommen auf. Was vom Deutschen Reich noch vorhanden war, habe er geopfert; er habe es gespalten es und so den Dualismus zwischen Preußen und Österreich geschaffen. Eigentlich habe das Reich immer als Regulativ für die Macht der Fürsten fungiert. Doch das Reich sei ignoriert worden und deshalb sei der unkontrollierbare Absolutismus gewachsen. Friedrichs Politik habe all jene Untertanen in Preußen, die als Untertanen des Reichs „Deutsche" waren, vergewaltigt, indem sie nun „Preußen" hätten sein müssen – benannt nach einem „vergessenen Volksstamm". Friedrich habe sogar von einer „nation pruessienne" gesprochen; das Wort an sich sei schon ein Unding und von der Sache nur berechnet auf halbwissende, aber tonangebende Franzosen.

Die hitzige politische Debatte über preußischen und österreichischen Einfluss im Reich und im Deutschen Bund war mit 1871, als das Deutsche Reich ohne Österreich gegründet wurde, noch nicht beendet. Insbesondere liberale Kreise Österreichs bedauerten, dass Österreich nicht Teilstaat des Deutschen Reiches war. Sie kritisierten nicht nur konservativ-reaktionäre Kräfte im eigenen Land, sondern qualifizierten auch Bismarck und Wilhelm I. als anti-demokratisch und nur auf die Hausmacht Preußen konzentriert ab, was eigentlich völlig im Gegensatz zum „deutschen Volksthume" stehe. Leider sei Preußen im 19. Jahrhundert immer mächtiger geworden und habe sich „mit viel Härte" zum Hegemon im Deutschen Bund und nach dem 18. Januar 1871 auch in ganz Deutschland entwickelt. [184]

Der Nationalsozialismus wäre ohne Preußen nicht denkbar

Der Film *Der große König* werde eine „Welle der Erhebung" im „deutschen Volk" hervorrufen, so Joseph Goebbels im Januar 1942 in seinen Tagebüchern. Der Film zeige „den König in seiner Größe und in seiner Einsamkeit" und er biete „überraschende Parallelen zur Gegenwart". „Die Zeit, die Friedrich der Große im Siebenjährigen Kriege durchzustehen hatte, hat ungeheuer viel Ähnlichkeit mit der Zeit, mit der wir heute fertig werden müssen. Am Beispiel mag also das deutsche Volk erkennen, wo wir stehen und wohin wir marschieren müssen." Goebbels fügte noch hinzu, der Film als „Erziehungsmittel" sei in seiner „Wirkung gar nicht zu unterschätzen". Einige Wochen später bemerkte er noch einmal begeistert, *Der große König* erweise sich als „Propaganda im besten Sinne des Wortes". Anlässlich der Premiere des Films im März 1942 resümierte der NS-Propagandaminister: „Wir leben in einer Zeit, in der wir friderizianischen Geist nötig haben. Nur mit letzter Anspannung werden wir der Schwierigkeiten Herr werden, vor denen wir stehen. Überwinden wir sie, so werden sie zweifellos die nationale Widerstandskraft befestigen; und auch hier bewahrheitet sich das Nietzschewort, daß das, was uns nicht umbringt, uns nur stärker macht." Der Film komme gerade recht, „um eine härtere Art der Kriegsführung auch auf diese Weise zu begründen und langsam einzuleiten".[185]

Der Film ganz generell und der Preußen-Film im Speziellen boten der nationalsozialistischen Propaganda ein Mittel, mit historischen Stoffen in die aktuelle Zeit hineinzuwirken. Auf eine unterhaltsame und spannende Art und Weise konnten die Botschaft des Nationalsozialismus unterstrichen, die Kriegsbegeisterung und die Opferbereitschaft der Deutschen stimuliert und Probleme, Nöte und Niederlagen des Krieges „verkauft" werden. Die Geschichte Preußens bot der nationalsozialistischen Politik ein Reservoir an Historie, das themenbezogen ausgeschöpft, auf Einzelfragen reduziert instrumentalisiert und zeitgebunden propagandistisch aufbereitet werden konnte.

Traditionslinien werden konstruiert

Die nationalsozialistische Propaganda machte die Pflege der angeblichen Kontinuitätslinien von Preußen bis in die eigene Zeit zur Chefsache – Preußen und insbesondere Friedrich II. dienten der Legitimation und halfen, aktuelle Probleme mit Geschichte zu erklären. Mit einer grandiosen und alle propagandistischen Maßnahmen vorausnehmenden Inszenierung startete die nationalsozialistische Regierung. Die Eröffnung der ersten Reichstagssitzung am 21. März 1933 wurde zum „Tag von Potsdam". Der Termin lag genau 62 Jahre nach der ersten Reichstagssitzung des Deutschen Reichs, so dass inhaltliche und örtliche Gemeinsamkeiten dem neu berufenen Propagandaminister Joseph Goebbels die Möglichkeit boten, ein legitimierendes Ausrufezeichen der neuen nationalsozialistischen Führung zu setzen. Potsdam an sich war schon symbolisch und die Garnisonkirche, in der die Reichstagssitzung stattfand, potenzierte die Aussage noch einmal. Hier lagen Friedrich Wilhelm I. und Friedrich II. begraben. Die alte Residenzstadt der Hohenzollern war beflaggt mit kaiserlichen schwarz-weiß-roten Fahnen und mit Hakenkreuzfahnen, Reichskanzler Hitler begegnete dem Reichspräsidenten Paul von Hindenburg in Cut und Zylinder. Hindenburg selbst war in der Uniform eines kaiserlichen Generalfeldmarschalls erschienen und repräsentierte somit das alte Preußen. Anwesende Vertreter des Hauses Hohenzollern setzten weitere Zeichen, ebenso wie die sakral aufgeladene Kranzniederlegung an den Gräbern Friedrich Wilhelms I. und Friedrichs II. Die Inszenierung erreichte einen ersten Höhepunkt, als Adolf Hitler sich vor der Garnisonkirche vor Hindenburg verbeugte. Eine Geste, mit der Hitler sich bewusst ins Erbe Preußens und des alten Deutschen Reiches stellte, Hindenburg durch den Handschlag das neue Deutschland, das sich aufmachte, alte Größe wieder herzustellen, legitimierte, und der „Geist des alten Preußen" auf den neuen Reichskanzler überging. Auch das mehrmalige Spielen und Singen des „Chorals von Leuthen" spannte die Brücke zu Preußen, unter anderem schritt Hitler unter den Klängen des Chorals in die Kirche. Die Übertragung des alten Geistes auf die neue Führung vollzog Hindenburg auch in seiner Rede: „Der Ort, an dem wir uns heute hier versammelt haben, mahnt uns zum Rückblick auf das alte Preußen, das in Gottesfurcht, durch pflichtgetreue Arbeit, nie verzagenden Mut und hingebende Vaterlandsliebe groß geworden ist und auf dieser Grundlage die deutschen Stämme geeint hat. Möge der alte Geist dieser Ruhmesstätte auch das heutige Geschlecht beseelen, möge er uns frei machen von Eigensucht und Parteienzank und uns in nationaler Selbstbestimmung und seelischer Erneuerung zusammenführen zum Segen eines in sich geeinten freien, stolzen Deutschland!"[186]

Goebbels notierte knapp in seinen Tagebüchern über den Tag: „Fahrt nach Potsdam. Durch jubelnde Menschenmassen. Potsdam ein einziger Trubel! Von der Nikolai- zur Garnisonkirche wurden wir fast erdrückt. Hindenburg kommt mit Hitler. Der alte Herr fast wie ein steinernes Denkmal. Er verliest eine Botschaft. Knapp, herrisch. Dann redet Hitler. Seine beste Rede. Am Schluß ist alles erschüttert. Mir kommen die Tränen. So wird Geschichte gemacht. Als der alte Herr an den Sarg des großen Friedrich tritt, donnern die Kanonen."[187] Die so reklamierte Erbschaft wurde zu einer Konstante nationalsozialistischer Legitimierung. Noch im gleichen Jahr erschien eine Postkarte, die Friedrich II., Bismarck, Hindenburg und Hitler zeigte und letzteren zum Schlussstein machte: „Was der König eroberte, der Fürst formte, der Feldmarschall verteidigte, rettete und einigte der Soldat."

Schon im Ersten Weltkrieg hatte die Person Friedrichs II. für Durchhalteparolen herhalten müssen. 1918 erschien ein vom Plakatkünstler Alexander M. Cay entworfenes Plakat, das den gebeugten, jedoch hoffnungsfroh blickenden Friedrich II. mit einer aus dem Jahr 1757 stammenden Aussage zeigte: „Es wird das Jahr stark u. scharf hergehn / Aber man muß die Ohren steif halten u. Jeder, der Ehre u. Liebe für das Vaterland hat muß alles daran setzen."[188]

Preußische Geschichte filmisch inszeniert

Bereits die Filmschaffenden der Weimarer Republik griffen gerne auf preußische Stoffe zurück. 1920/21 erschien der erste *Fridericus-Rex*-Film, dem bis 1930 vier weitere folgten. Bleibende Konstante war nicht nur der Heldenmythos, der aus der Figur Friedrichs II. heraus konstruiert wurde, sondern auch der Schauspieler, der den König idealtypisch verkörperte. Otto Gebühr war bis 1945 auf Friedrich II. gebucht und prägte sein Bild in der Öffentlichkeit. Ein Bild, das die Friedrich-Ikonographie von Daniel Chodowiecki und Adolph Menzel aufgriff und den König als „Alten Fritz" zeigte – gebeugt und die Last des Landes tragend. Eindrucksvolle Szenen ließen sich drehen: Otto Gebühr als „einfacher" Friedrich im Kreis der Soldaten oder mächtig-bildfüllend auf einem Schimmel sitzend; das Lieblingspferd Friedrichs II. war nach 1777 ein Fliegenschimmel-Wallach namens „Condé".

Die „Fridericus-Filme" der Weimarer Republik waren hochpolitische Filme, die sich auf aktuelle Entwicklungen bezogen. Anti-französische Ressentiments des 18. Jahrhunderts konnte das Publikum leicht als Anspielung auf das „französische Diktat" des „Vertrags von Versailles" lesen. Aufforderungen, Friedrich II. möge Preußen oder „Deutschland" groß machen, ließen sich auf die Schwäche Deutschlands nach 1918 hin interpretieren. Der Journalist und Soziologe Siegfried Kracauer analysierte die „Fridericus-Filme" in seinem amerikanischen Exil und las zwei Botschaften heraus: die idealistische Vorstellung vom autonomen Individuum und die Sehnsucht nach einem absoluten Herrscher und Übervater. Aspekte, die den Heldenmythos störten, filterte die Zensur der Weimarer Zeit heraus. So mussten im Film *Der Alte Fritz* von Gerhard Lamprecht (1927/28) beispielsweise alle Anspielungen auf Friedrichs mögliche Homosexualität gestrichen werden. Unter anderem fiel der Satz „Wissen Sie nicht, was man sich an allen Höfen Europas von mir erzählt?", der als Andeutung auf entsprechende Gerüchte interpretiert wurde, der Zensur zum Opfer.[189]

Das Flötenkonzert von Sans-souci war der erste Film, der in die NS-Zeit wies. 1930 gedreht, in einer Zeit der politischen Wende, als die NSDAP erste Erfolge erzielte und bei den Reichstagswahlen im September des Jahres mit 18,3% und 15,5 Prozentpunkten Gewinn zweitstärkste Partei wurde. Auch die produzierende UFA war bereits in den Händen eines Mannes, der die Deutschnationale Volkspartei förderte und antirepublikanisch ausgerichtet war, des Großindustriellen Alfred Hugenberg, ab 1933 Minister im Kabinett Hitler. Über die 1933 gegründete Reichsfilmkammer kontrollierte und zensierte Goebbels die Filme ebenso wie über die Filmkreditbank, die die meisten Filme vorfinanzierte.[190]

Einen ersten Höhepunkt inszenierter Identifikation bildete der Film *Der Choral von Leuthen*, der 1933, im Jahr der Machtergreifung Hitlers, in die Kinos kam. Die Ausgangssituation des Films dürfte beim Zuschauer Assoziationen zur Situation Deutschlands hervorgerufen haben: ein Komplott Österreichs, Russlands und Frankreichs gegen Preußen. Umzingelt von feindlichen Mächten, geächtet und kurz davor, vernichtet zu werden – eine hochaktuelle Botschaft, die auch der 1937 folgende Film *Fridericus – Der alte Fritz* beim Publikum hinterlassen wollte. Im Vorspann hieß es: „Eingekreist von den erbeingesessenen Grossmächten Europas ringt das aufstrebende Preussen seit Jahrzehnten um sein Lebensrecht. Zum Erstaunen der ganzen Welt hat sich der Preussenkönig, erst verlacht, dann gefürchtet, jahrelang gegen eine vielfache Übermacht behauptet. Jetzt aber scheint sie ihn zu erdrücken. Preussens Schicksalstunde ist gekommen." Dass „Friedrich" jedes Mal durch „Hitler" und „Preußen" durch „Deutschland" ersetzt werden konnte, dürfte das Publikum schnell verstanden haben.

Der Person Friedrichs II. wurden in den verschiedenen Filmen stets ähnliche Eigenschaften zugeschrieben, auch wenn es immer wieder leichte Veränderungen gab. Er war der Friedensfürst, der zum

Krieg gezwungen wird und entweder unter Druck von außen oder aus präventiven Gründen Krieg führen muss. Er war Vater seiner Untertanen und ein Soldat wie alle anderen, der im Feldlager ebenso fror wie seine Soldaten. Er half seinen Soldaten, wurde manchmal auch zum Seelsorger oder spielte Schicksal in Liebesverhältnissen; er war ein „Kümmerer". Doch Friedrich war dabei stets der starke Führer, der Stratege, der zwar manchmal zweifelte, doch am Ende den richtigen Weg einschlug, einen Weg, der zum Sieg führte. Damit war er der überlegene Spieler im Konzert der europäischen Mächte, eben der starke und kluge Herrscher. Kämpferische Reden, lautstark im Duktus einer Hitler-Rede, musste er ebenso halten wie andere historische Figuren, seien es Scharnhorst, Gneisenau oder Bismarck.

Besonders viele Elemente und Szenen entlieh sich die NS-Propaganda aus dem Siebenjährigen Krieg. Er entwickelte seinen Charme vor allem nach den ersten Niederlagen der deutschen Armee im Zweiten Weltkrieg, weil man auf die Wiederholung zweier Wunder hoffte, die Preußen im 18. Jahrhundert erlebt hatte. Das erste war das „Mirakel des Hauses Brandenburg", das Friedrich II. selbst in einem Brief an seinen Bruder Heinrich beschrieb. Nach der vernichtenden Niederlage der Preußen 1759 bei Kunersdorf konnte Preußen seine vollständige Niederlage abwenden, da weder Österreich noch Russland nach Berlin zogen. Preußen sammelte neue Kräfte und ging gestärkt in die nächsten Schlachten. Ein zweites Wunder stellte der Tod der russischen Zarin Elisabeth 1762 dar. Ihr Nachfolger Peter III. war ein Bewunderer Friedrichs II. und schloss sofort Frieden. Zwei Ereignisse, deren Erinnerung nach den herben Verlusten der deutschen Truppen in den russischen Wintern 1941/42 und 1942/43 neue Hoffnungen aufkeimen ließen.

Diese Hoffnungen nahm besonders der Film *Der große König*, der im März 1942 in die Kinos kam, auf und projizierte sie in den zunehmend hoffnungslos werdenden Kampf der deutschen Truppen im Osten. Der Film setzt mit der Niederlage bei Kunersdorf 1759 ein und endet mit dem Sieg Preußens nach der Belagerung von Schweidnitz 1762. Die Anfangssequenz des Films bildet eine Rede Friedrichs II. an seine Truppen vor der Schlacht bei Kunersdorf: „Deutschland ist in einer furchtbaren Krisis. Wir leben in einer Epoche, die alles entscheiden und das Gesicht von Europa verändern wird. Vor ihrer Entscheidung muss man furchtbare Zufälle bestehen, aber nach ihrer Entwicklung klärt sich der Himmel auf und wird heiter. Und wie groß auch die Zahl meiner Feinde ist, ich vertraue auf meine gute Sache und die bewundernswerte Tapferkeit der Truppen, vom Marschall bis zum jüngsten Soldaten. Die Armee greift an!"

War so die von Goebbels beabsichtigte generelle „Erziehungstendenz" im Hinblick auf die Moral der Truppen eingebaut, so brachte „Der große König" auch eine Botschaft, die auf Parallelen zur Situation Adolf Hitlers zielte. Nach der Niederlage in der Schlacht bei Kunersdorf steht Friedrich relativ allein in seiner Rolle als Feldherr da, der am endgültigen Sieg nicht zweifelt. Seine Generäle stellen sich ihm entgegen und sehen die Kapitulation als einzigen Ausweg, den Krieg zu beenden. Gerade im Hauptquartier, so schreibt Goebbels 1942, habe man die Parallelen zur Gegenwart ganz deutlich herausgelesen: „Die Einsamkeit, in der der Führer heute lebt und arbeitet, ist einem jeden dabei auf das drastischste vor Augen geführt worden und zu Bewußtsein gekommen."[191]

Allerdings waren Intention und Wirkung bei den Propagandafilmen der Nationalsozialisten zwei Paar Schuhe. Zwar ist es generell nicht einfach, die Rezeption und die Reaktionen des Publikums zu den Preußen-Filmen genau nachzuvollziehen. Zu stark waren die Zeitungen, die Reaktionen hätten überliefern können, von Zensur und Propaganda geprägt. Auch die Besucherzahlen geben nicht wirklich Aufschluss, da sie durch Massenveranstaltungen verzerrt sind, die die Partei organisierte. Doch die Quellen lassen immer wieder einen Blick auf mögliche Zuschauerreaktionen und auf Probleme zu, die einzelne Szenen oder gesamte Filme bereiteten. Im *Großen König* war es der Umgang mit der habsburgisch-österreichischen Armee, der Feingefühl erforderte, um die 1938 an das Deutsche Reich angeschlossenen Österreicher – die alten Feinde des 18. Jahrhunderts – nicht durch eine zu negative und klischeehaft-ironische Darstellung vor den Kopf zu stoßen. So meldete Goebbels denn auch seine Zweifel an ersten Versionen des Films an und forderte Revisionen. Er müsse den Film noch „in verschiedenen Kleinigkeiten ändern". Vor allem der „österreichische Komplex" sei „etwas zu kritisch und zu aggressiv ausgefallen".

Man könne sich diese negative Sicht auf die Österreicher momentan nicht leisten, denn der Film solle nicht nur „für die Preußen, sondern für ganz Deutschland richtungs- und beispielgebend sein".[192] Tatsächlich stieß auch die endgültige Version in Österreich auf wenig Resonanz.

Ganz ähnliche Probleme gab es mit dem Bismarck-Film *Die Entlassung* von 1942. Er behandelt den Konflikt des „alten" Bismarck mit dem „jungen" Wilhelm II., der schließlich zur Entlassung des Reichskanzlers führte. Eigentlich hatte Goebbels den Film als geeignet angesehen, „den monarchistischen Gedanken restlos totzumachen", doch fiel der Film vor allem bei der weiblichen Bevölkerung durch. Goebbels erklärte dies damit, dass der Film ein „typischer Männerfilm" sei und „keine richtigen Frauenkontakte" vorkämen. Zudem müsse man „doch schon ein gewisses Maß von politischer und geschichtlicher Vorbildung mitbringen, um die hier angeschnittenen Fragen überhaupt zu verstehen". Doch auch das Auswärtige Amt hatte Zweifel an bestimmten Darstellungen im Film angemeldet. Eventuell könnte die negative Darstellung Wilhelms II. als Eingeständnis interpretiert werden, dass die Deutschen wirklich Schuld am Ersten Weltkrieg seien.[193]

In ihrer vorbildhaften Wirkung brachte der nationalsozialistische Film auch Königin Luise auf die Leinwand. Ein Vorläuferfilm stammte aus dem Jahr 1931, als Henny Porten und Gustav Gründgens das königliche Paar verkörperten. Die Nationalsozialisten verschafften der Königin dann einen aus der heutigen Sicht etwas bizarren Auftritt in dem Durchhaltefilm *Kolberg*, der noch im Frühjahr 1945 in die Kinos kam. Einer Himmelsgöttin gleich, mystisch-glorifiziert, sakral stilisiert und von Sphärenmusik umspielt ermutigt sie die Bürger der Stadt Kolberg in der Endphase des Krieges gegen Napoleon 1807 zum Durchhalten. Bei der Verabschiedung der von Kristina Söderbaum gespielten Bauerntochter Maria, die eine Bittschrift aus Kolberg überbringt, umarmt Luise diese und spricht: „So drücke ich Preußen und Kolberg an mein Herz. Es sind nur noch wenige Edelsteine in unserer Krone geblieben, Kolberg ist einer davon." Anklänge an ältere Zuschreibungen zur Königin, die für ihre angebliche Opferbereitschaft und ihren Durchhaltewillen verehrt wurde, werden deutlich. Und Durchhalten war oberstes Gebot in der Schlussphase des Zweiten

Weltkriegs. Das Preußen des Jahres 1807 und das belagerte Kolberg boten dem Zuschauer des Jahres 1945 so manche Parallele zum eigenen Schicksal. So durfte die Schlussszene vor allem auf die Bewohner und Bewohnerinnen der bombardierten und unter Druck geratenen Städte des Deutschen Reichs gezielt haben. Nach dem Ende der Belagerung Kolbergs lobt Heinrich George als Bürgerkommandant Joachim Nettelbeck Maria dafür, auf ihrem Platz geblieben zu sein, ihre Pflicht getan und sich nicht vor dem Sterben gefürchtet zu haben – dies sei Größe: „Du hast alles hergegeben, Maria, was Du hattest. Aber es war nicht umsonst. Der Tod ist verschlungen in den Sieg. So ist das nun mal. Und das Größte wird immer nur über die Schmerzen geboren. Und wenn einer die Schmerzen für uns alle aufnimmt, dann ist er groß."

Doch für das nationalsozialistische Deutschland erwiesen sich alle Hoffnungen auf eine Wiederholung der Wunder, die Preußen in seiner Geschichte erlebt hatte, als vergebens. Dass Hitler im April 1945 im Berliner Bunker unter dem Bildnis Friedrichs II. in den Tod ging, unterstreicht – auch mitten im Untergang – die Affinität des Nationalsozialismus zu Preußen.

Die DDR hat das Erbe Preußens vernichtet

Es entbehrt nicht einer gewissen Ironie der Geschichte, dass viele zentrale Schauplätze der preußischen Geschichte und vor allem die Residenz in Berlin, aber auch die Stadt Potsdam nach 1945 auf DDR-Gebiet lagen und die DDR somit herausgefordert war, sich in irgendeiner Art und Weise zu diesem Erbe zu positionieren. Bis in die 1960er-Jahre geschah dies vor allem durch Ablehnung. Preußen war nach offizieller Lesart der DDR ein „Hort des Militarismus und der Reaktion" und ein „Wegbereiter des Faschismus", womit man sich im Einklang mit dem Beschluss des Alliierten Kontrollrats befand. „Junkergeist" von oben, „Kadavergehorsam" von unten – dies war die preußische Gesellschaft. Bereits 1946 hatte der Journalist, Kulturfunktionär und spätere Abteilungsleiter im Kulturbund der DDR, Alexander Abusch, Preußen als „Irrweg einer Nation" bezeichnet. In seinem so betitelten Buch skizziert Abusch drei Grundlinien preußischer Geschichte. Einerseits den „Drang nach Osten", der den Junkern, aber auch Preußen als Staat eigen war, und die Vernichtung Polens zum Ziel hatte. Zum Zweiten sieht Abusch die Junker als alles beherrschende feudale Führungsschicht, gekennzeichnet durch „höfische Intrige, politische Tücke und nackte Gewalt". Und schlussendlich habe sich Preußen aus der Schwäche des Alten Reichs heraus „eigensüchtig gegen Deutschland" entwickelt und „ländergierig auf Kosten der übrigen deutschen Länder" gestärkt. Durch das starke Preußen wurde das Alte Reich ein „leerer machtloser Schein".[194]

In seinem Urteil bringt Abusch die preußische Geschichte mit Rückständigkeit und Gewalt in Verbindung – ein „durch Gewalt rückständig gemachtes Volk" sei geformt worden. Für Deutschland sei das „Preußentum" der „Wegbereiter seines größtem Unglück und seiner tiefsten nationalen Katastrophe" gewesen. „Preußens Herrenkaste trägt ihr gerüttelt Maß Schuld daran, daß Deutschland schließlich in die tragisch-verbrecherische Entwicklung eines überheblichen Militarismus und Imperialismus gedrängt wurde."[195] Die frühen Intellektuellen der DDR zogen die Traditionslinie meist von Friedrich II. über Wilhelm II. bis hin zu Adolf Hitler. Alexander Abusch räumte zwar ein, Friedrich II. sei nicht „schlechthin der erste deutsche Nazi" gewesen. Doch der Vergleich des Königs mit Wilhelm II. und Hitler decke einen „tiefen inneren Zusammenhang auf zwischen dem Geist von Potsdam und dem später durch das neue Element des Monokapitalismus entscheidend geformten, von Machtromantik beherrschten Geist des deutschen Imperialismus".

Zur Konstituierung und Untermauerung der eigenen Identität der DDR war es somit nötig, sich von Preußen und damit von allen „Irrwegen", die in den Nationalsozialismus geführt hätten, zu distanzieren und das Erbe dieses „Irrwegs" der Bundesrepublik zuzuschreiben. Die Auswirkungen dieser Ideologie zeigten sich dann auch bald im Straßen- und Stadtbild, denn die DDR-Führung begann, Repräsentationsbauten preußischer Herkunft, die durch den Krieg mehr oder weniger zerstört waren, zu sprengen und abzureißen. Das Berliner Stadtschloss wurde 1950 abgerissen, das Stadtschloss in Potsdam 1959/60 und die Potsdamer Garnisonkirche 1968 gesprengt, das Reiterstandbild Friedrichs II., das bis zum Zweiten Weltkrieg „Unter den Linden" gestanden hatte, 1950 in den Garten von Schloss Sanssouci verbannt und die Statuen der Reformer Bülow und Scharnhorst an der „Neuen Wache" wurden ebenfalls 1950 abgebaut. Die Schlossbrücke schließlich wurde 1951 in Marx-Engels-Brücke umbenannt. Auf dem Platz des alten Stadtschlosses entstand ein „sozialistischer Palast", der Palast der Republik. Dennoch scheint der Charme der alten preußischen Bauten auch DDR-Politiker nicht unberührt gelassen zu haben. So sprach sich Walter Ulbricht 1950 für den Erhalt oder Wiederaufbau der „alten schönen Gebäude" im Zentrum Berlins aus, die jedoch nun im Sinne der DDR-Ideologie Teil eines großen „Demonstrationsplatzes" sein sollten, auf dem „Kampfwille und Aufbauwille unseres Volkes Ausdruck finden können".[196]

Das negative Urteil, wie es die frühe DDR vertrat, findet sich schon in den marxistisch-leninistischen „Klassikern". Karl Marx beispielsweise beschrieb in den 1850er-Jahren die preußische Geschichte als völlig erfolglos. Schlesien sei die einzige „eigentliche Eroberung" des Landes gewesen, ansonsten habe es nur „Lumperei" betrieben, weil es sich lediglich durch „kleinliche Löffeldiebsthäle, bribery [= Bestechung, v. S.], direkte Ankäufe" und „Erbschleichereien" vergrößert hätte. Der Landesherr sei ein „Minimus" und der Staat „mittelmäßig" gewesen – nur „pünktliche Buchführung, Vermeidung der Extreme, Genauigkeit im Exerzierreglement, eine gewisse hausbackene Gemeinheit und ‚Kirchenverordnung'".[197]

Bis in die 1960er-Jahre hielt sich das negative Preußen-Bild, versinnbildlicht durch alle Bemühungen, die Ruinen der untergegangenen Macht im Stadtbild Berlins und Potsdams zu beseitigen. Ende der sechziger Jahre änderte sich dann jedoch der Blickwinkel. Zunächst lässt sich diese Veränderung im Fokus erkennen, den die DDR-Historiographie auf Preußen legte. Preußen war nun nicht mehr die junkerdominierte Obrigkeit, die das „einfache" Volk unterdrückte, sondern man begann zu differenzieren. „Auf Schritt und Tritt begegnet der DDR-Bürger, beispielsweise wenn er die Hauptstadt Berlin oder Sanssouci besichtigt, steinernen Zeugen preußischer Geschichte. Rechts und links der Linden, der geschichtsträchtigsten Straße Berlins, findet er Bauten, die, von großen Baumeistern errichtet, aus der Epoche des preußischen Absolutismus stammen und mit den Namen Friedrich I., Friedrich Wilhelm I. und Friedrich II. verknüpft sind. Von der Regierung unseres Staates wurden viel Mühe und umfangreiche Mittel aufgewandt, um sie aus Trümmern neu erstehen zu lassen." So die DDR-Historikerin Ingrid Mittenzwei 1978 in der FDJ-Zeitschrift „Forum". Statt Niederreißen, Zerstören und ideologischer Verurteilung zeigte sich hier eine neue Achtung vor dem Erbe – einem Erbe, das nun nicht mehr störte, sondern einer DDR, die in immer stärkere Krisen geriet, neue Legitimation verschaffen sollte.

Ingrid Mittenzwei war eine wichtige Person in der Neupositionierung der DDR-Historiker zum Erbe Preußens. Sie verfasste Ende der 1970er-Jahre einige programmatische Aufsätze zu Preußen und brachte 1979 eine Biographie über Friedrich II. auf den Markt. Preußen im 18. Jahrhundert war für sie ein „dynamisches Staatswesen", das alte feudale Verhältnisse an neue bürgerliche Entwicklungen anpasste.[198] Preußen, so Mittenzwei, gehöre zum Erbe der DDR, und da ein Volk sich seine Traditionen nicht aussuchen könne, müsse man sich ihnen stellen. Ein neues Bekenntnis zu Preußen sei nötig, zumal das Erbe auch im Stadtbild ständig sichtbar sei. Diese kulturhistorische Hinterlassenschaft bedürfe einer Erklärung, denn sonst sei nur schwer vermittelbar, warum überhaupt restauriert werde.

Ein besonderer Knackpunkt in der Auseinandersetzung mit der preußischen Geschichte war für die DDR, wie bereits deutlich geworden ist, die Person Friedrichs II. Nach allen negativen Urteilen über ihn begann die Geschichtsschreibung nun in den 1970er-Jahren, die militärischen Leistungen des Königs, sein Wirken für Aufklärung und Toleranz, seine Anordnung, die Folter aufzuheben, und seine Verbesserungen im Justizwesen anzuerkennen – auch wenn man ihn weiterhin den Interessen der Junker verpflichtet sah.

Der neue Blick, den man auf Preußen warf, sorgte auch im Stadtbild für eine Preußenrenaissance. 1974 begann man mit der Restauration der einsturzgefährdeten Ruine des Doms. Fünf Jahre später kam das Schauspielhaus am Gendarmenmarkt an die Reihe, und 1981 feierte man den 200. Geburtstag seines Erbauers, Karl Friedrich Schinkel, mit einer Ausstellung in Ost-Berlin. Die Außenfassade des Neuen Palais in Potsdam wurde ebenso wiederhergestellt wie der Marstall, der als Filmarchiv der DEFA diente und heute das Filmmuseum beherbergt. 1980 schließlich kam das von Christian Daniel Rauch gestaltete Reiterstandbild Friedrichs II. an seinen alten Standort Unter den Linden zurück. Es war 1950 abgebaut worden – unter anderem mit dem Argument, der König reite Richtung Osten – und hatte ein vor sich hinrottendes Dasein im Garten von Schloss Sanssouci gefristet. Die Denkmäler von Bülow und Scharnhorst vor der Neuen Wache waren bereits 1963 wieder aufgestellt worden.

Doch die Preußenrenaissance ging nicht soweit, Gemeinsamkeiten mit der Bundesrepublik zu konstruieren. Ganz im Gegenteil: Um die Zweistaatlichkeit und die Eigenständigkeit der DDR zu untermauern, schwenkte die DDR-Historiographie bis zum Jubiläumsjahr 1971, als das 100-jährige Jubiläum der Reichsgründung anstand, auf eine negative Sicht der damaligen Ereignisse ein. Unter dem Einfluss der offiziellen Doktrin, die auf zwei deutschen Staaten bestand, störte die Einigung von 1871. Auch schrieb man alle negativ konnotierten Kontinuitätslinien vom Imperialismus und Militarismus bis in die neue Zeit als Erblast der Bundesrepublik zu – ein weiterer Versuch, die DDR in Abgrenzung zur Bundesrepublik zu legitimieren.

Ein interessantes, weil schon frühzeitig positives Verhältnis entwickelte die DDR zu den preußischen Reformern Stein, Scharnhorst, Gneisenau und Clausewitz. Die Reformer wurden bald nach Gründung der DDR zum Vorbild für den militärischen Aufbau erklärt. Ihre Affinität zu Russland und ihr Kampf für die Allgemeine Landwehr und die Volksbewaffnung klassifizierten sie, der neu aufzubauen Nationale Volksarmee Legitimation zu verschaffen. Zudem benannte die DDR nicht nur ihren höchsten Militärorden nach Gerhard von Scharnhorst, sondern gab 1980 zu dessen 200. Geburtstag auch eine Gedenkmünze heraus. 1978 hatte das DDR-Fernsehen Scharnhorst in einem fünfteiligen Film gewürdigt. Spricht man vom Umgang mit dem Erbe Preußens, so soll nicht unerwähnt bleiben, dass es interessanterweise die NVA war, die den preußischen Stechschritt als „Exerzierschritt" praktizierte.

Einen Katalysator für die positive Rezeption der als Patrioten dargestellten Reformer bildete die Völkerschlacht von Leipzig (1813), deren monumental gestalteter Erinnerungsort immerhin auf DDR-Gebiet lag. Den Befreiungskampf der Deutschen konnte die DDR in ihrem Sinne deuten und so feierte man den 140. Jahrestag 1953 mit einer Ausstellung. Ein Autorenquartett um den Leipziger Historiker Heinz Füßler schrieb in der im gleichen Jahr erschienenen Monographie *Leipzig 1813*, die Befreiungskriege und die Völkerschlacht zeigten den Opfermut, den Gemeingeist und das „großartig angewachsene Nationalbewußtsein" des deutschen Volkes. Hierin liege ebenso das Vermächtnis der Befreiungskriege wie in der „brüderlichen

Kampfgemeinschaft" zwischen Deutschland und Russland, die zum Sieg geführt habe. Dies alles sei ein „wahrhaft demokratisches Vermächtnis" und es sei ein Vorbild für den aktuellen Kampf gegen den „kriegstreiberischen amerikanischen Imperialismus", der von Westdeutschland aus seine Fühler in Europa ausstrecke.[199]

Alle Deutschen sind Piefkes

Preußen polarisiert. Und Preußen brachte Klischees und Stereotype hervor. In Bayern sind alle Deutschen nördlich der Mainlinie die „Preissn". Der typische Preuße dagegen ist der Berliner mit seiner Großkotzigkeit, Rechthaberei und Arroganz, mit der er alle anderen überfährt und vereinnahmt. Man denke nur an Nachkriegsfilme wie *IA in Oberbayern*, die alle Klischees weidlich ausschlachteten. Schon im Vorfeld der Reichsgründung 1871 fand man in Karikaturen die preußische Pickelhaube häufiger als die Zipfelmütze des deutschen Michel. Bilder, die aufrütteln sollten, weil das alte, „föderale" Deutschland drohte unterzugehen beziehungsweise borussifiziert zu werden.[200]

Zur gesamtdeutschen Erbschaft wurde der Piefke, der in Österreich alle Deutschen in einem stereotypen Charakter zusammenfasst. Und dieser war wieder einmal der preußische. Die Bezeichnung „Piefke" geht zurück auf Johann Gottfried Piefke, der 1866 in der preußischen Armee, im Leib-Grenadier-Regiment Nr. 8, als Musikdirektor wirkte. Piefke war kein unbekannter Mann. Er war ein populärer Komponist und auch in Österreich wurden seine Märsche aus der Zeit, als Preußen und Österreich noch gemeinsam gegen Dänemark gekämpft hatten, häufig gespielt. 1871 schrieb er den Marsch „Preußens Gloria".

Im Juli 1866 nun marschierte Piefke gemeinsam mit den anderen Regimentern, die in Königgrätz erfolgreich die Österreicher geschlagen hatten, bei Gänserndorf, auf dem Marchfeld vor Wien auf, um den Sieg zu feiern – König Wilhelm I. selbst nahm die Parade ab und zeichnete tapfere Soldaten aus. Anlässlich der Feier hatte Piefke einen neuen Marsch komponiert, den „Königgrätzer Marsch", der nun erstmals erklang. Johann Gottfried Piefkes Auftreten auf dem Marchfeld hinterließ bleibende Spuren – obwohl er Österreich kurz darauf mit seinem Regiment verließ und es auch nie wieder betrat.

Der Musikdirektor Piefke ging auf ganz unterschiedliche Art und Weise in die Erinnerungskultur ein. In Österreich waren Erinnerungen an ihn wenig positiv. Viele Anekdoten schildern, wie er sich groß in Szene setzte, als er über die Ringstraße in Wien marschierte. Er sei laut, selbstgefällig und angeberisch gewesen und habe mit seinen Verdiensten geprahlt. Schon bei der Schlacht auf den Düppeler Schanzen, während des Deutsch-Dänischen Krieges, als Preußen und Österreich noch Seite an Seite kämpften, soll Piefke sich nach den Berichten österreichischer Beobachter derart „großkotzig" verhalten haben. In Preußen dagegen wurde er zu einer literarischen Figur, die ebenfalls durch selbstbewusste Rede auffiel, aber nicht in einem negativen Licht erschien. Der Berliner Schriftsteller Adolf Glaßbrenner schuf unter dem Pseudonym „Brennglas" mit Piefke eine Figur, die als Kleinbürger den Großen unverblümt ihre Meinung sagte. Glaßbrenner war Demokrat, und Piefke war Sprachrohr seiner Kritik an der reaktionären Politik des Vormärz.[201]

In Österreich löste der „Piefke" den bis dahin gültigen Spitznamen für Preußen und seine Bürger – „Fritzchen" – ab. Die Bezeichnung hat vermutlich ihren Ursprung in der Tatsache, dass in Preußen viele Männer und ja auch die Könige Friedrich hießen. Der Hauptgegner Maria Theresias, Friedrich II., dürfte wohl die wesentliche Bezugsperson für den Spitznamen gewesen sein. Allerdings ist „Piefke" nicht exklusiv österreichisch: Der Begriff wird auch in Norddeutschland für einen eitlen, eingebildeten und spießigen Menschen verwendet und das allgemein gebräuchliche Adjektiv „piefig" weist in die gleiche Richtung.[202]

Berliner, Preußen, Deutsche – im Piefke vereinte sich alles. 1866 brachte die Satirezeitschrift *Kikeriki* einen „Unterricht für die Wiener, damit sie sich zu benehmen wissen, wenn die Preußen kommen". Die

Zeitung empfahl, die Preußen nicht mit den Worten zu empfangen: „Wir sind froh, daß Ihr gekommen seid – denn unsere Niederlage ist eine Garantie für die Besserung der heimatlichen Zustände." Denn dann würden „die Berliner [...,] sich noch mehr einbilden wie bisher". Stattdessen sollte man Selbstbewusstsein zeigen, nicht nur Freundlichkeit heucheln, sondern das Bedauern darüber ausdrücken, die Preußen nicht besiegt zu haben. Dies würde Respekt einflößen. Die Preußen sollten Wien wieder verlassen mit der Überzeugung, dass „die Wiener keine gesinnungslosen Kreaturen sind, welche dem Sieger gegenüber jedes Selbstbewußtsein verlieren. Die Preußen sollen Wien wieder verlassen mit der Erfahrung, daß die Wiener auch unter der Herrschaft der Preußen nicht vergessen haben, daß die Sache, für welche Oesterreichs Söhne gefochten, eine gerechte gewesen ist." – „Dann haben wir; die Civilisten, einen großen Sieg erfochten".[203] Passend dazu zeigt eine Karikatur eine Delegation der Wiener Bürger, die in Frack und mit Zylinder die schnell heranmarschierenden, von einer Staubwolke umgebenen Preußen empfangen; Kaiser Wilhelm I. und Otto von Bismarck zu Pferde allen voran.

2009 setzte die Stadt Gänserndorf dem Musikdirektor Johann Gottfried Piefke ein Denkmal, eine „Klangskulptur". Es handelt sich um eine drei Meter hohe, in Würde gerostete Scheibe, die durch Drehen Kratzgeräusche erzeugt. Was in manchen Ohren wie Musik klingen mag, erfassen andere Ohren lediglich als hässliches Kratzen. Diese ambivalente Wahrnehmung begleitet die Geschichte Brandenburg-Preußens: ein Territorium, ein Staat, ein Mythos, der in seiner Geschichte immer wieder zwischen schön klingender Musik und Kratzgeräuschen modulierte. Und der stets mit dem zu kämpfen hatte, was die Nachwelt aus ihm machte – im positiven wie im negativen Sinne.

Weiterführende Literatur

Alexander ABUSCH, *Der Irrweg einer Nation*, Berlin 1946.

Alfred VON ARNETH, *Geschichte Maria Theresia's*, Bd. 1, Wien 1863.

Alfred VON ARNETH, *Geschichte Maria Theresia's*, Bd. 5, Wien 1875.

Ludwig BAMBERG, *Die Potsdamer Garnisonkirche. Baugeschichte – Ausstattung – Bedeutung*, Berlin 2006.

Johann Bernhard BASEDOW, *Das Basedowische Elementarwerk. Ein Vorrat der besten Erkenntnisse zum Lernen, Lehren, Wiederholen und Nachdenken*, Leipzig 1785.

Andreas BECKER, „Preußens schwarze Untertanen. Afrikanerinnen und Afrikaner zwischen Kleve und Königsberg vom 17. bis ins frühe 19. Jahrhundert", in: *Forschungen zur Brandenburgischen und Preußischen Geschichte* 22, 2012, 1–32.

Max BEHEIM-SCHWARZBACH, *Hohenzollernsche Colonisationen. Ein Beitrag zur Geschichte des preußischen Staates und der Colonisation des östlichen Deutschland*, Leipzig 1874.

Max BEHEIM-SCHWARZBACH, *Die Zillerthaler in Schlesien, Die jüngste Glaubenskolonie in Preußen*, Breslau 1875.

[Karoline VON BERG], *Louise Königin von Preußen*, Berlin 1814.

Lothar BERWEIN, *Ansiedlung von Schweizer Kolonisten im Rahmen der Repeuplierung Ostpreußens. Untersuchung einer 1712 ausgewanderten Gruppen aus der Landvogtei Sax-Forsteck*, Oberhausen 2003.

Thomas BISKUP, „Auf Sand gebaut? Die ‚Boomstadt' Berlin in der deutschen Öffentlichkeit um 1800", in: Thomas BISKUP/Marc SCHALENBERG (Hg.), *Selling Berlin. Imagebildung und Stadtmarketing von der preußischen Residenzstadt bis zur Bundeshauptstadt* (Beiträge zur Stadtgeschichte und Urbanisierungsforschung, 6), Stuttgart 2008, 59–76.

Thomas BISKUP, *Friedrichs Größe. Inszenierungen des Preußenkönigs in Fest und Zeremoniell 1740–1815*, Frankfurt/New York 2012.

Marian BISKUP/Gerard LABUDA, *Die Geschichte des Deutschen Ordens in Preußen. Wirtschaft – Gesellschaft – Staat – Ideologie* (Deutsches Historisches Institut Warschau. Klio in Polen, 6), Osnabrück 2000.

David BLACKBOURN, *Die Eroberung der Natur. Eine Geschichte der deutschen Landschaft*, München 2008.

Willi A. BOELCKE, *Krupp und die Hohenzollern in Dokumenten. Krupp-Korrespondenz mit Kaisern, Kabinettschefs und Ministern 1850–1918*, Frankfurt/Main 1970.

Hans-Jürgen BÖMELBURG, „Preußen – ein Begriff und sein symbolisches Kapital", in: Tanja KROMBACH (Red.), *Kulturlandschaft Ost- und Westpreußen*, Potsdam 2005, 11–22.

Hartmut BOOKMANN, *Ostpreußen und Westpreußen* (Deutsche Geschichte im Osten Europas), Berlin 1992.

Peter BRANDT/Kurt MÜNGER, „Preußen", in: Peter BRANDT/Martin KIRSCH/Arthur SCHLEGELMILCH (Hg.), *Handbuch der europäischen Verfassungsgeschichte im 19. Jahrhundert*, Bd. 1, Bonn 2006, 785–850.

Thomas BRECHENMACHER, „Wieviel Gegenwart verträgt historisches Urteilen? Die Kontroverse zwischen Heinrich von Sybel und Julius Ficker übe die Bewertung der Kaiserpolitik des Mittelalters (1859–1862)", in: Ulrich MUHLACK (Hg.), *Historisierung und gesellschaftlicher Wandel in Deutschland im 19. Jahrhundert* (Wissenskultur und gesellschaftlicher Wandel, 5), Berlin 2003, 87–111.

Mordechai BREUER/Michael GRAETZ, *Deutsch-jüdische Geschichte in der Neuzeit, 1. Bd., Tradition und Aufklärung 1600–1780*, München 1996.

Jan Herman BRINKS, *Die DDR-Geschichtswissenschaft auf dem Weg zur deutschen Einheit. Luther, Friedrich II und Bismarck als Paradigmen politischen Wandels* (Campus Forschung, 685), Frankfurt/New York 1992.

Günter DE BRUYN, *Preußens Luise. Vom Entstehen und Vergehen einer Legende*, Berlin 2001.

Otto BÜSCH, „Die Militarisierung von Staat und Gesellschaft im alten Preußen", in: Manfred SCHLENKE (Hg.), *Preußen. Politik, Kultur, Gesellschaft*, Reinbek bei Hamburg 1986, 67–82.

Francis L. CARSTEN, *Die Entstehung Preußens*, Frankfurt (Main)/Berlin/Wien 1981.

Christopher CLARK, *Preußen. Aufstieg und Niedergang 1600–1947*, Bonn 2007.

Gabriele CLEMENS, „Regionaler Nationalismus in den Historischen Vereinen des 19. Jahrhunderts?", in: *Westfälische Forschungen* 52, 2002, 133–159.

Arnt COBBERS, *Kleine Berlin-Geschichte. Vom Mittelalter bis zur Gegenwart*, Berlin 2005.

Werner CONZE, „Militarismus", in: Otto BRUNNER/Werner CONZE/Reinhart KOSELLECK (Hg.), *Geschichtliche Grundbegriffe*, Bd. 4, Stuttgart 1978, 1–47.

Wilhelm DEIST, *Flottenpolitik und Flottenpropaganda. Das Nachrichtenbureau des Reichsmarineamtes 1897–1914* (Beiträge zur Militär- und Kriegsgeschichte, 17), Stuttgart 1976.

Philipp DEMANDT, *Luisenkult. Die Unsterblichkeit der Königin von Preußen*, Köln 2003.

Richard DIETRICH, *Die politischen Testamente der Hohenzollern* (Veröffentlichungen aus den Archiven Preußischer Kulturbesitz, 20), Köln/Wien 1986.

Marion GRÄFIN DÖNHOFF, *Preußen – Maß und Maßlosigkeit*, Berlin 1987.

Marion GRÄFIN DÖNHOFF, *„Um der Ehre willen". Erinnerungen an die Freunde vom 20. Juli*, Berlin 1994.

Fritz DONATH/Ernst ENGELBERG/Heinz FÜSSLER/A. M. UHLMANN, *Leipzig 1813. Die Völkerschlacht im nationalen Befreiungskampf des deutschen Volkes*, Leipzig 1953.

Annette DORGERLOH (Hg.), *Preußen aus Celluloid. Friedrich II. im Film*, Berlin 2012.

Heinz DUCHHARDT, „Die Konfessionspolitik Ludwigs XIV. und die Aufhebung des Edikts von Nantes", in: DERS. (Hg.), *Der Exodus der Hugenotten. Die Aufhebung des Edikts von Nantes 1685 als europäisches Ereignis* (Beihefte zum Archiv für Kulturgeschichte, 24), Köln/Wien 1985, 29–52.

Lieselott ENDERS, „Neu-Brandenburger in der Zeit der friderizianischen Kolonisation. Aktionen und Reaktionen der Einheimischen und Zuzüglicher, untersucht vornehmlich am Beispiel der Prignitz", in: Klaus NEITMANN/Jürgen THEIL (Hg.), *Die Herkunft der Brandenburger. Sozial- und mentalitätsgeschichtliche Beiträge zur Bevölkerung Brandenburgs vom hohen Mittelalter bis zum 20. Jahrhunderts*, Potsdam 2001, 95–111.

Helmut ENGEL, „Durch sie ist die Gestalt der Dinge verändert und die Hoffnung auf eine bessere Zukunft begründet worden" – oder: Der Beginn der „Via triumphalis", in: DERS./Wolfgang RIBBE (Hg.), *Via triumphalis. Geschichtslandschaft „Unter den Linden" zwischen Friedrich-Denkmal und Schloßbrücke*, Berlin 1997, 31–46.

Martin ENGEL, *Das Forum Fridericianum und die monumentalen Residenzplätze des 18. Jahrhunderts*, phil. Diss., Berlin 2004.

Beate ENGELEN, *Soldatenfrauen in Preußen. Eine Strukturanalyse der Garnisonsgesellschaft im späten 17. und im 18. Jahrhundert* (Herrschaft und soziale Systeme in der Frühen Neuzeit, 7), Münster 2005.

Dorothea Christiane LEPORIN, *Gründliche Untersuchung der Ursachen, die das Weibliche Geschlecht vom Studiren abhalten*, Berlin 1742.

Eberhard FADEN, „Der Berliner Tumult von 1615", in: *Jahrbuch für brandenburgische Landesgeschichte* 5, 1954, 27–45.

Jeanette FALCKE, *Studien zum diplomatischen Geschenkwesen am brandenburgisch-preußischen Hof im 17. und 18. Jahrhundert* (Quellen und Forschungen zur Brandenburgischen und Preußischen Geschichte, 31), Berlin 2006.

Julius FICKER, *Deutsches Koenigthum und Kaiserthum. Zur Entgegnung auf die Abhandlung Heinrichs von Sybel: Die deutsche Nation und das Kaiserreich*, Innsbruck 1862.

Birte FÖRSTER, *Der Königin Luise-Mythos. Mediengeschichte des „Idealbilds deutscher Weiblichkeit", 1860–1960* (Formen der Erinnerung, 46), Göttingen 2011.

Stig FÖRSTER, „Militär und Militarismus im Deutschen Kaiserreich. Versuch einer differenzierten Betrachtung", in: Wolfram WETTE (Hg.), *Schule der Gewalt. Militarismus in Deutschland 1871–1945*, Berlin 2005, 33–54.

Theodor FONTANE, „Die preußische Idee", in: DERS., *Fragmente und frühe Erzählungen. Nachträge*, München 1975, 337–347.

Burghard FREUDENFELD, „Das preußische Lebensgefühl", in: Hans-Joachim NETZER (Hg.), *Preußen. Porträt einer politischen Kultur*, München 1968, 167–184.

Ute FREVERT, „Gesellschaftsstrukturen und politische Veränderungsfaktoren in Deutschland um 1800 – das klassische Beispiel Preußen", in: Lutz NIETHAMMER (Hg.), *Bürgerliche Gesellschaft in Deutschland. Historische Einblicke, Fragen, Perspektiven* (Fischer Taschenbücher, Geschichte, 4387), Frankfurt/Main 1990, 41–51.

Ute FREVERT, *Die kasernierte Nation. Militärdienst und Zivilgesellschaft in Deutschland*, München 2001.

Ewald FRIE, „Preußische Identitäten im Wandel (1760–1870)", in: *Historische Zeitschrift* 272, 2001, 353–375.

Elke FRÖHLICH (Hg.), *Die Tagebücher von Joseph Goebbels, Teil II, Diktate 1941–1945, Bd. 3, Januar–März 1942*, München et al. 1994.

Elke FRÖHLICH (Hg.), *Die Tagebücher von Joseph Goebbels, Teil II, Diktate 1941–1945, Bd. 2, Oktober–Dezember 1941*, München et al. 1996.

Elke FRÖHLICH (Hg.), *Die Tagebücher von Joseph Goebbels, Teil II, Diktate 1941–1945, Bd. 6, Oktober–Dezember 1942*, München et al. 1996.

Elke FRÖHLICH, *Die Tagebücher von Joseph Goebbels, Teil I. Aufzeichnungen 1923–1941, Bd. 2/III, Oktober 1932–März 1935*, München 2006.

Georg GERULLIS, *Die altpreußischen Ortsnamen gesammelt und sprachlich behandelt*, Berlin/Leipzig 1922.

Martin GIERL, *Pietismus und Aufklärung. Theologische Polemik und die Kommunikationsreform der Wissenschaft am Ende des 17. Jahrhunderts*, Göttingen 1997.

Hubertus GODEYSEN, *Piefke. Kulturgeschichte einer Beschimpfung*. Wien 2010.

Johann Wolfgang VON GOETHE, *Dichtung und Wahrheit* (insel taschenbuch, 150), Frankfurt/Main 1975.

Wolf D. GRUNER, „Preußen in Europa, 1701–1860", in: Jürgen LUH et al. (Hg.), *Preußen, Deutschland und Europa 1701–2001* (Baltic Studies, 8), Groningen 2003, 429–460.

Walther P. GUENTHER, *Preußischer Gehorsam. Theodor Fontanes Novelle „Schach von Wuthenow".* Text und Deutung, München 1981.

Nicolaus Hieronymus GUNDLING, *Einleitung zur wahren Staatsklugheit,* Frankfurt/ Leipzig 1751.

William W. HAGEN, „Working for the Junker. The Standard of Living of Manorial Laborers in Brandenburg, 1584–1810", in: *The Journal of Modern History* 58, 1986, 143–158.

Peter-Michael HAHN, „Hofhaltung und Kulturtransfer nach Berlin-Cölln und Potsdam bis 1740. Zur Rezeption und Imitation höfischer Stilelemente", in: Jürgen LUH et al. (Hg.), *Preußen, Deutschland und Europa 1701–2001* (Baltic Studies, 8), Groningen 2003, 253–279.

Peter-Michael HAHN, „Der Hof Friedrichs III./I. um 1700 im Spiegel der Hofjournale seines Zeremonienmeisters Johann von Besser", in: Deutsches Historisches Museum (Hg.), *Preußen 1701. Eine Europäische Geschichte,* Bd. 2, Berlin 2001, 57–67.

Hartmut HARNISCH, „Preußisches Kantonsystem und ländliche Gesellschaft. Das Beispiel der mittleren Kammerdepartements", in: Bernhard R. KROENER/Ralf PRÖVE (Hg.), *Krieg und Frieden. Militär und Gesellschaft in der Frühen Neuzeit,* Paderborn 1996, 137–165.

Bernd HEIDENREICH/Frank-Lothar KROLL (Hg.), *Macht- oder Kulturstaat? Preußen ohne Legende,* Berlin 2002.

Ulrich HEINEMANN, *Ein konservativer Rebell. Fritz-Dietlof Graf von der Schulenburg und der 20. Juli,* Berlin 1990.

Franz HERRE, *Kaiser Wilhelm I. Der letzte Preuße,* Köln 1993.

Ulrich VAN DER HEYDEN, *Rote Adler an Afrikas Küste. Die brandenburgisch-preußische Kolonie Großfriedrichsburg an der westafrikanischen Küste,* Berlin 1993.

Carl HINRICHS, *Preußentum und Pietismus. Der Pietismus in Brandenburg-Preußen als religiös-soziale Reformbewegung,* Göttingen 1971.

Kerstin HINRICHS, *Bernstein, das „Preußische Gold" in Kunst- und Naturalienkammern und Museen des 16. –20. Jahrhunderts,* phil. Diss., Berlin 2007.

Otto HINTZE, „Der preußische Militär- und Beamtenstaat im 18. Jahrhundert", in: DERS., *Regierung und Verwaltung. Gesammelte Abhandlungen zur Staats-, Rechts- und Sozialgeschichte Preußens* (Gesammelte Abhandlungen zur Staats-, Rechts- und Sozialgeschichte Preußens, 3), Göttingen 1967, 419–428.

Max HÜBNER/Hermann SCHWOCHOW, *Vom Kurhut bis zur Kaiserkrone. Eine Lesebuch zur preußischen Geschichte* (Sammlung von Erzählungen und Schilderungen aus der Geschichte, Geographie, Naturkunde, 4), Breslau o. J.

Antonia HUMM, „Friedrich II. und der Kartoffelanbau in Brandenburg-Preußen", in: Frank GÖSE (Hg.), *Friedrich der Große und die Mark Brandenburg. Herrschaftspraxis in der Provinz* (Studien zur brandenburgischen und vergleichenden Landesgeschichte, 7), Berlin 2012, 183–215.

Bärbel Holtz, „Das Thema Preußen in Wissenschaft und Wissenschaftspolitik der DDR", in: Wolfgang Neugebauer (Hg.), *Das Thema „Preußen" in Wissenschaft und Wissenschaftspolitik des 19. und 20. Jahrhunderts* (Forschungen zur Brandenburgischen und Preußischen Geschichte, 8), Berlin 2006, 329–354.

Bogdan von Hutten-Czapski, *Sechzig Jahre Politik und Gesellschaft*, 1. Band, Berlin 1936.

Johannes Jahn, *Daniel Chodowiecki und die künstlerische Entdeckung des Berliner bürgerlichen Alltags*, Berlin 1954.

Katharina Jahntz, *Privilegierte Handelscompanien in Brandenburg und Preußen. Ein Beitrag zur Geschichte des Gesellschaftsrechts* (Schriften zur Rechtsgeschichte, 127), Berlin 2006.

Harold James, *Krupp. Deutsche Legende und globales Unternehmen*, München 2011.

Daniel Jenisch, „Friedrich, der große Mann seines Jahrhunderts", in: *Berlinisches Journal für Aufklärung* 6, 1790, 43–64.

Johann Heinrich Gottlob von Justi, *Die Grundfeste zu der Macht und Glückseligkeit der Staaten oder ausführliche Vorstellung der gesamten Policey-Wissenschaft*, 2 Bde., Königsberg/Leipzig 1760–1761.

Friedrich P. Kahlenberg, „Preußen als Filmsujet in der Propagandasprache der NS-Zeit", in: Axel Marquardt/Heinz Rathsack (Hg.), *Preußen im Film. Eine Retrospektive der Stiftung Deutsche Kinemathek*, Reinbek bei Hamburg 1981, 135–163.

Michel Kerautret, „Religiöse Toleranz oder philosophische Indifferenz", in: Bernd Sösemann/Gregor Vogt-Spira (Hg.), *Friedrich der Große in Europa. Geschichte einer wechselvollen Beziehung*, Bd. 2, Stuttgart 2012, 47–66.

Thekla Keuck, *Hofjuden und Kulturbürger. Die Geschichte der Familie Itzig in Berlin* (Jüdische Religion, Geschichte und Kultur, 12), Göttingen 2001.

Andreas Kilb, „Der Mann aus Marmor. Friedrich der Große als Heldenfigur in den Filmen der Weimarer Republik und des Nationalsozialismus", in: Annette Dorgerloh (Hg.), *Preußen aus Celluloid. Friedrich II. im Film*, Berlin 2012, 17–29.

Jochen Klepper, *Der Vater. Roman eines Königs*, 12. Aufl., München 2005.

Onno Klopp, *Der König Friedrich II. von Preußen und die deutsche Nation*, 2. Aufl., Schaffhausen 1867.

Armin Kohnle, „Johann Sigismund (1572–1619) und Johann Bergius (1587–1658). Zwischen Luthertum und Calvinismus", in: Albrecht Beutel (Hg.), *Protestantismus in Preußen. Vom 17. Jahrhundert bis zum Unionsaufruf 1817*, Frankfurt/Main 2009, 22–41.

Andreas Kossert, *Ostpreußen. Geschichte und Mythos*, München 2007.

Sven KLOSA, *Die Brandenburgische-Africanische Compagnie in Emden. Eine Handelscompagnie des ausgehenden 17. Jahrhunderts zwischen Protektionismus und unternehmerischer Freiheit*, Frankfurt/Main 2011.

Christian GRAF VON KROCKOW, *Warnung vor Preußen*, Berlin 1981.

Christian GRAF VON KROCKOW, *Preußen. Eine Bilanz*. Stuttgart 1992.

Frank-Lothar KROLL, „„Bürgerkönig' oder „König von Gottes Gnaden'? Franz Krügers Porträt Friedrich Wilhelms IV. als Spiegelbild zeitgenössischer Herrscherauffassungen", in: Helmut ALTRICHTER (Hg.), *Bilder erzählen Geschichte* (Rombach Wissenschaft, Reihe Historiae, 6), Freiburg im Breisgau 1995, 211–222.

Georg KÜNTZEL (Hg.), *Die politischen Testamente der Hohenzollern nebst ergänzenden Aktenstücken*, 2 Bde., Leipzig/Berlin 1911.

Johannes KUNISCH, *Friedrich der Große. Der König und seine Zeit*, München 2004.

Susanne LACHENICHT, *Hugenotten in Europa und Nordamerika. Migration und Integration in der Frühen Neuzeit*, Frankfurt/Main 2010.

Mathis LEIBETSEDER, „Fürstliche Residenz und städtischer Raum. Überlegungen zur Konstituierung von Schlossplätzen im 16. und 17. Jahrhundert am Beispiel der Berliner Stechbahn", in: *Forschungen zur Brandenburgischen und Preußischen Geschichte* 20, 2010, 167–197.

Frauke MANKARTZ, „Die Marke Friedrich. Der preußische König im zeitgenössischen Bild", in: *Friderisiko. Friedrich der Große. Die Ausstellung*, Berlin 2012, 204-221.

Angelika MARSCH, *Die Salzburger Emigration in Bildern*, Weißenhorn 1977.

Benjamin MARSCHKE, *Absolutely Pietist. Patronage, Factionalism, and State Building in the Early Eighteenth-Century Prussian Army Chaplaincy* (Hallesche Forschungen, 16), Tübingen 2005.

Erich MASCHKE, „Preußen. Das Werden eines deutschen Stammesnamens", in: DERS., *Domus Hospitalis Theutonicorum. Europäische Verbindungslinien der Deutschordensgeschichte. Gesammelte Aufsätze aus den Jahren 1931–1963* (Quellen und Studien zur Geschichte des Deutschen Ordens, 10), Bonn-Godesberg 1970, 158–187.

Thorsten MELCHERS, *Ostfriesland: Preußens atypische Provinz? Preußische Integrationspolitik im 18. Jahrhundert*, phil. Diss., Oldenburg 2002.

Edgar MELTON, „Gutsherrschaft im ostelbischen Deutschland und in Rußland. Eine vergleichende Analyse", in: Jan PETERS (Hg.), *Gutsherrschaften im europäischen Vergleich*, Berlin 1997, 29–43.

Wolfgang MENGE, *Alltag in Preußen. Ein Bericht aus dem 18. Jahrhundert*, Weinheim/Basel 1984.

Christian Friedrich MENSCHENFREUND [d. i. Johann Adam VON ICKSTATT], *Warum ist, oder war bisher der Wohlstand der protestantischen Staaten so gar viel größer als der Katholischen?*, Wien 1782.

Melanie MERTENS, *Berliner Barockpaläste. Die Entstehung eines Bautyps in der Zeit der ersten preußischen Könige* (Berliner Schriften zur Kunst, 14), Berlin 2003.

Melanie MERTENS, „Bau- und Kunstpolitik Friedrich Wilhelms I.", in: Thomas BIS-KUP/Marc SCHALENBERG (Hg.), *Selling Berlin. Imagebildung und Stadtmarketing von der preußischen Residenzstadt bis zur Bundeshauptstadt* (Beiträge zur Stadtgeschichte und Urbanisierungsforschung, 6), Stuttgart 2008, 25–44.

Patrick MERZIGER, „Der öffentliche König? Herrschaft in den Medien während der drei Schlesischen Kriege", in: Bernd SÖSEMANN/Gregor VOGT-SPIRA (Hg.), *Friedrich der Große in Europa. Geschichte einer wechselvollen Beziehung*, Bd. 1, Stuttgart 2012, 209–223.

Agnes MIEGEL, *Ostpreußische Heimat. Erzählungen, Balladen, Gedichte* (Die Leserunde, 6), Lübeck/Hamburg, o. J. [ca. 1960].

Klaus MILITZER, *Die Geschichte des Deutschen Ordens*, Stuttgart 2005.

Ingrid MITTENZWEI, *Friedrich II. von Preußen*. Biographie, 3. Aufl., Köln 1983.

Ingrid MITTENZWEI, *Brandenburg-Preußen 1648–1789. Das Zeitalter des Absolutismus in Text und Bild*, 2. Aufl., Berlin 1988.

Katharina MOMMSEN, *Goethe und der Alte Fritz*, Leipzig 2012.

Thomas J. MÜLLER-BAHLKE, *Gott zur Ehr und zu des Landes Besten – die Franckeschen Stiftungen und Preußen. Aspekte einer alten Allianz*, Halle 2001.

Paul MÜNCH (Hg.), *Ordnung, Fleiß und Sparsamkeit. Texte und Dokumente zur Entstehung der „bürgerlichen Tugenden"*, München 1984.

Herfried MÜNKLER, *Die Deutschen und ihre Mythen*, 2. Aufl., Berlin 2009.

Bettina MUSALL, „Schöne Feindin, schimmernder Stern", in: *Spiegel Special Preußen. Der kriegerische Reformstaat*, Geschichte 3/2007, 106–108.

Klaus NEITMANN/Jürgen THEIL (Hg.), *Die Herkunft der Brandenburger. Sozial- und mentalitätsgeschichtliche Beiträge zur Bevölkerung Brandenburgs vom hohen Mittelalter bis zum 20. Jahrhundert* (Brandenburgische Historische Studien, 9), Potsdam 2001.

Wolfgang NEUGEBAUER, *Die Hohenzollern. Anfänge, Landesstaat und monarchische Autokratie bis 1740* (Urban-Taschenbücher, 573), Stuttgart/Berlin/Köln 1996.

Wolfgang NEUGEBAUER, *Schule und Absolutismus in Preussen. Akten zum preussischen Elementarschulwesen bis 1806* (Veröffentlichungen der Historischen Kommission zu Berlin, 83), Berlin/New York 1992.

Wolfgang NEUGEBAUER (Hg.), *Handbuch der Preußischen Geschichte*, 3 Bde., Berlin/New York 2001–2009.

Wolfgang NEUGEBAUER, „Funktion und Deutung des „Kaiserpalais". Zur Residenzstruktur Preußens in der Zeit Wilhelms I.", in: *Forschungen zur Brandenburgischen und Preußischen Geschichte* 18, 2008, 67–95.

Ernst OPGENOORTH, „Stände im Spannungsfeld zwischen Brandenburg-Preußen, Pfalz-Neuburg und den niederländischen Generalstaaten: Cleve-Mark und Jülich-Berg im Vergleich", in: Peter BAUMGART (Hg.), *Ständetum und Staats-*

bildung in Brandenburg-Preußen (Veröffentlichungen der Historischen Kommission zu Berlin, 55), Berlin/New York 1983, 243–262.

Jean PAUL, *Jean Paul's sämmtliche Werke*, Bd. 46, Berlin 1827.

Andreas PEČAR, „Friedrich der Große als Autor. Plädoyer für eine adressatenorientierte Lektüre seiner Schriften", in: *Friedrich der Große – eine perspektivische Bestandsaufnahme. Beiträge des ersten Colloquiums in der Reihe „Friedrich300" vom 28./29. September 2007*, hg. von Michael KAISER und Jürgen LUH (Friedrich300 – Colloquien, 1), <http://www.perspectivia.net/content/publikationen/friedrich300-colloquien/friedrich-bestandsaufnahme/pecar_autor> (07.10.2013).

Jan PETERS, „Gutsherrschaftsgeschiche in historisch-anthropologischer Perspektive", in: DERS. (Hg.), *Gutsherrschaft als soziales Modell* (Historische Zeitschrift, Beiheft 19), München 1995, 3–21.

Bruno PREISENDÖRFER, *Staatsbildung als Königskunst. Ästhetik und Herrschaft im preußischen Absolutismus*, Berlin, 2000.

Volker PRESS, „Friedrich der Große als Reichspolitiker", in: Heinz DUCHHARDT (Hg.), *Friedrich der Große, Franken und das Reich* (Bayreuther Historische Kolloquien, 1), Köln/Wien 1986, 25–56.

Leopold VON RANKE, *Historische Charakterbilder*, Berlin 1924.

Friedrich VON RAUMER, *Rede zur Gedächtnisfeier König Friedrichs II., gehalten am 28. Januar 1847 in der königlich preußischen Akademie der Wissenschaften*, Leipzig 1847.

Helmut REGEL, „Die Fridericus-Filme der Weimarer Republik", in: Axel MARQUARDT/Heinz RATHSACK (Hg.), *Preußen im Film. Eine Retrospektive der Stiftung Deutsche Kinemathek*, Reinbek bei Hamburg 1981, 124–134.

Heinz REIF, „Die Junker", in: Etienne FRANÇOIS/Hagen SCHULZE (Hg.), *Deutsche Erinnerungsorte*, Bd. 1, München 2003, 520–536.

Wolfgang REINHARD, *Geschichte der Staatsgewalt. Eine vergleichende Verfassungsgeschichte Europas von den Anfängen bis zur Gegenwart*, 2. Aufl., München 2000.

Wolfgang RIBBE (Hg.), *Geschichte Berlins*, 1. Band, München 1987.

Johann Kaspar RIESBECK, *Briefe eines reisenden Franzosen über Deutschland an seinen Bruder zu Paris*, Bd. 2, o. O. 1784.

Julius Bernhard VON ROHR, *Einleitung zur Ceremoniel-Wissenschafft der großen Herrn*, Berlin 1733.

Christine ROLL, „Die preußische Königserhebung im politischen Kalkül der Wiener Hofburg", in: Johannes KUNISCH (Hg.), *Dreihundert Jahre Preußische Königskrönung* (Forschungen zur brandenburgischen und preußischen Geschichte, Beiheft, 6), Berlin 2002, 189–227.

Bodo ROLLKA/Klaus-Dieter WILLE, *Das Berliner Stadtschloss. Geschichte und Zerstörung*, Berlin 1987.

Malve GRÄFIN ROTHKIRCH (Hg.), *Königin Luise von Preußen. Briefe und Aufzeichnungen 1786–1810*, München/Berlin 1995.

Jan RÜGER, „Die Berliner Schnauze im Ersten Weltkrieg", in: Thomas BISKUP/ Marc SCHALENBERG (Hg.), *Selling Berlin. Imagebildung und Stadtmarketing von der preußischen Residenzstadt bis zur Bundeshauptstadt* (Beiträge zur Stadtgeschichte und Urbanisierungsforschung, 6), Stuttgart 2008, 147–160.

Thorsten SADOWSKY, *Reisen durch den Mikrokosmos. Berlin und Wien in der bürgerlichen Reiseliteratur um 1800* (Hamburger Veröffentlichungen zur Geschichte Mittel- und Osteuropas, 5), Hamburg 1998.

Marc SCHALENBERG, „Berlin auf allen Kanälen. Zur Außendarstellung einer Residenz- und Bürgerstadt im Vormärz", in: Thomas BISKUP/Marc SCHALENBERG (Hg.), *Selling Berlin. Imagebildung und Stadtmarketing von der preußischen Residenzstadt bis zur Bundeshauptstadt* (Beiträge zur Stadtgeschichte und Urbanisierungsforschung, 6), Stuttgart 2008, 77–90.

Winfried SCHICH, „Die Entstehung des Städtewesens im Havelland: Die großen Städte", in: Wolfgang RIBBE (Hg.), *Das Havelland im Mittelalter. Untersuchungen zur Strukturgeschichte einer ostelbischen Landschaft in slawischer und deutscher Zeit* (Berliner historische Studien, 13), Berlin 1980, 341–381.

Hanna SCHISSLER, „Die Junker. Zur Sozialgeschichte und historischen Bedeutung der agrarischen Elite in Preußen", in: Hans-Jürgen PUHLE/Hans-Ulrich WEHLER (Hg.), *Preußen im Rückblick* (Geschichte und Gesellschaft, Sonderheft 6), Göttingen 1980, 89–122.

Astrid VON SCHLACHTA, *Gefahr oder Segen? Die Täufer in der politischen Kommunikation* (Schriften zur politischen Kommunikation, 5), Göttingen 2009.

Astrid VON SCHLACHTA, „Vom Tross in die Kaserne – Frauen im Tiroler Militär in der Frühen Neuzeit", in: Siglinde CLEMENTI (Hg.), *Die Marketenderin. Frauen in Traditionsvereinen* (Veröffentlichungen des Südtiroler Landesarchivs, Sonderband 2), Innsbruck 2013, 121–172.

Astrid VON SCHLACHTA, „„Wer lang durch stark gefärbtes Glas gesehen, wird von der natürlichen Beleuchtung der Dinge unangenehm berührt'. Der König als politisches Argument im 19. Jahrhundert", in: Bernd SÖSEMANN/Gregor VOGT-SPIRA (Hg.), *Friedrich der Große in Europa. Geschichte einer wechselvollen Beziehung*, Bd. 2, Stuttgart 2012, 303–316.

Friedrich SCHLEIERMACHER, „Ueber die rechte Verehrung gegen das einheimische Große aus einer früheren Zeit", in: DERS., *Predigten. Zweite Sammlung*. Berlin 1808.

Georg SCHMIDT, *Geschichte des Alten Reiches. Staat und Nation in der Frühen Neuzeit, 1495–1806*. München 1999.

Bernhard SCHMITT, *Armee und staatliche Integration: Preußen und die Habsburgermonarchie 1815–1866* (Krieg in der Geschichte, 36), Paderborn et al. 2007.

L[ouis] SCHNEIDER, *Aus dem Leben Kaiser Wilhelms. 1849–1873*, Bd. 1, Berlin 1888.

Hans-Joachim SCHOEPS, *Preußen. Geschichte eines Staates*, Berlin 1966.

Luise SCHORN-SCHÜTTE, *Königin Luise. Leben und Legende*, München 2003.

Ernst SCHUBERSKY/Peter SAUERWALD, „Der Hohe Orden vom Schwarzen Adler. Stiftung und Verleihung unter König Friedrich I. in Preußen 1701–1713", in: Deutsches Historisches Museum (Hg.), *Preußen 1701. Eine Europäische Geschichte*, Bd. 2, Berlin 2001, 205–210.

Harald SCHULTZE, *Lessings Toleranzbegriff. Eine theologische Studie*, Göttingen 1969.

Matthias SCHWENGELBECK, *Die Politik des Zeremoniells. Huldigungsfeiern im langen 19. Jahrhundert* (Historische Politikforschung, 11), Frankfurt/Main 2007.

Hans-Martin SIEG, *Staatsdienst, Staatsdenken und Dienstgesinnung in Brandenburg-Preußen im 18. Jahrhundert (1713–1806)*, Berlin/New York 2003.

Anne Germaine DE STAËL, *Über Deutschland* (insel taschenbuch, 623), Frankfurt/Main 1985.

Malte STAMM, *Das Koloniale Experiment. Der Sklavenhandel Brandenburg-Preußens im transatlantischen Raum 1680–1718*, phil. Diss, Düsseldorf 2011.

Thomas STAMM-KUHLMANN, *König in Preußens großer Zeit. Friedrich Wilhelm III., der Melancholiker auf dem Thron*, Berlin 1992.

Thomas STAMM-KUHLMANN, *Die Hohenzollern*, Berlin 1995.

Barbara STOLLBERG-RILINGER, *Europa im Jahrhundert der Aufklärung* (Reclams Universal-Bibliothek, 17025), Stuttgart 2000.

Arno STROHMEYER, *Theorie der Interaktion. Das europäische Gleichgewicht der Kräfte in der frühen Neuzeit*, Wien/Köln/Weimar 1994.

Heinrich VON SYBEL, *Die deutsche Nation und das Kaiserreich. Eine historisch-politische Abhandlung*, Düsseldorf 1862.

Heinrich VON SYBEL, „Über die Entwicklung der absoluten Monarchie in Preußen", in: DERS., *Kleine historische Schriften. Erster Band*, München [2]1869, 511–551.

Robert TRABA, *Ostpreußen – die Konstruktion einer deutschen Provinz. Eine Studie zur regionalen und nationalen Identität 1914–1933* (Klio in Polen, 12), Osnabrück 2010.

Ralf THIES, *Ethnograph des dunklen Berlin. Hans Ostwald und die „Großstadt-Dokumente" (1904–1908)*, Köln/Weimar/Wien 2006.

Heinrich VON TREITSCHKE, *Das deutsche Ordensland Preußen*, Leipzig 1862.

Werner TROSSBACH/Clemens ZIMMERMANN, *Geschichte des Dorfes. Von den Anfängen im Frankreich zur bundesdeutschen Gegenwart* (UTB, 8324), Stuttgart 2006.

Günter VOGLER/Klaus VETTER, *Preußen. Von den Anfängen bis zur Reichsgründung*, 3. Aufl., Berlin 1974.

Gustav Berthold VOLZ (Hg.), *Die Werke Friedrichs des Großen in deutscher Übersetzung*, 10 Bde., Braunschweig 1913–1914.

Margarete WAGNER-BRAUN, „Institutionelle Reformen in der Landwirtschaft. Erste Schritte in eine neue Wirtschaftsordnung", in: Bernd SÖSEMANN/Gregor VOGT-SPIRA (Hg.), *Friedrich der Große in Europa. Geschichte einer wechselvollen Beziehung*, Bd. 1, Stuttgart 2012, 378–394.

Johannes WALLMANN, *Der Pietismus*, Göttingen 2005.

Dierk WALTER, *Preußische Heeresreformen 1807–1870. Militärische Innovation und der Mythos der „Roonschen Reform"* (Krieg in der Geschichte, 16), Paderborn et al. 2003.

Volker WERB, *Schadows Prinzessinnengruppe*, phil. Diss. Köln 1957.

Monika WIENFORT, *Monarchie in der bürgerlichen Gesellschaft* (Bürgertum, 4), Göttingen 1993.

Carmen WINKEL, „Distinktion und Repräsentation: Deutung und Bedeutung von militärischen Uniformen im 18. Jahrhundert", in: Sandro WIGGERICH/Steven KENSY (Hg.), *Staat Macht Uniform. Uniformen als Zeichen staatlicher Macht im Wandel?* (Studien zur Geschichte des Alltags, 29), Wiesbaden 2011, 127–145.

Peter H. WILSON, „Positionierung im Heiligen Römischen Reich", in: Bernd SÖSEMANN/Gregor VOGT-SPIRA (Hg.), *Friedrich der Große in Europa. Geschichte einer wechselvollen Beziehung*, Bd. 2, Stuttgart 2012, 134–151.

Jürgen ZIECHMANN (Hg.), *Panorama der Fridericianischen Zeit. Friedrich der Große und seine Epoche – Ein Handbuch* (Forschungen und Studien zur Fridericianischen Zeit, 1), Bremen 1985.

Anmerkungen

1 De Staël, *Über Deutschland*, 100, 104; Goethe, *Dichtung und Wahrheit*, 55.
2 Von Sybel, „Entwicklung der absoluten Monarchie", 518, 520; Friedrich II., *Denkwürdigkeiten*, in: Volz (Hg.), *Werke Friedrichs des Großen*, Bd. 1, 54.
3 Freudenfeld, „Das preußische Lebensgefühl", 167.
4 Neugebauer, *Hohenzollern*, 11–36.
5 Kossert, *Ostpreußen*, 13–22.
6 Militzer, *Geschichte des Deutschen Ordens*, bes. 63–77; Bookmann, *Ostpreußen*, 75–115.
7 Maschke, *Preußen*.
8 Bömelburg, „Preußen – ein Begriff", 17–19.
9 Bömelburg, „Preußen – ein Begriff", 21 f.
10 Zit. nach Kossert, *Ostpreußen*, 178.
11 Bömelburg, „Preußen – ein Begriff", 22.
12 Zit nach: Kossert, *Ostpreußen*, 210.

13   Traba, *Ostpreußen*, 144–149.
14   Aus: Miegel, *Ostpreußische Heimat*, 23.
15   Traba, *Ostpreußen*, 257–279.
16   Traba, *Ostpreußen*, 276, 366.
17   „Denkwürdigkeiten zur Geschichte des Hauses Brandenburg", in: Volz (Hg.), *Werke Friedrichs des Großen*, Bd. 1, 36.
18   Faden, „Berliner Tumult".
19   Kohnle, „Johann Sigismund", 31–34.
20   Reinhard, *Geschichte der Staatsgewalt*, 228; Sieg, *Staatsdienst*, 184.
21   Zit. nach: Gierl, *Pietismus und Aufklärung*, 279.
22   Hinrichs, *Preußentum und Pietismus*, 59–69; Marschke, *Absolutely Pietist*.
23   Wallmann, *Pietismus*, 108.
24   „Instruktion", zit. nach: Dietrich, *Testamente der Hohenzollern*, 234.
25   Sieg, *Staatsdienst*, 194 f.; Müller-Bahlke, *Gott zur Ehr*, bes. 72–91.
26   Gundling, *Staatsklugheit*, 617; Klopp, *Friedrich II.*, 101, 124.
27   Melchers, *Ostfriesland*, 197–207.
28   Strohmeyer, *Theorie der Interaktion*, 31.
29   Opgenoorth, „Stände im Spannungsfeld", bes. 244 f.
30   Roll, „Preußische Königserhebung", 208 f.
31   Roll, „Preußische Königserhebung", 214.
32   Schubersky/Sauerwald, „Der Hohe Orden", 205.
33   Hinrichs, *Bernstein*, 105.
34   Klosa, *Brandenburgische-Africanische Compagnie*; van der Heyden, *Rote Adler*, 44–53.
35   Becker, „Preußens schwarze Untertanen".
36   Zitate: Menschenfreund, *Wohlstand*, 87–89.
37   Justi, *Grundfeste*, Bd. 1, 173–177, 257; Ders., *Grundfeste*, Bd. 2, 24, 235–239.
38   Zit. nach: Carsten, *Entstehung Preußens*, 33.
39   Zit. nach: Blackbourn, *Eroberung der Natur*, 39.
40   Blackbourn, *Eroberung der Natur*, 52.
41   Clark, *Preußen*, 215 f.
42   *Manager-Magazin*, 23.11.2007 <www.manager-magazin.de/magazin/artikel/a-506615-2.html> (19.10.2013); *Frankfurter Allgemeine Zeitung*, 23.03.2011.
43   <http://de.wikipedia.org/wiki/Preußische_Tugenden> (10.10.2013).
44   „Erste Ermahnung", zit. nach: Dietrich, *Testamente der Hohenzollern*, 212; „Testament", zit. nach: *ebd.*, 218 f.
45   „Instruktion Friedrich Wilhelms I.", zit. nach: Dietrich, *Testamente der Hohenzollern*, 222–224; Friedrich II., „Abriß der preußischen Regierung und der Grundsätze, auf denen sie beruht, nebst einigen politischen Betrachtungen", in: Volz (Hg.), *Werke Friedrichs des Großen*, Bd. 7, 214; Küntzel (Hg.), *Politische Testamente der Hohenzollern*, Bd. 2, 101.
46   Frie, „Preußische Identitäten", 367.
47   Jenisch, „Friedrich", 46, 52, 64; Raumer, „Rede zur Gedächtnisfeier König Friedrichs II.", 6, 8.
48   Münch (Hg.), *Ordnung, Fleiß und Sparsamkeit*, 14–16; Treitschke, *Das deutsche Ordensland*, 14, 17, 25.
49   Neugebauer (Hg.), *Handbuch Preußische Geschichte*, Bd. 3, 26.
50   Hutten-Czapski, *Sechzig Jahre*, 41.

ANMERKUNGEN **215**

51 Neugebauer, „Funktion und Deutung", 87.
52 Neugebauer, „Funktion und Deutung", 75, 92.
53 Müller-Bahlke, *Gott zur Ehr*, 89.
54 Dönhoff, *Preußen*, 43 f.
55 Dönhoff, *Preußen*, 9–12, 77.
56 Krockow, *Warnung vor Preußen*, 9.
57 Zit. nach: Nürnberger, *Theodor Fontane*, 189 (Hervorhebung im Original).
58 Fontane, „Preußische Idee".
59 Herre, Wilhelm I.; Schneider, *Aus dem Leben Kaiser Wilhelms*, Bd. 1, 123–127.
60 Hutten-Czapski, *Sechzig Jahre*, 36 f., auch: Neugebauer, „Funktion und Deutung", 74–76.
61 Schneider, *Aus dem Leben Kaiser Wilhelms*, Bd. 3, 230 f.
62 Zit. nach: Kerautret, „Religiöse Toleranz", 48.
63 Zit. nach: Schultze, *Lessings Toleranzbegriff*, 11.
64 Berwein, *Schweizer Kolonisten*, 69.
65 Lachenicht, *Hugenotten in Europa*.
66 Duchhardt, „Konfessionspolitik", 29.
67 Berwein, *Schweizer Kolonisten*, 64; Beheim-Schwarzbach, *Hohenzollernsche Colonisationen*, 3.
68 Berwein, *Schweizer Kolonisten*, 79.
69 Marsch, *Salzburger Emigration*, 186.
70 Vgl. Beheim-Schwarzbach, *Zillerthaler in Schlesien*, 14–27.
71 „Instruktion", zit. nach: Dietrich, *Testamente der Hohenzollern*, 236; Breuer/Graetz, *Deutsch-jüdische Geschichte*, 251–257.
72 Zit. nach: Preisendörfer, *Staatsbildung*, 88; Riesbeck, *Briefe eines reisenden Franzosen*, 90 f.
73 Schleiermacher, „Ueber die rechte Verehrung", 296, 297 f., 299, 301; *Neueste Mittheilungen*, 20.08.1886.
74 Merziger, „Der öffentliche König?", 209 f.
75 Von Schlachta, „König als politisches Argument".
76 Mankartz, „Die Marke Friedrich", 208 f., 216–218.
77 Ranke, *Historische Charakterbilder*, 254, 256 f.
78 „Regierungsformen und Herrscherpflichten", in: Volz (Hg.), *Werke Friedrichs des Großen*, Bd. 7, 235 f.
79 „Betrachtungen über den gegenwärtigen politischen Zustand Europas", in: Volz (Hg.), *Werke Friedrichs des Großen*, Bd. 7, 243.
80 „Regierungsformen und Herrscherpflichten", in: Volz (Hg.), *Werke Friedrichs des Großen*, Bd. 7, 228.
81 Biskup, *Friedrichs Größe*, 51.
82 Zit. nach: Kunisch, *Friedrich der Große*, 296.
83 Preisendörfer, *Staatsbildung*, 33, 229.
84 Von Arneth, *Geschichte Maria Theresia's*, 108–113; Klopp, *König Friedrich II.*, 132–134, 142 f.
85 „Betrachtungen über den gegenwärtigen Stand des politischen Körpers in Europa", in: Volz (Hg.), *Werke Friedrichs des Großen*, Bd. 7, 232, 234 f.
86 Wilson, „Positionierung", 139 f.
87 Von Sybel, *Die deutsche Nation*, 113.
88 „Denkwürdigkeiten zur Geschichte des Hauses Brandenburg", in: Volz (Hg.), *Werke Friedrichs des Großen*, Bd. 1, 121, 162.

89 Jochen Klepper, *Der Vater*, 527 f.
90 Pečar, „Friedrich der Große als Autor", 1.
91 Humm, „Friedrich II. und der Kartoffelanbau", 187, 190.
92 *Johann Heinrich Zedlers Grosses vollständiges Universallexicon aller Wissenschafften und Künste*, Bd. 42, Halle/Leipzig 1744, Sp. 103.
93 „Denkwürdigkeiten zur Geschichte des Hauses Brandenburg", in: Volz (Hg.), *Werke Friedrichs des Großen*, Bd. 1, 117.
94 Biskup, *Friedrichs Größe*, 56.
95 Rohr, *Einleitung zur Ceremoniel-Wissenschafft*, 2.
96 Roll, „Preußische Königserhebung", 221.
97 Zit. nach: Biskup, *Friedrichs Größe*, 58.
98 Biskup, *Friedrichs Größe*, 24, 41 f., 67–97.
99 Biskup, *Friedrichs Größe*, 65.
100 Falcke, *Studien zum diplomatischen Geschenkewesen*, 75 f., 79, 45.
101 Biskup, *Friedrichs Größe*, 38.
102 Mertens, „Bau- und Kunstpolitik", 27; Mertens, *Barockpaläste*, 50 f.
103 Sadowksy, *Reisen*, 33.
104 Zit. nach: Engel, *Forum Fridericianum*, 60
105 Zit. nach: Mertens, „Bau- und Kunstpolitik", 28.
106 Münkler, *Die Deutschen und ihre Mythen*, 279.
107 Zit. nach: Engel, *Forum Fridericianum*, 327.
108 Zit. nach: Engel, *Forum Fridericianum*, 215.
109 Schwengelbeck, *Politik des Zeremoniells*, 119 f.
110 Zit. nach: Engel, „Via Triumphalis", 33.
111 Rüger, „Berliner Schnauze", 154–158.
112 Hahn, „Hofhaltung und Kulturtransfer", 262.
113 Schich, „Entstehung des Städtewesens", 347–349, 352, 356
114 Leibetseder, „Fürstliche Residenz und städtischer Raum", 180–182, 185.
115 Biskup, „Boomstadt", 61.
116 Biskup, „Boomstadt", 66 f., 70, 75.
117 Zit. nach: Rüger, „Berliner Schnauze", 149.
118 Rüger, „Berliner Schnauze", 150.
119 Thies, *Ethnograph des dunklen Berlin*, 262–266.
120 Darstellungen in: Jahn, *Chodowiecki*, 61.
121 Frevert, *Gesellschaftsstrukturen*, 43; Melton, „Gutsherrschaft", 30; Brandt/Münger, „Preußen", 792.
122 Hagen, „Working for the Junker", 147–149.
123 Troßbach/Zimmermann, *Geschichte des Dorfes*, 136 f.
124 Wagner-Braun, „Institutionelle Reformen", 382–387.
125 Schissler, „Die Junker", 99–107.
126 *Der wahre Jakob*, Nr. 447, 08.09.1903, S. 4129; auch: Reif, „Die Junker", 521–524.
127 Vogler/Vetter, *Preußen*, 25; Peters, „Gutsherrschaftsgeschichte", 8 f.
128 Enders, „Neu-Brandenburger", 102 f., 105 f.
129 Enders, „Neu-Brandenburger", 106 f.
130 Menge, *Alltag in Preußen*, 17.
131 Zit. nach: Münkler, *Die Deutschen und ihre Mythen*, 287; Dönhoff, „Um der Ehre willen", 81; Heinemann, *Ein konservativer Rebell*, 94 f.
132 Münkler, *Die Deutschen und ihre Mythen*, 290.

133 Dönhoff, „*Um der Ehre willen*"; Krockow, *Preußen. Eine Bilanz*, 14 f.; Ders., *Warnung vor Preußen*, 61; Schoeps, *Preußen*, 300.
134 De Bruyn, *Preußens Luise*, 7.
135 Biskup, *Friedrichs Größe*, 160 f.
136 Wienfort, *Monarchie*, bes. 131–138.
137 Zit. nach: *Preußische Provinzial-Blätter*, 1853, 342.
138 Schwengelbeck, *Politik des Zeremoniells*, 107–112; Biskup, *Friedrichs Größe*, 171 f.
139 Kroll, „Bürgerkönig".
140 von Berg, *Louise*, 122; Demandt, *Luisenkult*, 29–35.
141 Schorn-Schütte, *Königin Luise*, 67.
142 Zit. nach: Rothkirch, *Königin Luise*, 422.
143 Musall, „Schöne Feindin", 106.
144 „Schmerzlich-tröstende Erinnerungen an den 19ten Julius 1810", in: Jean Paul, *Sämmtliche Werke*, 46, 119.
145 Schwengelbeck, *Politik des Zeremoniells*, 121 f.
146 Von Berg, *Louise*, 2.
147 „Mein lieber Vater, ich bin heute sehr glücklich, als Eure Tochter, und als Ehefrau des bestens Ehemanns der Welt!"
148 Von Berg, *Louise*, 116.
149 Von Berg, *Louise*, 18 f., 34 f., 88.
150 Stamm-Kuhlmann, *König in Preußens großer Zeit*, 563, 576 f.
151 Zit. nach: Hübner/Schwochow, *Vom Kurhut bis zur Kaiserkrone*, 170.
152 Zit. nach: Förster, *Königin-Luise-Mythos*, 126.
153 Förster, *Königin-Luise-Mythos*, 146–151.
154 <http://www.pnn.de/potsdam/770911/> (07.11.2013).
155 Zit. nach: Clark, *Preußen*, 257.
156 Conze, „Militarismus", 1; Förster, „Militär und Militarismus", 34.
157 Nach: Schoeps, *Preußen*, 298.
158 Von Arneth, *Geschichte Maria Theresia's*, Bd. 5, 279–281.
159 Harnisch, „Preußisches Kantonsystem", 138; Frevert, *Kasernierte Nation*, 23 f.
160 Gemeentearchief Amsterdam, P.A. 565 C, 713, fol. 1v; von Schlachta, *Gefahr oder Segen?*, 366 f.
161 Von Schlachta, „Vom Tross in die Kaserne", 138.
162 Frevert, *Kasernierte Nation*, 22, 24; Walter, *Preußische Heeresreformen*, 188.
163 Engelen, *Soldatenfrauen in Preußen*, 42–53.
164 Frevert, *Kasernierte Nation*, 20; Walter, *Preußische Heeresreformen*, 189.
165 Zit. nach: Frevert, *Kasernierte Nation*, 23; Müller-Bahlke, *Gott zur Ehr*, 198.
166 Schmitt, *Armee und staatliche Integration*, 70–74; Walter, *Preußische Heeresreformen*, 195–203; Winkel, „Distinktion und Repräsentation", 136.
167 Winkel, „Distinktion und Repräsentation", 127; Schmidt, *Geschichte des Alten Reiches*, 259; Büsch, „Militarisierung von Staat und Gesellschaft", 73.
168 Schalenberg, „Berlin auf allen Kanälen", 78–80.
169 Boelcke, *Krupp und die Hohenzollern*, 29.
170 Zit. nach: James, *Krupp*, 66.
171 Zit. nach: Boelcke, *Krupp und die Hohenzollern*, 52.
172 Deist, *Flottenpolitik*, 20.
173 Basedow, *Elementarwerk*, 22–25.
174 *General-Land-Schul-Reglement*, § 1.

175 Vgl. Neugebauer, *Schule und Absolutismus*, 180 f.
176 Leporin, *Gründliche Untersuchung*, 5, 7, 21 f., 238.
177 Zit. nach: Clemens, „Regionaler Nationalismus", 138, 148.
178 Zit. nach: Stamm-Kuhlmann, *Die Hohenzollern*, 24.
179 Ficker, *Entgegnung*, 18; von Sybel, *Die deutsche Nation*, 39, 42.
180 Von Sybel, *Die deutsche Nation*, 36.
181 Von Sybel, *Die deutsche Nation*, 122–123.
182 Press, „Friedrich der Große als Reichspolitiker", 51–55.
183 Klopp, *Friedrich II.*, 119–128.
184 *Neue Freie Presse*, Nr. 2299, 20.01.1871, 1 f.
185 Fröhlich, *Tagebücher von Joseph Goebbels*, Teil II, Bd. 3, 187, 401, 412 f., 499.
186 Zit. nach: Münkler, *Die Deutschen und ihre Mythen*, 283.
187 Fröhlich, *Die Tagebücher von Joseph Goebbels*, Teil I., Bd. 2/III, 153.
188 <http://www.dhm.de/lemo/objekte/pict/pl002743/index.html>
     (01.09.2013).
189 Kilb, „Mann aus Marmor", 21 f.,; auch Regel, „Fridericus-Filme".
190 Kahlenberg, „Preußen als Filmsujet".
191 Fröhlich, *Tagebücher von Joseph Goebbels*, Teil II, Bd. 3, 499.
192 Fröhlich, *Tagebücher von Joseph Goebbels*, Teil II, Bd. 3, 207.
193 Fröhlich, *Tagebücher von Joseph Goebbels*, Teil II, Bd. 6, 190, 440, 636.
194 Abusch, *Irrweg einer Nation*, 35, 51, 59.
195 Abusch, *Irrweg einer Nation*, 32.
196 Rollka/Wille, *Berliner Stadtschloss*, 95.
197 Zit. nach: Brinks, *DDR-Geschichtswissenschaft*, 39.
198 Mittenzwei, *Brandenburg-Preußen*, 268; Dies., *Friedrich II.*, 9–13.
199 Donath et al., *Leipzig 1813*, 191 f.
200 Gruner, „Preußen in Europa", 433.
201 Godeysen, *Piefke*, 19, 31–34.
202 Godeysen, *Piefke*, 34–39.
203 *Kikeriki*, 19.07.1866, 2.

Personenregister

Abegg, Johann Friedrich 114
Abusch, Alexander 193 f.
Albrecht der Bär 12, 52 f.
Albrecht Friedrich (Herzog von Preußen) 10
Albrecht (Markgraf von Brandenburg-Ansbach) 10, 14
Alexander (Zar von Russland) 65, 146
Althusius, Johannes 27
Anna (Kurfürstin von Brandenburg) 36
Anton Ulrich (Herzog von Braunschweig-Wolfenbüttel) 103
Arndt, Ernst Moritz 8
Arneth, Alfred von 92
Arnold, Christian 91
August (Prinz von Preußen) 115
August III. (König von Polen) 35
Basedow, Johann Georg 170
Behrens, Peter 57
Berenhorst, Georg Heinrich 156, 160
Berg, Karoline von 150 f.
Bismarck, Otto von 65, 157, 183, 189, 191, 201
Bonaparte, Jerôme (König von Westfalen) 147
Bonaparte, Napoleon III. 152
Bonaparte, Napoleon (Kaiser von Frankreich) 111, 114, 147 f., 150, 152, 176, 191
Borsche, Dieter 151
Boyen, Hermann von 164
Bräker, Ulrich 164
Braun, Carl 116, 125
Braun, Fritz 23

Bruyn, Günter de 142
Bülow, Bernhard von 127
Bülow, Friedrich Wilhelm 115, 194, 196
Camphausen, Wilhelm 152
Carl Edzard (Fürst von Ostfriesland) 37
Cay, Alexander M. 187
Chodowiecki, Daniel 76, 129, 170, 187
Clausewitz, Carl von 197
Coussy, Friedrich de 50
de Staël, Anne Louise Germaine 7 f.
Dohna, Alexander zu 74
Dönhoff, Marion von 66 f., 140
Dorothea Sophie (Kurfürstin von Brandenburg) 50, 122
Droste-Vischering, Clemens August 138
Elisabeth (Zarin von Russland) 189
Elisabeth Christine (Königin in Preußen) 87
Enke, Erdmann 153
Enke, Wilhelmine 143
Ernst August (Kurfürst von Braunschweig-Lüneburg) 104
Erxleben, Dorothea Christiane 171 f.
Eylert, Friedrich Rulemann 148
Faßmann, Daniel 109
Feidl, Johann 81
Fichte, Johann Gottlieb 169
Ficker, Julius von 177, 179, 180
Fontane, Theodor 10, 68 f., 76, 149, 173

Francke, August Hermann 29–32, 66
Franz I. Stephan (Kaiser) 7, 35, 143
Franz Joseph I. (Kaiser) 116, 177
Freudenfeld, Burghard 11
Friedel, Ernst 173
Friederike (Prinzessin von Preußen) 141, 154
Friedländer, Georg 68
Friedrich (Landgraf von Hessen-Kassel) 104
Friedrich (Markgraf von Brandenburg-Bayreuth) 105
Friedrich August (Kurfürst von Sachsen, König von Polen) 104, 107
Friedrich I (von Brandenburg, Burggraf von Nürnberg) 12
Friedrich II. 7–9, 11, 13, 25, 34, 38–42, 54 f., 56, 61–65, 68 f., 72–74, 81, 83 f., 85–99, 101 f., 104 f., 109, 111–116, 123, 132, 135, 144 f., 146, 148, 156–158, 160, 163, 170 f., 177, 181, 183–190, 192, 194–196, 200
Friedrich III./I. 29–31, 37, 43 f., 61 f., 65, 70, 101–104, 106, 108, 110, 120, 122, 195
Friedrich Wilhelm (Großer Kurfürst) 9, 39, 42, 54 f., 61, 65, 75, 77, 121, 131
Friedrich Wilhelm (Kammermohr) 49

Friedrich Wilhelm I. 9, 30,
32, 34, 37, 46–49, 54, 57,
61 f., 66, 74, 78–81, 87, 94,
96, 102, 106–112, 129,
131, 137, 157, 159–161,
163, 170, 186, 195
Friedrich Wilhelm II. 32 f.,
62, 65, 68, 70, 106, 142 f.,
185
Friedrich Wilhelm III 81, 114,
137, 143 f., 144, 147, 149,
151, 153–155
Friedrich Wilhelm IV. 144 f.
Füssel, Martin 27
Füßler, Heinz 197
Gebühr, Otto 187
Gedike, Friedrich 123
Geobbels, Joseph 184, 185,
186, 188, 190, 191,
Georg I. (König von England)
110
Georg II. (König von Eng-
land) 40
Georg V. (König von Eng-
land) 182
George, Heinrich 192
Gersdorff, Freiherr von 91
Glaßbrenner, Adolf 200
Gneisenau, August Neidhardt
von 163, 189, 197
Goethe, Johann Wolfgang
von 7, 73, 149
Graff, Anton 88
Grumbkow (Minister) 76
Gründgens, Gustav 191
Gundling, Nicolaus Hierony-
mus 34
Gustav II. Adolf (König von
Schweden) 164
Hamrath, Friedrich 120
Händler, Hugo 145
Hannighof, Erich 23
Hardenberg, Karl August von
147, 164
Hedwig Eleonora (Königin
von Schweden) 106
Heine, Heinrich 137
Heinrich (Herzog von Sach-
sen-Weißenfels-Barby)
103
Heinrich (Pribislaw) 12
Heinrich (Prinz von Preußen)
112
Heinrich VI. (Kaiser) 15
Helmold 53

Herder, Johann Gottfried
169
Herklots, Karl Alexander 144
Herodot 45
Hertzog, Rudolph 58
Hindenburg, Gertrud Wilhel-
mine von 19
Hindenburg, Paul von 18 f.,
58, 111, 116, 185 f.
Hintze, Otto 8
Hitler, Adolf 120, 138–140,
157, 185 f., 188–190, 192,
194
Hohenzollern-Sigmaringen,
Karl Anton von 177
Hölty, Ludwig Heinrich
Christoph 60
Hufeland, Christoph Wilhelm
von 123
Hugenberg, Alfred 188
Humboldt, Wilhelm von 141,
172
Hutten-Czapski, Bogdan von
65, 70
Ickstatt, Johann Adam von
(Christian Friedrich
Menschenfreund) 51
Jagiełło (Großfürst von
Litauen) 15
Jahn, Friedrich Ludwig 176
Jaxa von Köpenick 12
Jean Paul 149
Jenisch, Daniel 63
Joachim II. 26
Johann Cicero 119
Johann Georg 106
Johann Sigismund 25–28,
36 f., 73, 120, 137
Johann Wilhelm (Herzog von
Jülich-Kleve-Berg) 36
Johann Wilhelm (Kurfürst
der Pfalz) 104
Joop, Wolfgang 59
Joseph II. (Kaiser) 88, 100,
182
Justi, Johann Heinrich Gott-
lob von 52
Juvenal 22
Kalle, Hans 119
Kalle, Samuel 119
Kant, Immanuel 169, 172
Karl (Landgraf von Hessen-
Kassel) 103
Karl der Große (Kaiser) 178,
179

Karl Theodor (Kurfürst der
Pfalz) 182
Karl VI. (Kaiser) 35, 38, 43,
94 f., 107
Karl VII. (Kaiser) 7, 95
Karl von Anjou (König von
Sizilien) 178
Katte, Hans Hermann von 87
Kleist, Ewald-Heinrich von
138
Kleist, Familie 136
Klepper, Jochen 96
Klopp, Onno 34, 93, 182 f.
Kniprode, Winrich von 16
Knobelsdorff, Georg Wenzes-
laus von 112
Kögel, Rudolf 86, 152
Kohl, Helmut 120
Kollwitz, Käthe 121
Konrad von Masowien 15
Konradin (König von Sizilien)
178
Kracauer, Siegfried 187
Krockow, Christian von 67,
140
Krüger, Franz 144
Krupp (Familie) 166
Krupp, Alfred 167
Krupp, Friedrich Alfred
167 f.
Lagerfeld, Karl 59
Lamprecht, Gerhard 187
Langhans, Carl Ferdinand 69
Laukhard, Friedrich Christian
84
Lehndorff, Ernst von 91
Leopold I. (Fürst von Anhalt-
Dessau) 115
Leopold I. (Kaiser) 43, 104
Leporin, Christian Polycarp
171
Leszczynski, Stanislaus 35
Leuwerik, Ruth 146, 151
Leyen, Adolf von der 55
Lincke, Paul 123, 124
Loens, Johann Michael von
110
Louise Charlotte (Schleswig-
Holstein-Sonderburg) 46
Lubitsch, Ernst 157
Lucanus, August Hermann
77
Ludwig (Prinz von Preußen)
141, 143
Ludwig II. (König von
Bayern) 116

Ludwig XIV. (König von Frankreich) 75 f., 105
Ludwig XVI. (König von Frankreich) 40, 142
Luise (Königin von Preußen) 8, 65, 84, 111, 141–143, 145–155, 191
Luther, Martin 10, 25
Maria Antonia (Erzherzogin von Österreich, Königin von Frankreich) 40, 142
Maria Theresia (Erzherzogin von Österreich) 38, 72, 92–94, 143, 160, 200
Marie Christine (Erzherzogin von Österreich) 143
Marwitz, Johann Friedrich Adolf von 140
Marx, Karl 195
Max Emanuel (Kurfürst von Bayern) 104
Maximilian II. (König von Bayern) 179
Menzel, Adolph 187
Merian, Matthäus 54
Merkel, Angela 83
Miegel, Agnes 21, 23
Mirabeau, Gabriel de Riqueti 56
Mitchell, Andrew 105
Mittenzwei, Ingrid 195, 196
Moltke, Helmuth James von 139
Motte Fouqué, Friedrich de la 76
Muilman, Dionis 143
Müller, Adam von 8
Münkler, Herfried 111
Nettelbeck, Joachim 192
Novalis 149
Ostwald, Hans 125 f.
Otto I. (Kaiser) 117, 178 f.
Ottokar II. (König von Böhmen) 15
Pesne, Antoine 87
Pestalozzi, Johann Heinrich 169
Peter der Große (Zar von Russland) 46, 65, 106
Peter III. (Zar von Russland) 189
Peter von Dusberg 14
Petsch, Elisabeth 131
Philipp Ludwig (Herzog von Pfalz-Neuburg) 36

Piefke, Johann Gottfried 199–201
Platzeck, Matthias 59
Pöllnitz, Karl Ludwig von 103
Porten, Henny 191
Preisendörfer, Bruno 92
Quitzow, Freiherr von 132
Ranke, Leopold von 88
Rauch, Christian Daniel 196
Raule, Benjamin 48, 49
Raumer, Friedrich von 64
Reden, Friederike von 81
Reinhardt, Gottfried 157
Reinhardt, Max 157
Richter, Gustav Karl Ludwig 152
Riesbeck, Johann Kaspar 84 f.
Rohr, Julius Bernhard von 103
Rousseau, Jean-Jacques 144, 169
Rudolf IV. (Herzog von Österreich) 180
Schadow, Johann Gottfried 147, 154
Scharnhorst, Gerhard von 115, 147, 163, 189, 194, 196 f.
Schäuble, Wolfgang 83
Schieder, Theodor 8
Schinkel, Karl Friedrich 32 f., 69, 114 f., 153, 173, 196
Schleiermacher, Friedrich 60, 86
Schlüter, Andreas 119
Schmerling, Anton von 177
Schneider, Louis 69 f.
Schoeps, Hans-Joachim 140
Schön, Theodor von 17
Schulenburg, Fritz-Dietlof von der 138 f,
Schwerin, Hans Bogislav von 109
Schwerin, Kurt Christoph von 109
Seckendorf, Graf von 107
Sigismund (Kaiser) 12
Sigismund I. (König von Polen) 10
Simoneit, Max 24
Skladanowsky (Gebrüder) 124
Söderbaum, Kristina 191
Sophia Dorothea (Königin in Preußen) 110, 113

Sophie Charlotte (Königin in Preußen) 44
Spener, Philip Jacob 28
Stamm-Kuhlmann, Thomas 151
Stauffenberg, Claus von 138, 139
Stein, Karl vom und zum 147, 197
Sybel, Heinrich von 9, 95, 159, 177–181
Tacitus 45
Tessenow, Heinrich 120
Tirpitz, Alfred von 168
Treitschke, Heinrich von 64
Trescow, Henning von 138 f.
Troeltsch, Ernst 66
Trost, Cornelis 143
Ulbricht Walter 194
Ulrike Eleonore (Königin von Schweden) 104
Vetter, Klaus 132
Vogler, Günter 132
Voigts-Rhetz, Konstantin Bernhard von 167
Voltaire 84
Warthmüller, Robert 98
Weber, Max 66
Weizsäcker, Richard von 11
Wermuth, Adolf 125
Werner, Hans 119
Wicki, Bernhard 146
Wiegands, Friedrich Christian 148
Wiesend, Conrad 109
Wilhelm I. 65, 69 f., 86, 145, 152, 154, 166 f., 175, 177, 183, 200 f.
Wilhelm II. 10, 18, 22, 68, 116, 125, 157 f., 167 f., 191, 194
Wilhelm III. (Statthalter der Niederlande) 103 f.
Wilhelmine (Markgräfin von Brandenburg-Bayreuth) 88, 105
Will, Abel 14
Wircker, Erdmann 121
Wislicenus, Hermann 152
Wolfgang-Wilhelm (Herzog von Pfalz-Neuburg) 36
Yorkes, Joseph 114
Zedler, Johann Heinrich 100
Ziesenis, Johann Georg 87
Zinzendorf, Nikolaus Ludwig von 32

Register der Orte und Regionen (ohne „Preußen")

Adelaide 138
Ägypten 166
Akkon 15 f.
Amsterdam 110, 143
Angermünde 76
Ansbach 181
Auerstedt 147, 150, 163
Augsburg 79
Australien 138
Baden 175
Barten 14
Bayern 94, 161, 166, 175, 182
Bayreuth 181
Berchtesgaden 51
Berg 94
Berkiten 14
Berlauken 14
Berlin 16, 22, 26, 29, 32, 39, 47–49, 52, 54, 56–58, 63, 65, 73, 76, 79, 81. 88, 91, 99, 101 f., 105–126, 137, 141 f., 144, 147, 153 f., 157, 166, 170, 173 f., 176, 189, 192–196, 198, 200
Bern 77
Blankenburg 117
Böhmen 95
Bonn 177 f.
Bosnien-Herzegowina 127
Brandenburg (Mark) 10 f., 52 f., 55, 123, 126, 135, 173
Brandenburg (Stadt) 12, 53, 121
Braunschweig 116, 166
Braunschweig-Lüneburg 104

Bremerhaven 158
Brügge 46
Chile 81
China 158
Cölln 108, 117–119, 121 f., 126
Dänemark 46, 107
Danzig 15, 46, 106, 128, 133, 147
Dargardt 136
Den Haag 103 f.
Dessau 170
Deutsche Demokratische Republik 10, 120, 132, 193–197
Deutschland 10, 21, 64, 120, 146, 149 f., 156, 158 f., 171, 175–177, 179, 183, 187 f., 190, 194, 197 f.
Deutschordensland 14, 10, 16, 106
Deutsch-Südwestafrika 58
Dresden 88, 107, 114
Duisburg 73
Duras 53
Düsseldorf 178
Dyrotz 53
Elbing 16, 45–47, 133
Emden 37, 47 f.
England 43, 46 f., 85, 87, 103–105, 110, 158 f., 168
Ermland 16, 18 f.
Essen 166–168
Eydtkuhnen 58
Fehrbellin 54
Fläming 131

Franken 181
Frankfurt/Main 68, 175
Frankfurt/Oder 26, 73
Frankreich 21, 34–36, 39, 43, 55, 62, 75 f., 93, 105 f., 108, 115, 120, 142–144, 146 f., 146 f., 151, 158 f., 166, 176, 181, 188
Freyenstein 135
Friedersdorf 139
Galinden 14
Gänserndorf 200 f.
Garz 135
Geldern 37
Georgia 79
Ghana 48 f.
Glaucha 29 f.
Gnesen 117
Görlitz 32
Goslar 152
Gotland 14
Groß Friedrichsburg 49
Großbritannien 40
Groß-Ziethen 75
Gumbinnen 78
Halberstadt 116
Halle/Saale 29, 30–32, 56, 58, 66, 73
Hamburg 47, 58, 109
Hannover 43, 95, 110, 166, 175, 182
Havelberg 135, 136
Hechingen 12
Heidelberg 27, 75
Herrnhut 32
Herzogtum Preußen 13, 17, 43, 106, 130

Hohenzieritz 141, 146
Hoppenrade 135
Indonesien 47
Innsbruck 177
Italien 178 f., 181
Jena 147, 150, 163
Jerusalem 15
Judtschen 78
Jülich-Kleve-Berg 27, 36, 42, 93
Kärnten 72
Keveelaer 37
Kiel 168
Klemzig 138
Kleve 25, 55
Kolberg 47, 191, 192
Köln 106, 138
Königgrätz 167, 175, 199
Königlich Preußen 10, 13, 15–17, 21–23, 43, 45–48, 55, 73, 79, 114, 133, 147, 149
Köpenick 117
Kossin 131
Köthen 58
Krefeld 37, 55, 74, 80, 128
Kulmer Land 14–16
Kunersdorf 189
Kurhessen 175
Kurland 15
Kurpfalz 29, 38, 75, 77, 95, 182
Küstrin 54, 87
Lehrte 58
Leipzig 29, 197
Lichterfelde 57
Lille 53
Litauen 16, 20
Litze 121
Livland 15
Löbau 14
Löcknitz 37
Lombardei 178
London 75, 116
Lothringen 35, 38
Lübeck 46
Magdeburg 29, 32, 84, 103, 116 f.
Mähren 95
Marcq 53
Marienburg 16, 18
Mark 35 f.
Markau 53
Markee 53
Marquede 53
Marquette 53

Masuren 18 f., 23 f.
Mauretanien 48
Mecklenburg 54, 136, 141
Memel 13, 47
Memelland 19
Milow 53
Minden 138
Moabit 57
Moers 37
München 177 f.
Nadrauen 14
Nakel 33
Nassau 77, 175
Natangen 14
Nauen 53
Neu Krüssow 135
Neustrelitz 141
Nidden 23
Niederlande 34, 36, 47–49, 53, 66, 103, 110, 143
Nürnberg 12, 79
Österreich 13, 34–36, 40, 43, 92 f., 95, 105, 108, 123, 127, 143, 166 f., 175–183, 188–191, 199, 200 f.
Ostfriesland 37 f., 42, 47–49, 54, 181 f.
Ostpreußen 13, 16–23, 77, 80, 138, 154, 173
Paderborn 177
Paris 21, 84, 105, 108, 116, 147
Pfalz-Neuburg 36
Piemont 75 f., 76
Pillau 47 f.
Pirow 135
Pobethen 14
Pogesanien 14
Polen 10, 18, 20, 35, 38, 43, 54, 73, 95, 104, 106 f., 133
Pomesanien 14, 16
Pommerellen 15 f.
Pommern 99
Posen 19, 33, 117
Potsdam 32, 56, 58, 60, 77, 84, 102, 110–112, 153, 185 f., 193–196
Prenzlau 55
Preußisch-Litauen 13, 51, 55, 76–80,
Prignitz 130
Quedlinburg 171
Rathenow 57
Ravensberg 36
Regensburg 38

Rijswijk 104
Rom 178 f.
Roßbach 39
Rüdersdorf 57
Russland 13, 20 f., 40, 159, 181, 188 f., 197 f.
Sachsen 38, 43, 54, 56, 92, 94 f., 107, 160, 175, 182
Salzburg 51, 55, 72, 74, 76, 78 f.,
Samland 14 f., 21
Sardinien-Piemont 178
Savannah 79
Schalauen 14
Schlesien 38, 73, 80 f., 92–95, 99, 113, 137, 157, 160, 183, 195
Schmiedeberg 81
Schöneweide 57
Schottland 46
Schwaben 12, 55
Schweden 47, 104, 106, 164
Schwedisch-Vorpommern 54
Schweidnitz 189
Schweinitz 131
Schweiz 77 f., 164
Sedan 152, 168
Senegal 49
Sizilien 178
Skandinavien 168
Spandau 117
Spanien 36, 48
Speyer 135
St. Petersburg 168
Staelen 7
Stavenow 130, 135 f.
Steiermark 72
Stendal 52
Stettin 37, 54, 58, 128
Sudauen 14
Swakopmund 58
Tannenberg 16, 18 f., 24
Thorn 15, 133
Tilsit 13, 78, 147, 152
Tirol 80, 161
Toskana 35, 38, 178
Trakehnen 163
Treptow 117
Uckermark 52
Ulm 79
Ungarn 76, 127, 181
Utrecht 53
Vatikan 106
Venedig 16
Venlo 37

Vereinigte Staaten von
Amerika 157 f., 198
Viersen 37
Vlissingen 40
Vorpommern 128
Warmien 14
Wedding 57

Westfalen (Königreich) 147
Westpreußen 13, 17, 19, 38
Wetzlar 39, 135
Wien 22, 39, 52, 75, 92–94,
106, 109, 112, 116, 135,
182, 200 f.
Wollin 37

Württemberg 77, 175
Wusterhausen 96
Zehdenick 57
Zehlendorf 79
Zillertal 80
Zillertal-Erdmannsdorf 81